SIETE MIL MANERAS

MANERAS

de ESCUCHAR

Mark Nepo

SIETE MIL MANERAS *de* ESCUCHAR

Aprende a percibir
al otro y descubre
tu papel en el mundo

AGUILAR

Título original: *Seven Thousand Ways to Listen. Staying Clase to what is Sacred*
D.R. © Mark Nepo, 2012
D.R. © De la traducción: Darío Giménez Imirizaldu, 2013

D.R. © de esta edición:
  Santillana Ediciones Generales, S.A. de C.V.
  Av. Río Mixcoac 274, Col. Acacias
  03240, México, D.F.

Diseño de cubierta: Romi Sanmartí

Primera edición: junio de 2013

ISBN: 978-607-11-2610-8

Impreso en México

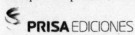

PRISA EDICIONES

«No pereceremos por ansia de información, sino sólo por ansia de apreciación. [...] No carecemos de voluntad de creer, sino de voluntad de maravillarnos. [...] La reverencia es una de [nuestras] respuestas a la presencia del misterio.»

ABRAHAM J. HESCHEL[1]

Índice

No sabía

Cuando comencé a escribir este libro sobre aprender a escuchar no sabía que había empezado a perder el oído. Eso ha resultado desorientador y a la vez liberador. Sólo sé que mi necesidad de escuchar con más atención se ha visto correspondida por una debilidad que me ha hecho escuchar con los ojos, con el corazón y con la piel. Ahora me pregunto sin alzar la voz: ¿una planta escucha al ir abriéndose camino? ¿La arena escucha al aceptar las olas de las que nunca podrá librarse? ¿Y cómo hacen los seres necios como nosotros para escuchar?

Me siento como un pintor que, tras haber pasado años para lograr dominar determinados pinceles, ha puesto fin a todos los pinceles. Un pintor que, en su esfuerzo por acercarse a la luz, ha arrojado sus pinceles al fuego para avivar la luz de las llamas. No me queda más que pintar con las manos. Espero que encuentren aquí algo que les sea de utilidad.

A mis lectores

Estaba almorzando con Olasope Oyelaran[1], un lingüista nigeriano. En la conversación sacó a colación el tema de que las lenguas son como plantas tropicales y las calificó de cosas arraigadas que brotan y se extienden en todas direcciones en busca de la luz. Maravillado, me contó que en el planeta hay siete mil lenguas vivas y que ésas son sólo las que conocemos. Por debajo de los matices que expresaba en inglés se oía fluir la música de su voz africana. Escucharlo reafirmaba las cosas que nos precedieron y que por fortuna nos sobrevivirán.

Aquella noche, al meterme entre las sábanas, a oscuras, escuché la respiración de nuestro perro labrador mientras el viento anunciaba las estrellas. Allí, en medio del silencio que nunca es del todo silencio, me di cuenta de que si hay al menos siete mil maneras de hablar habrá siete mil maneras de escuchar. Y qué pocas son las que conocemos.

Las diversas maneras que hay de escuchar me han ido llegando con los años. Para adentrarme en ese escuchar profundo he tenido que aprender a vaciarme y abrirme una vez y otra, a comenzar de nuevo cada vez. He tenido que sumergirme en todo aquello que no entiendo y aceptar que lo que oigo me transforma. Al final ha resultado un viaje emocionante y que me ha hecho estar más vivo. Ofrezco lo que he aprendido y sigo aprendiendo, no a modo de mapa o manual de instrucciones, sino como una manera de abrir nuestra humanidad. Para empezar, debemos honrar el hecho de que escuchar es un peregrinaje personal que lleva su tiempo y nos exige estar dispuestos a volver sobre nuestros pasos. Cada problema que nos atora y cada maravilla que nos anima nos exigen que anotemos nuestras conclusiones y sintamos y pensemos partiendo de cero. La práctica de escuchar, impredecible como la vida misma, es una de las formas de arte más misteriosas, luminosas y exigentes que hay en el mundo. Cada uno de nosotros pasamos una y otra vez a ser alumnos y maestros, hasta que la siguiente dificultad o alegría nos desmonta.

A decir verdad, cada día nos vemos invitados a aflojar el ritmo y escuchar. Pero ¿por qué hemos de escuchar? Porque escuchar es el umbral de todo aquello que importa. Porque insufla vida al corazón del mismo modo que la respiración da vida a los pulmones. Escuchamos para animar a nuestro corazón. ¿Por qué hacerlo? Para mantenernos vitales y vivos. Ése es el esfuerzo de la reverencia: mantenernos vitales y vivos escuchando como si fuera la primera vez.

Lo cierto es que nos pasamos gran parte de nuestro tiempo en este mundo escuchando y despertándonos. Cuando estamos despiertos, nos topamos con el riesgo de ser auténticos. Y al asumir ese riesgo nos enfrentamos a la necesidad de atenernos a nuestro corazón para vivir plenamente la vida. Llegados a ese punto, nos vemos enviados de regreso, con bastante humildad, al simple hecho de estar aquí. Y después de todo ese recorrido parece que la devoción por escuchar atentamente no sea sino el simple y sagrado esfuerzo de estar aquí.

Despertar a nuestro corazón rindiendo reverencia al escuchar fortalece la urdimbre que nos entreteje a todos. ¿Por qué? Porque, al igual que a las células las nutre y las lava el flujo sanguíneo para mantenerlas sanas, el flujo sanguíneo depende de células sanas. Todo funciona de manera conjunta para mantener el cuerpo vivo e íntegro. Del mismo modo, el mundo depende del baile entre el alma despierta individual y el flujo espiritual que nos alimenta a todos. El mundo necesita almas despiertas y sanas para mantenerse vivo e íntegro.

¿Y cómo nos hacemos con estas conexiones y nos abrimos camino en el mundo? Escuchando a medida que progresa nuestra amistad eterna con todo lo que es mayor que nosotros, con nuestra vida de experiencias y con los demás.

Nuestra amistad con todo aquello que es mayor que nosotros nos abre a la sabiduría del Origen. Ése es el *esfuerzo de ser*. Nuestra amistad con la experiencia nos abre a la sabiduría de la vida en la tierra. Ése es el *esfuerzo de ser humanos*. Y podríamos decir que nuestra amistad con los demás nos abre a la sabiduría del cuidado y la atención. Ése es el *esfuerzo del amor*. Aunque en cualquier momento podemos vernos impulsados o abrumados por cualquiera de éstos, lo cierto es que están interrelacionados y son inseparables: tres amigos con los que debemos mantenernos en contacto si queremos tener la esperanza de vivir una vida consciente. Estas tres amistades —el esfuerzo de ser, el esfuerzo de ser humano y el esfuerzo del amor— son el marco por el que transcurre este libro.

En lo cotidiano, escuchar es tener la suficiente presencia para oír a lo Único en lo múltiple y a lo múltiple en lo Único. Escuchar es un proceso estimulante mediante el cual sentimos y comprendemos el momento en el que nos hallamos: conectamos sin cesar nuestro mundo interior con el mundo que nos rodea, dejando que se complementen mutuamente. Escuchar es una manera continuada de relacionarse con la experiencia.

Hay muchas maneras de llamar a este escuchar y los invito a intercambiarlas a su gusto. Esa llamada a la atención que denominamos «escuchar» no es sino el visor del caleidoscopio, la concha marina que pegamos a nuestra oreja y que de algún modo nos trae la música del océano. No importa cómo lo llamemos, sino que encontremos el término que nos funcione. Lo que importa es no dejar de intentarlo y dedicar todo nuestro esfuerzo a adquirir nuestro propio conocimiento.

Aunque este libro se titula *Siete mil maneras de escuchar*, es evidente que no existe un número secreto, que no hay tal cálculo secreto. Se trata únicamente de señalar un camino que no tiene fin. A medida que lean y asimilen los distintos conceptos de escuchar, los invito a que los intercambien y construyan con un sentido propio del concepto escuchar. Por ejemplo, «maneras de escuchar» también puede entenderse como «maneras de tener presente la verdad», como «maneras de recibir» o «maneras de ir más allá de lo que se sobreentiende».

Sean bienvenidos a esta conversación entre las estrellas, los animales y los árboles del lenguaje que brotan de la tierra. Los invito a acompañarme al esfuerzo de la reverencia, al esfuerzo de mantenernos conectados mientras penetramos en nuestra amistad con este misterio que llamamos vida. Los invito a escuchar de todas las maneras que puedan, pues escuchar en el interior de todas las cosas es el primer paso hacia la amistad.

CÓMO USAR ESTE LIBRO

Con el transcurso de los años he descubierto que los géneros literarios no son sino viejos instrumentos de una caja de herramientas atemporal y que, ya sea un cuento, una historia, una metáfora, una conversación, un intercambio de ideas, un fragmento de unas memorias o un poema, me veo inclinado cada vez más a usar lo que el momento me pide. Me limito a tratar de coser o trenzar aquello que me reclaman el misterio y el significado. Así pues, me propongo explorar un género amplio que abarca ficción, no ficción, erudición, filosofía y poesía.

He descubierto asimismo que mi vida como profesor y mi vida como escritor se entremezclan y se fusionan, pues mi mayor compromiso consiste en dar utilidad a cualquier cosa que descubra y escriba. Con ese propósito me propongo crear invitaciones para que ustedes, mis lectores, personalicen aquello que pueda tener sentido para cada uno. Esto empecé a hacerlo a partir de las meditaciones y los ejercicios de invitación de *The Book of Awakening*. Después ahondé en ello en *As Far As The Heart Can See*. Cada una de las historias de aquel libro viene seguida por tres tipos de invitaciones: preguntas para el diario, preguntas para la sobremesa (para dar pie a relatos dotados de significado y fomentar el diálogo) y meditaciones, todo ello con la intención de llevar al día a día aquellas cosas que nos conmueven.

En *Siete mil maneras de escuchar* encontrarán «Pausas para la reflexión». Cada una de éstas plantea una o más preguntas o meditaciones, que ofrezco con el fin de dar pie a varias modalidades de conversación para que localicemos aquello que tiene sentido en nuestra existencia. La ubicación y el número de estos ofrecimientos siguen el ritmo de lo que voy compartiendo. A veces aparecen al final de los capítulos, otras veces aparece una sola pregunta o meditación al final de algún apartado más breve dentro de un capítulo, y otras veces aparecen una o más de estas pausas en medio de una historia o un debate como medio para profundizar en la conversación que viene a continuación.

Los animo a reflexionar en torno a las preguntas que les atraigan y a desarrollarlas, a alterarlas y a compartirlas a su antojo. No duden en seguir la secuencia de los capítulos y las preguntas. También pueden hacerlo a su propio ritmo. Pueden retroceder y quedarse con una historia o cuestión determinada antes de seguir adelante. Encuentren su propia senda a través de lo que les ofrezco. Yo concibo estas pausas para la reflexión como regalitos, como conchas marinas arrastradas por el mar hasta la orilla. Cada una de ellas ha sido pulida y puesta en su camino para que puedan acercarla a su corazón y a su oído y escuchar, escuchar lo que dicen sobre la vida, escuchar aquellas voces que despiertan en lo más profundo de su ser.

El esfuerzo de ser

«El universo es una red continua. Si tocamos cualquier punto de ella, la red entera se estremece».

STANLEY KUNITZ[1]

Conocí a Marco, un fotógrafo de Santa Clara cuidadoso y paciente, en una reunión celebrada en San Francisco. Cuando le pregunté si alguna cosa le había sorprendido durante el año anterior, empezó a temblarle la voz. Había presenciado dos respiraciones que le cambiaron la vida. El primer aliento de su hija y, después, el último aliento de su madre. Al inhalar su hija el mundo, pareció que su alma despertaba a la existencia. Al exhalar su madre los años vividos, pareció que liberaba su alma del mundo. Estas dos respiraciones empujaron a Marco a vivir de manera más abierta y sincera. Incorporó aquellos dos alientos a su respiración cotidiana y no tardó en ver su presencia común en la respiración de todos. ¿Es posible que con cada inspiración inhalemos el mundo y despertemos a nuestra alma? ¿Y que con cada exhalación nos liberemos del mundo, que inevitablemente nos enmaraña? ¿Es así como nos llenamos y nos vaciamos cien veces cada día, buscando siempre el don de esos dos alientos? Tal vez ése sea el esfuerzo de ser.

MÁS ALLÁ DE NUESTRA CONCIENCIA

Me vi impulsado a escribir este libro sobre escuchar sin saber que estaba perdiendo el sentido del oído. Esto alberga una gran lección sobre una forma más profunda de escuchar, pues algo en lo más hondo me reclamaba, me conminaba a explorar otras formas del ser. La vida me ofrecía una ocasión para reacomodarme con el mundo. Cuando digo que algo profundo me llamaba, me refiero a ese elemento que habita en nuestro centro y que se solapa con la esencia de la propia vida. Como si de un sol interior se tratase, este centro común presenta una fuerza de gravedad que tira de nosotros hacia él. Esa atracción perpetua hacia el centro puede que sea nuestro mayor maestro. Nos muestra un camino y nos empuja a él abriendo con calidez nuestros corazones y haciéndonos superar nuestros miedos.

La pregunta que hay detrás de todo esto es: ¿cómo hacer para escuchar y entablar conversación con todo aquello que está más allá de nuestra conciencia? Son muchos los aspectos de la vida que nos atraen continuamente a esta conversación: curiosidad, dolor, asombro, pérdida, belleza, verdad, confusión y nuevas experiencias, por nombrar algunos. Nuestra manera de pensar y sentir ese camino que se adentra en lo desconocido es el arte de la intuición, el arte del descubrimiento. Intuir significa prever o comprender algo desde nuestro interior, de manera instintiva. Y el instinto constituye una facultad o aprendizaje con el que nacemos. Así que la intuición es una manera nuestra muy personal de escuchar al universo con el fin de descubrir y redescubrir ese aprendizaje con el que nacimos. Visto de ese modo, la intuición es una forma profunda de escuchar y si confiamos en ella nos puede devolver a ese elemento común e irrefrenable que está en el centro de todo ser viviente y a la Unicidad de las cosas que nos rodean, cosas ambas que se encuentran en el núcleo de nuestra resiliencia.

Brindo mi experiencia con la pérdida de oído a modo de ejemplo de cómo intuimos formas de existir antes de tener completa conciencia de ellas. Constantemente nos vemos movidos hacia la siguiente fase de nuestra vida, que se encuentra siempre fuera del alcance de nuestra conciencia. Podríamos preguntarnos: ¿cómo podemos saber aquello que desconocemos? Sin embargo, tampoco sabemos lo que vamos a decir cuando nuestras sensaciones y pensamientos nos impulsan a decir algo. Pues nuestro corazón y nuestra mente nos empujan a diario a hablar y existe un arte silencioso que nos hace interpretar el corazón y la mente y confiar en ellos. Juntos componen una brújula interior: nuestra mente traza el rumbo de la dirección que tomamos, mientras que el corazón es la aguja que intuye el norte verdadero.

Mientras que lo desconocido está fuera de nuestro alcance, a la vez corremos el peligro de dar por sentado lo que nos es familiar. Y vivimos entre ambos, al borde mismo de lo que conocemos. Ése es el límite entre el hoy y el mañana, entre nuestras raíces y nuestro frágil crecimiento. Nuestra manera de relacionarnos con ese límite es crucial, es otra habilidad de la vida que tampoco se enseña en la escuela.

El punto central para escuchar

Como le ocurre a todo aquel que empieza a perder oído, lo primero que perdí fueron los matices. Las voces al teléfono parecían sonar bajo el agua. Cuando Susan me hablaba desde el salón de casa sabía que me había dicho algo pero su dulce voz se quebraba como en una radio mal sintonizada. No tardé en cansarme de pedirle que lo repitiera todo. Enseguida me di cuenta de que mientras me esforzaba por mantener el contacto exterior, también se me exigía que pasara más tiempo en mi interior. Aquel inoportuno cierre al ruido exterior me obligó a escuchar unas honduras recién descubiertas.

En esa línea, cualquier alteración o molestia, resuelta o no, propicia que nos enfrentemos a nuestro interior. Igual que una pala excava y desplaza la tierra de un modo que a la tierra le debe de parecer violento, se nos revela un espacio interior para que excavemos. De ese mismo modo, cuando la experiencia nos abre lo sentimos como algo violento y, de forma natural, nos vemos compelidos a rellenar con urgencia esa abertura, a dejarlo como estaba antes. Pero cada experiencia excava a distinta profundidad y revela su sabiduría cuando queda expuesta al aire.

Seguí luchando con la pérdida de oído y me resistí durante meses a hacerme pruebas. No sé muy bien por qué. Éste es un buen ejemplo de no escuchar. Creo que no estaba preparado para aceptar esa nueva fase del envejecer. Claro que, lo aceptase o no, el cambio en mi vida ya se había producido. Esta comprensible disonancia de no escuchar nos afecta a todos. Incrementamos nuestro sufrimiento cuando la vida cambia y seguimos comportándonos como si no hubiese cambiado. Ya nos enfrentemos a las limitaciones del envejecimiento, a los cambios en una relación o al hundimiento de un sueño, se nos presentan muchas veces indicios de los cambios antes de que lleguen. Así es como los ángeles del tiempo se preocupan por nosotros, llevándonos hacia nuevos recursos que aguardan ocultos a la vista.

Siempre se nos dan señales y nuevas formas de fortaleza. Depende de nosotros cómo las empleemos. Misteriosamente, aquellos de nosotros que estamos perdiendo visión nos vemos atraídos en cierto modo hacia una visión más profunda, y aquellos que nos descorazonamos, que perdemos la ilusión nos vemos atraídos en cierto modo hacia una manera más profunda de sentir, siempre y cuando logremos mantenernos abiertos de par en par. Ése es el desafío que afrontamos con los cambios de la vida: no dejar que el daño o la limitación que supone una cosa dañe o limite a todo lo demás, no dejar que el hueco abierto de una nueva profundidad vuelva a llenarse antes de que haya desvelado sus secretos y sus dones.

Mi oído ha ido deteriorándose con los años como esos pedazos de pizarra que van desprendiéndose de la pared de un acantilado, un poco más cada estación del año que pasa, aunque no me di cuenta de ello hasta que ya se había erosionado del todo. Fue aquella quimio a la que me sometí hace veinte años la causante de mi deterioro auditivo. La quimio, diseñada para matar células de crecimiento rápido, atacó a los cilios del oído interno que transmiten las frecuencias. A nadie se le ocurrió pensar en eso en 1989, pero quienes hemos sobrevivido ya no podemos escuchar el canto del pájaro. De modo que la bendita-maldita quimio que contribuyó a salvarme la vida se ha llevado una cosa más. ¿Cómo puedo bendecirla y maldecirla al mismo tiempo?

Hacía un precioso día estival cuando por fin me senté en la diminuta cabina del examen de oído y me coloqué los cascos negros mientras la amable audióloga me decía al oído palabras como «cabina», «padre» y «río». Pero mis dañados cilios sólo captaban las consonantes más potentes. Unas cuantas veces ni siquiera la oí hablar.

Al cabo de un mes regresé para recoger el audífono externo, hecho a medida para mi oreja izquierda y de un color beige a juego con mi tono de piel. Cuando me lo colocó en la oreja, como si metiera una piedrecita mojada para que la guardara en el oído, me pareció increíblemente liviano. No estaba seguro de tenerlo puesto. De vuelta a su mesa de despacho, lo puso en marcha y me preguntó: «¿Qué tal?». Y oír su voz, dulce e íntegra, me hizo llorar. No tenía ni idea de lo poco que oía.

No escuchar es lo mismo. No nos damos cuenta de lo que nos perdemos hasta que la vida nos exige que volvamos a poner las cosas en orden. Es en ese momento cuando te quedas desarmado y te sientes renovado al llorar ante un extraño que simplemente te pregunta: «¿Qué tal?».

Ahora acudo a un café que hay cerca de casa donde las chicas me conocen por mi nombre y me preparan el chocolate caliente en cuanto ven que entro con el coche al estacionamiento. Lo bonito es que se saben el nombre de todo el mundo y lo que bebe cada uno. Ésa es la manera más dulce de escuchar. Y uno podría pensar que, habiendo perdido gran parte de mi sentido del oído, el ruido dejaría de molestarme. Pero en realidad me molesta aún más. De hecho, me agobia. Incluso cuando desconecto mi audífono. Así que pido a las chicas que bajen la música y ya lo hacen sin que se lo pida, a la vez que me preparan el chocolate. También esto resulta instructivo.

Soy consciente de que mi equilibrio entre interior y exterior se ha ido desplazando cada vez más hacia lo interior. Es decir, que el punto central desde el que soy capaz de escuchar bien en ambas direcciones ha variado y que debo adaptar mis hábitos a eso. Esto nos remite a *un posicionamiento de nuestro escuchar en el mundo* que todos y cada uno de nosotros tenemos que ir evaluando y reevaluando cada cierto tiempo. Por muy descorazonador que sea que podamos apartarnos en algún momento de ese punto central, resulta edificante que siempre podamos regresar a él si tenemos la paciencia de detener nuestra mente y ser capaces de escuchar lo que hay en su seno.

Por otra parte, honrar a quienes nos rodean para así poder oír constituye un acto de compasión cotidiano y majestuoso. Las chicas de la cafetería son mis maestras en esto. No sólo lo hacen para mí, sino que ésa es su ética para con todo el mundo; es la atmósfera de relación que crean, un lugar de reunión en el que cualquiera puede oír. Su sencilla atención ha hecho que me pregunte: ¿de verdad honro aquello que necesitan quienes me rodean para poder oír?, ¿los ayudo a encontrar su punto central para escuchar? Lo mismo les pregunto a ustedes.

Instruir desde el interior

¿Qué significa seguir nuestra intuición? ¿Qué manera de escuchar hemos de emprender para sentir aquello que nos está llamando y decidir si debemos seguir la llamada? Incluso ahora, mientras trato de hablar de esto, me detengo cuando intento «pensar en lo próximo que voy a decir». Lo que queda fuera de nuestra mirada sólo sale a la luz para tornarse comprensible si espero y trato de «escuchar lo que hay en su seno». Si me cuesta cierto tiempo es porque algunos aspectos de la verdad son esquivos como las aves nocturnas que no quieren

ser vistas durante el día. Todo indica que escuchar intuitiva-
mente nos exige que detengamos nuestra mente hasta que la
belleza de las cosas que son más viejas que nuestras mentes
logren encontrarnos.

Permítanme compartir este poema para adentrarnos más
profundamente en esto:

LA CITA

Y si, el primer día del verano,
de camino al trabajo, un pájaro multicolor
pasa volando ante ti por una
calle de la que nunca oíste hablar.

Puede que pares y sonrías:
un dulce comienzo para tu día.

O puede que entres por esa calle
y te des cuenta de que hay muchas maneras de trabajar.

Puede que sientas que esa ave sabe
cosas que tú no sabes y la persigas.

Puede que dudes al meterse el ave
por un callejón. Y que te surja un dilema:
¿Vale la pena llegar tarde por
eso que sabe el pájaro?

Puede que lo sigas un par de manzanas,
creyendo poder estar en misa y repicando.
Pero no tardas en llegar al límite
de todos tus planes.

El ave da media vuelta
y te mira y entonces
debes decidir a qué cita
estás predestinado a asistir.

Cada día, a cada momento, se nos presentan ángeles de mil apariencias distintas que nos llaman a que sigamos su canto. No hay camino correcto o equivocado y sólo nuestro corazón puede dictarnos cuáles son las citas a las que estamos predestinados a asistir. No es fácil asumir el riesgo, pero arrostrar de corazón cada una de esas incertidumbres nos conducirá a un mañana más auténtico. En el poema, vayas a donde vayas en pos del pájaro será suficiente y hermoso. El simple hecho de hacer una pausa y luego seguir con nuestra vida nos aportará algo adicional. Si sigues su canto un par de manzanas, eso te aportará algo adicional. Si descubres que seguir a ese pájaro te lleva a una vida distinta, también eso te aportará algo adicional. Cada paso del camino es una meta por sí solo. No hay uno mejor que otro. Sólo tu corazón sabe qué debes seguir y dónde detenerte.

Dag Hammarskjöld fue un legendario secretario general de Naciones Unidas a quien el presidente Kennedy calificó de «el mayor estadista de nuestro siglo». En su diario de reflexiones, *Markings*, escribió: «No sé quién —o qué— planteó la pregunta. No sé cuándo se planteó. Ni siquiera recuerdo haber contestado. Pero en algún momento contesté "sí" a alguien —o a algo— y desde ese instante tuve la certeza de que la existencia cobraba sentido y que, por consiguiente, mi vida, rendida ante sí misma, tenía un objetivo»[2].

Este hombre amable había descubierto la cita a la que estaba predestinado a asistir. Esa breve pero potente reflexión confirma que tuvo que escuchar algo que no era capaz de ver y confiar en la certeza de su buen juicio interior para hallar su camino. Se da por supuesto que tuvo que producirse algún momento de escucha intuitiva antes de que descubriese la fortaleza de decir sí.

Nadie puede enseñarnos a escuchar o a confiar de manera intuitiva, pero el valor silencioso de decir sí en lugar de no es algo que todos tenemos cerca. Implica no aferrarnos a nuestras opiniones y a nuestra identidad para que el futuro logre tocarnos. Supone dejar de aferrarnos con tanta firmeza a nuestra manera de ver el mundo para que otros puntos de vista nos alcancen, nos ensanchen, profundicen en nosotros y nos reorganicen. Decir sí es la manera más valerosa de seguir adentrándonos en la vida.

Acallar al tigre

Dado que la mente es un tigre hambriento que nunca logra saciarse, lo intemporal entra y sale de nuestras manos y nos lleva hasta lugares a los que jamás iríamos. De modo que escuchar aquello de lo que aún no somos conscientes implica acallar al tigre y mantener abiertas las manos para que podamos sentir el momento en que lo intemporal nos atraviesa. Esto puede ser difícil, pues quedarse sentado tranquilamente con las manos abiertas en medio del día resulta sospechoso en estos tiempos. Podemos dar la impresión errónea de ser una persona perezosa o incompetente, o alguien que está desvinculado de la realidad. Pero acallar al tigre de nuestra mente y mantenernos abiertos es lo que nos conecta con una realidad más profunda. Con esto me refiero a la profundidad que está más allá de toda circunstancia y en la que experimentamos un sentido inalterable del significado, del mismo modo que la gravedad no se ve alterada pese a que su efecto lo altera todo constantemente. Como inhalar y exhalar, nuestra manera de acallar el ruido interior y abrir el corazón son formas profundas de escuchar que deberemos poner en práctica si queremos sobrevivir.

Lo que esto significa varía para cada uno de nosotros. Para el ebanista puede consistir en escuchar al impulso de tallar curvas en las patas de una mesa muy especial aunque el diseño no lo especifique. Esas curvas pueden ser lo que lo sane, aunque él todavía no lo sepa. Para mi mujer, que no estaba muy contenta de que nos mudáramos al Medio Oeste, fue escuchar, en mitad de su infelicidad, el susurro que la conminó a probar el torno de alfarería. En cuanto puso sus manos a guiar la arcilla húmeda en el torno descubrió su don creativo.

Para mí fue escuchar la esencial inquietud que me causaba ser incomprendido lo que me llevó a retirar uno de mis libros antes de que se publicase. A lo largo de los años he trabajado con incontables editores y el tigre de mi mente me rugía: «¡¿Qué estás haciendo!? ¡Sigue adelante con ello!». Pero algo intemporal había pasado rozándome las manos y me había dejado con la inquietud de que una parte de mí se había apartado de la verdad. No podía saber entonces que escuchar a esa inquietud y dejarme llevar por ella supondría el despertar de una fase de autenticidad en la que iba a dar rienda suelta a la necesidad de explicarme que siempre había sentido. Por fin podía limitarme a ser yo mismo.

Lo cierto es que mi pérdida de oído no ha hecho sino subrayar el carácter físico del escuchar al que nos enfrentamos todos. No importa que seas duro de oído como yo o capaz de oír a un zorro que pisa una rama caída a cien metros de distancia, no importa cuál sea nuestro punto de partida ni la atención o la diligencia que pongamos en ello, siempre habrá algo que no seremos capaces de oír. Eso nos deja con la necesidad de acoger con los brazos abiertos la belleza que nos supera, la necesidad de aceptar que la vida tiene más cosas que las que conocemos. Esta aceptación resulta decisiva para vivir en la maravilla y la apreciación de la que habla Abraham Heschel en la cita con la que se inicia este libro: «No pereceremos por ansia de información, sino sólo por ansia de apreciación. [...] No carecemos de voluntad de creer, sino de voluntad de maravillarnos. [...] La reverencia es una de [nuestras] respuestas a la presencia del misterio».

Limitar la existencia únicamente a aquello que conocemos nos ciega al misterio de la conexión que nos une a todos. Esta cerrazón al mundo ha sido causante de violencia y más violencia en todas las épocas, pues tribu tras tribu y nación tras nación han pretendido preservar su visión limitada frente a todo lo demás. Por eso es tan importante escuchar. Escuchar es el principio de la paz.

Para mí la manera de abordar con humildad una vida más rica en ese escuchar empieza con la asunción de que juntos escuchamos mejor. Si aceptamos ese hecho se nos despertará un interés de verdad por lo que cada uno sabemos y por lo que nos preguntamos. Este interés comprometido por los demás y por la vida que nos rodea es la base de la reverencia.

He descubierto con el tiempo que la capacidad de escuchar aquello de lo que aún no somos conscientes no tiene nada que ver con lo bueno y lo malo, ni con lo correcto y lo incorrecto, ni tampoco con lo ordenado y lo caótico. De hecho, este tipo de juicios hacen que lo que nos llama se retraiga, del mismo modo en que un estampido hace que el ciervo se retire a la espesura. Es por eso que sentarnos en mitad de nuestra vida con las hinchadas manos abiertas hará que escuchemos más profundamente. Porque hay mil posibilidades de vivir que esperan que nos detengamos para que podamos así dar con ellas en el punto central del silencio. Una vez llegados a ese punto, la vida nos tocará de forma directa, sin la capa protectora de las extensas instrucciones que se nos han dado desde que nacimos.

Recordar cómo

Así pues, ¿cómo hacemos para adentrarnos en todo lo que no somos nosotros y escucharlo, escuchar todo aquello que nos llama, escuchar al ángel que aguarda para guiarnos hasta que lleguemos a ser quienes estamos destinados a ser? Aunque todos podemos compartir lo que pensamos, sólo uno mismo es capaz de descubrir la respuesta. Los invito a que, a lo largo de este libro, se adentren en su propia percepción de lo desconocido, a que intuyan y cultiven una práctica personalizada de escuchar aquello con lo que la vida los roza y los llama. Los invito a escuchar aquella parte de su ser que trata de despertarse.

Ese umbral puede estar esperando justo detrás de la más pequeña de sus curiosidades. Puede que su vida cambie con sólo recoger un guijarro y limpiarle la tierra que recubre su veta azulada y que eso les lleve a la mente un sueño olvidado.

Ayuda recordar que en un campo, sin que nadie la esté observando, la florecilla extiende sus raíces hacia una oscuridad que desconoce y al mismo tiempo se abre a una luz que siente pero no es capaz de ver. Y mientras que esa flor no tiene otra opción que someterse a su proceso natural, nosotros los humanos sí tenemos opciones. A menos que echemos raíces y nos abramos, a menos que escuchemos aquello que tenemos cerca pero que nos trasciende, privaremos a nuestra alma de su legítimo derecho a florecer.

Nada más cierto: hay algo que nos arrastra hasta aquello que necesitamos aprender. Muchas veces está ahí, aguardando en silencio, como una bendición que podemos pasar fácilmente por alto o a la que podemos abrirnos con la misma facilidad, como hace esa florecilla. Pero para que el alma florezca tenemos que aceptar nuestro destino más profundo y humilde, ya que la flor silvestre no se hace rica o famosa por el hecho de florecer, no vive para siempre ni se convierte en la mejor flor de todos los tiempos. La recompensa de la florecilla por confiar en lo que siente pero que todavía no conoce es convertirse en aquello para lo que nació: una flor cuyo lugar inevitable se hace realidad en un breve instante de unicidad, cuando se reúne con elementos que estaban ya allí cuando cobró vida y que seguirán estando allí cuando perezca. Ésa es la recompensa de cada semilla que crece en la oscuridad sin noción alguna de en qué se convertirá. Como almas que viven en el mundo, eso es todo lo que podemos esperar: sentir correr por nuestras venas la luz y el ser de todos los tiempos mientras florecemos.

Eso es lo más cerca que estaremos de vivir para siempre. Y después de casi haber muerto a manos del cáncer, de que mis muchos yoes hayan nacido y fallecido, después de perder a muchos y de encontrar a muchos más, de sentirme agradecido por el amor, venga de donde venga, puedo dar fe de que nos basta con ese escuchar profundamente en el límite. Eso mismo les deseo a ustedes, aunque no puedo decirles cómo encontrarlo. A veces, ni yo mismo estoy seguro de poder encontrarlo. Lo único que podemos hacer es guiarnos unos a otros hasta nuestro don innato, pues ese don que aguarda más allá de todos nuestros problemas sabe cuál es el camino.

Una pausa para la reflexión
Una meditación

- Cierra los ojos e inspira despacio mientras sientes el camino que estás a punto de emprender.
- Exhala lentamente y sé consciente de que muchos ángeles invisibles te llamarán antes de que consigas llegar a casa.
- Inspira despacio y sé consciente de que tu vida se desarrollará entre las citas que ya conoces y las que irás descubriendo a lo largo del camino.
- Abre los ojos y exhala despacio mientras empiezas diciendo sí.

Preguntas para el diario

- Describe alguna habilidad con la que hayas nacido y cómo llegaste a descubrirla. ¿En qué parte de ti reside ahora esa habilidad?
- Describe cuál es tu punto central para escuchar. ¿Cuál es tu posición idónea para poder escucharte tanto a ti mismo como a la eternidad, a tus seres queridos y al mundo? ¿De qué manera ha ido cambiando ese punto con los años?

Preguntas para la sobremesa

Para plantearlas en la sobremesa con amigos y seres queridos. Trata de escuchar las respuestas de los demás antes de debatir:
- Piensa en cómo la experiencia ha excavado una abertura en ti. ¿Qué se ha abierto en ti? ¿Qué te exige esa

abertura además de soportar el dolor que te ha causado al abrirse? ¿Qué te aguarda allí que podría ayudarte a vivir?

- Cuenta la historia de algún momento en el que fueses lento a la hora de escuchar algún cambio que se estaba produciendo en tu vida. Describe ahora, viéndolas con perspectiva, las señales que te llegaron sobre el cambio que se estaba produciendo y cómo te afectó no escucharlas.
- Empieza a contar tu historia con decir «sí»: cuál fue tu primera experiencia en decir sí y adónde te llevó, cuál fue tu primera decepción al decir sí, tu primera recompensa al decir sí y cuál es tu idea actual de lo que significa decir sí a la vida.

No perder de vista la verdad

«La fe no es un seguro, sino un continuo esfuerzo, un continuo escuchar la voz eterna», Abraham J. Heschel[3].

Pese a que ya han pasado veinte años desde que salí de las fauces del cáncer, es algo que nunca se ha alejado demasiado. Tuve que ir a sacarme sangre para mi chequeo anual y me decía sin cesar que entonces fue entonces y que ahora era ahora. Pero aquella mañana temprano, en la sala de espera, sentí que se me aceleraba la respiración, que iba subiéndome por el pecho, y más allá de cualquier recuerdo consciente empezaron a aparecer las muy numerosas paredes de las salas de espera, oscuras amigas que decían echarme de menos.

Una vez en la pequeña sala del laboratorio una joven escribió mi nombre en un tubito, me pidió que apretara el puño y, mientras me introducía la aguja en una vena, aparté la mirada, tragándome todo el viaje que me había llevado hasta allí y que pugnaba por salir de nuevo cada vez que aquellos pinchazos de las agujas le daban la ocasión.

Un año más se había acabado. No me di cuenta entonces, pero había estado conteniendo la respiración en lo más profundo de mi interior. Cuando abrí la puerta para salir de nuevo al mundo, exhalé desde más abajo del corazón y me eché a llorar de repente, no de manera convulsa, sino del modo en el que los canalones de nuestros tejados rebosan cuando el hielo se funde de golpe al llegar la primavera.

Aquello me sorprendió. Pasados ya veinte años, creía que la alarma de todo aquel sufrimiento y de haber estado al borde de la muerte no estaría tan superficialmente entretejida, tan a flor de piel. ¿Cómo es que seguía irrumpiendo cuando menos lo esperaba? Me habían dicho que se trataba de una forma de estrés postraumático, un problema que puede tratarse. Mientras conducía de vuelta al trabajo, me hice la promesa de prestar atención a aquello durante el año venidero.

Al día siguiente me levanté temprano, antes de que amaneciera, impaciente por irme a nadar como cada mañana. De camino, me detuve en un semáforo. No había tráfico. Empezó a caer una ligera nevada y, por un instante, la voz del cantante que sonaba en la radio pareció que caía como la nieve en el parabrisas. Eso me hizo echarme a llorar de nuevo de manera desconsolada. Había pasado una semana desde que aquella agujita penetrara en mi brazo y seguía llorando por las cosas más tontas: la nube vespertina que tapaba la luna, la huella dejada por un cervatillo o incluso el envoltorio de una hamburguesa tirado en la acera. Cada vez que me sobrevenía uno de esos pequeños llantos no los sentía tanto como un desahogo sino más como una ternura pura e irreprimible por el hecho de seguir estando aquí presente del todo. Cuantos más momentos de ésos experimento, menos veo el problema. ¿No es esto lo que buscaba: estar tan cerca de la vida, penetrar bajo la superficie de las cosas? ¡Me parece ahora que la maldita aguja es un regalo! Ahora me pregunto: ¿no es un regalo cualquier cosa que nos mantenga tan apegados a la vida? Ahora deseo aprender el arte de pincharme con cualquier cosa que me salga al paso para poder sentir ese momento en el que todo se toca con todo lo demás.

Estoy empezando a ver que no perder de vista aquello que es verdadero nos recuerda que nunca hubo un momento mejor que el momento presente.

Este continuo tropezar con lo que nos conmueve es un proceso que dura toda la vida y durante el cual muchas veces nos topamos con momentos de sentirnos totalmente vivos. Aunque muy a menudo nos resistimos a ser abiertos de ese modo, en nuestros cuerpos habitan pequeños puntos de presión de sentimientos residuales, una especie de bolsitas de trauma que albergan el sedimento de las historias que nos han dado forma. Acarreamos estos sentimientos residuales como cápsulas del tiempo emocionales cuyas pequeñas dosis de sanación se liberan cuando tropezamos inesperadamente con la vida. Es natural retroceder ante la ruptura que representan esos potentes sentimientos, pero es el significado que traen consigo a lo largo de los años lo que empieza a sanarnos. Es comprensible que rehuyamos la crudeza de la experiencia directa, pero escuchar lo más profundo del sentimiento que nos sorprende y las lágrimas que pugnan por salir es una manera significativa de meternos en ese momento en el que todo se toca con todo lo demás. Muchas veces la única manera de aceptar esto es reunir el valor necesario para relajar nuestro corazón y volver a abrirlo después de que nuestra sorpresa y nuestro miedo lo hayan constreñido.

Los pueblos indígenas siempre han gozado de una comprensión fundamental de la experiencia directa. Pensemos, por ejemplo, en los polinesios, que creen que todo lo físico —piedras, madera, flores— tiene una cualidad numinosa, que de todo lo que hay en la tierra emana un espíritu inherente que resplandece desde su interior. Ésta es otra manera de describir el momento en el que todo se toca con todo lo demás. Cuando nos hallamos aquí presentes del todo, tocamos lo que tenemos delante: fuerza vital con fuerza vital, esencia con esencia. Cuando estamos dormidos, aletargados o vamos demasiado rápido, sólo tocamos superficie con superficie. Y sin ese resplandor de la fuerza vital, ese fulgor de la esencia, las cosas sencillamente nos estorban. Da la impresión de que la sensación de verdad y significado está esperando bajo la superficie y que es el corazón que escucha lo que permite que la fuerza vital que hay en todas las cosas nos toque. Es nuestra capacidad para escuchar lo que nos salva de la mera existencia de las cosas.

Lo que muchas veces empieza como un momento de sensaciones inesperadas que nos sorprende se convierte, si ahondamos un poco, en un modo más profundo de conocimiento. Así pues, ¿cómo escuchar de tal manera que nos permita ser tocados por la vida? Sirve de ayuda consagrarse a ir más allá de la existencia literal de las cosas. Pues la fuerza vital que aguarda bajo la superficie como si de un sol interior se tratara, esa fuerza vital o latido del universo, se nos revelará y nos conectará con el poder esencial de lo que es vital en la vida, y lo hará a través del corazón y del rebosar de nuestro escuchar ferviente, a través de un «ser-con» que nos mantiene con vida.

Sincronizar la persona interior

U Thant (1909-1974) fue un hombre amable y visionario. Nació en Pantanaw, Birmania, y fue diplomático y tercer secretario general de Naciones Unidas (1961-1971). Fue designado para ese cargo —y el primer asiático en ocuparlo[4]— tras la muerte en accidente de aviación del secretario general Dag Hammarskjöld en septiembre de 1961. U Thant definió la espiritualidad como «sincronizar nuestra persona interior con los grandes misterios que nos rodean». Esa sincronía es un arte intemporal que nadie es capaz verdaderamente de enseñarnos. No obstante, es una manera muy útil de describir el esfuerzo de ser, que precisa de un compromiso profundo y un continuo escuchar. El gran filósofo judío Abraham J. Heschel sugiere que la recompensa de esa sincronía es una sensación de paz y que al encontrar y habitar nuestro sitio en el cambiante universo reforzamos el tejido de la propia vida: «Siendo lo que somos... sincronizando nuestro anhelo con la solitaria santidad de este mundo, ayudaremos más a la humanidad que con cualquier otro servicio que podamos prestar»[5].

Heschel insinúa que el mundo no está completo hasta que lo llenamos con nuestro anhelo; que igual que la Tierra sería un yermo si no hubiera árboles, plantas y flores, la santidad del mundo, que yace justo debajo de la superficie, seguirá siendo un yermo sin el crecimiento espiritual de nuestros sueños, nuestra creatividad, nuestra generosidad y nuestro amor. Parece que el propósito primero de nuestra presencia aquí es arraigar nuestro ser en el mundo, pues el mundo lo necesita tanto como nosotros nos necesitamos unos a otros.

Honrar

¿De qué manera empezamos entonces a asumir nuestro destino de estar aquí? En mi opinión todo empieza por reverenciar y escuchar, por honrar el más mínimo pedacito de vida que nos salga al paso. Así que, en el nivel más profundo, cuando digo «te honro», significa que cuando tomo conciencia de ti me comprometo a mantener visible esa verdad a partir de ese momento y en adelante. Honrarte implica que lo que he aprendido acerca de ti pasa a formar parte de nuestra geografía. Significa que lo que se ha hecho visible y verdadero ya no se volverá invisible de nuevo.

Así pues, «honrarme a mí mismo» significa que a medida que crezco dejaré de ignorar o de ocultar aquellas partes de mi alma y de mi condición humana que se hacen más presentes en mí y en el mundo. Honrarme a mí mismo significa que asumo el compromiso de mantener visible la verdad sobre quién soy, que no dejaré que la verdad de mi ser vuelva a hacerse invisible. O, si lo hace, me dedicaré en cuerpo y alma a recuperarla.

«Honrar a Dios» implica nuestra promesa de mantener a la vista todo aquello de lo que hemos llegado a ser conscientes, que no fingiremos ignorar aquellas cosas que sabemos que son verdaderas o sagradas. Y si lo olvidamos, nos distraemos o nos descarriamos, nos dedicaremos a rescatar ese sentimiento omnipresente de lo sagrado.

De modo que, en el nivel más profundo, el más esencial, escuchar implica un esfuerzo constante por sentir ese momento en el que todo se toca con todo lo demás; un esfuerzo constante por vivir más allá de la mera existencia de las cosas. Esa escucha fundamental apela al compromiso de tener siempre presente lo que es verdadero, de modo que podamos ser tocados por la fuerza vital que emana de todas las cosas. Esa escucha nos invita al interminable arte de sincronizar nuestra persona interior con los misterios que nos rodean. Esto lo hacemos mediante el esfuerzo de honrar aquello que experimentamos, mediante el esfuerzo de mantener visible lo verdadero. En eso consiste el esfuerzo de la reverencia.

Por el camino encontraremos a mucha gente que sabe escuchar, a muchos reverentes esmerados. Para darte la bienvenida a este viaje te ofrezco a uno de estos grandes escuchadores, más conocido por su comprensión de la gravedad que por la honda calidad de su capacidad para honrar la vida: el gran físico sir Isaac Newton. Hacia el final de sus días Newton declaró con regocijo y humildad: «No sé lo que de mí pensará el mundo, pero mi impresión de mí mismo es la de que no he sido más que un muchacho que jugaba en la orilla del mar y que se distraía de tanto en tanto al encontrar un guijarro más suave o una concha más bonita de lo normal, mientras ante mí se extendía, inexplorado, el enorme océano de la verdad»[6].

Reanudemos nuestro paseo por la orilla del mar.

Una pausa para la reflexión
Una meditación

- Cierra los ojos, respira despacio e imagina el linaje de grandes escuchadores que se han sucedido en el tiempo.
- Inhala a fondo y siente su viva presencia.
- Exhala a fondo y siente cómo escuchar nos conecta a todos.

- Abre los ojos e inspira despacio, honrando aquello que sabes verdadero de tu vida.
- Espira también despacio, honrando aquello que sabes verdadero acerca de tus seres queridos.
- Regresa a tu momento comprometiéndote a tener presente todo aquello de lo que eres consciente.

Preguntas para el diario

- Cuenta la historia de algún momento en el que te sorprendiera una oleada inesperada de emoción y de qué manera te afectó.
- Cuenta la historia de algo que sepas que es verdad y la historia de cómo te mantienes consciente de ello.
- ¿Qué significa para ti vivir más allá de «la mera existencia de las cosas»?

Preguntas para la sobremesa

Para plantearlas en la sobremesa con amigos y seres queridos. Trata de escuchar las respuestas de los demás antes de debatir:
- La descripción que hizo U Thant de la espiritualidad como «sincronizar nuestra persona interior con los grandes misterios que nos rodean» es muy útil. Nos proporciona una imagen del individuo en relación con la integridad de la vida.
- Describe cómo es tu imagen de esto. ¿Somos cada uno un peldaño en una escalera infinita? ¿Una estrella en una constelación? ¿Una raíz que crece en la tierra?
- Comparte y pregunta a los demás cuáles son sus imágenes de la persona y el todo. No se trata de discutirlas o de compararlas, sino sólo de escucharlas.
- Describe un aspecto de tu sincronización interior que te parezca que funciona bien y un aspecto interior al que crees que deberías prestar más atención.

El don de recibir

«¿Puedes mantener la puerta de tu tienda abierta al firmamento?», Lao Tzu[7].

Tendemos a pensar que dar es más importante que recibir. Sin embargo, únicamente si absorben luz son capaces las flores de desplegar su belleza y de polinizar la tierra. Sólo si absorbe agua de lluvia es la tierra capaz de hacer brotar lo que nos alimenta. Sólo si inhalamos pueden nuestros cuerpos llevarnos hasta los demás. Sólo si aceptamos el dolor y la vulnerabilidad ajenos puede crecer entre nosotros la fortaleza humana. Así pues, recibir implica absorber, inhalar y aceptar la vida que fluye a través de nosotros, entre nosotros y alrededor. Todas ellas son maneras profundas de escuchar.

A primera vista, dar y recibir implican intercambios. Yo necesito. Tú das. Yo me siento agradecido. Tú te sientes bien por haberlo hecho. Yo me siento en deuda. Y así nos vamos turnando. Pero más allá de la superficie, dar y recibir se convierten en algo indiferenciable, y el objetivo pasa a no ser ya tener cosas o pasarlas de una persona a otra, sino mantener el flujo del don de la vida[8]. El latido de la vida circula como la sangre que corre por nuestro cuerpo, y dar y recibir, tal como ocurre con las venas y las arterias, se hace indispensable. La sangre no pertenece a un solo órgano, sino que somos un cuerpo entero. El don de la vida debe seguir fluyendo siempre, igual que la sangre, si hemos de seguir vivos.

La diferencia entre recibir y aceptar —acoger o asimilar cosas— resulta crucial. Sin lugar a dudas no tiene nada de malo aceptar algo dado por otra persona. Pero cuando aceptar pasa a convertirse en acaparar dejamos de escuchar y ese desequilibrio nos envenena a nosotros y a quienes tenemos cerca. Siempre somos capaces tanto de recibir como de aceptar y, por tanto, debemos evitar convertirnos en alguien que sólo acepta y adquiere y esforzarnos por desarrollar nuestra capacidad de asimilar y transmitir la fuerza vital que nos ha sido dada de convertirnos en conductores en lugar de en depositarios.

El don de recibir radica en que esa apertura nos permite hacernos con el mundo. Y escuchar atentamente es una forma prodigiosa de recepción. Cuando, en la cita reproducida antes, Lao Tzu pregunta: «¿Puedes mantener abierta hacia el firmamento la puerta de tu tienda?», nos está retando a que no definamos el mundo por medio de cualquier cobijo que hayamos creado, sino a que dejemos que entren las estrellas, que abramos la tienda de nuestra mente y de nuestro corazón para así recibir y escuchar el fluir de la vida. Naturalmente, esto no es tan fácil como suena, pero es algo tan esencial como la luz, la lluvia y el aire.

El halcón, el beso y el vaso de leche

Estaba dando una charla en una facultad del Medio Oeste cuando la conversación derivó hacia ese momento sagrado en el que cuesta distinguir entre dar y recibir. Un joven pensativo que estaba sentado al fondo me preguntó si podía recordar la primera vez que experimenté un momento así. Me sorprendió la rapidez con la que me vinieron a la mente las imágenes y los sentimientos.

El primero de esos momentos ocurrió cuando era un niño, a los 9 o 10 años tal vez. Deambulaba con un palo por el único terreno boscoso que había en nuestro vecindario. Era el único sitio desde donde no se veía ninguna casa. Al pisar una rama caída, un halcón pasó volando ante mí con las alas extendidas. Di un respingo y en ese momento el aleteo del halcón, mi repentina inhalación y la ráfaga de viento que transportaba al ave fueron todo una misma cosa. Ni siquiera sabía qué era un halcón. Pero aquella noche, ya acostado, cerré los ojos y cada vez que inspiraba profundamente me parecía sentir el roce del viento en la boca. Con cada inspiración veía ante mí a aquel halcón con las alas desplegadas. Nunca me había parado a pensar en ello hasta que aquel joven me preguntó, pero siempre he sentido afinidad por los halcones y el viento. En lo más profundo de mis meditaciones he sentido que inhalar de modo constante es impregnarse del viento de toda la respiración, y que respirar lentamente es el modo en que el corazón planea sobre todo lo que sentimos, como un halcón.

Mientras regresaba en coche de mi charla en la universidad recordé mi primer beso, un día que acompañé a Chris a su casa desde el restaurante Howard Johnson después de cenar. Teníamos ambos 16 años y estábamos cubiertos de restos de helado. Recuerdo que el aire nocturno era frío. Cuando nuestros labios se tocaron, despacio, con indecisión, sin saber qué esperar, se produjo ese dulce momento de no saber bien quién era quién, un breve instante en el que ninguno de los dos era capaz de distinguir quién besaba y quién era besado.

Pero mi primera conversación acerca de recibir como una forma de dar llegó cuando cursaba primero en la universidad. Mi abuela materna vivía sola en un hotel de Miami. Siempre la llamábamos Abuelita Naranjada porque le encantaba el zumo de naranja. La abuela quería que fuera a hacerle una visita y me invitó amablemente a que llevara a mis mejores amigos. No teníamos dinero, pero la abuela no dudó en decirme: «No te preocupes, venid. Yo me encargo de todo». Me di cuenta de que nuestra visita significaba mucho para ella. Tenía 77 años. Yo, 20.

Cuando se lo dije a mis padres, me pidieron que no abusara, que no me aprovechara de ella. Yo entendía su parecer al respecto pero, en mi interior, sentía que aquélla era una oportunidad única para conocer a la abuela. Aunque no tenía nada material que ofrecer, me sentí obligado a aportar lo poco que tenía: mi presencia y mi cariño. La discusión con mis padres se acaloró. Aquel momento supuso una divergencia de valores importante.

De modo que, al llegar las vacaciones, mis amigos Alan, Michael y Jack y yo nos metimos en un viejo Ford Fairlane con el parachoques delantero oxidado y llegamos entre tumbos y estertores del motor hasta Florida. No teníamos ni idea de lo largo que es el estado de Florida. ¡Al llegar a Jacksonville llamamos a la abuela para decirle que estábamos a la vuelta de la esquina! Ocho horas más tarde, alrededor de las tres de la madrugada, entramos en Miami y aparcamos delante de su aparthotel. La luz estaba encendida. El portero nos esperaba y sabía nuestros nombres. La abuela apareció en el vestíbulo como una versión encorvada de la Estatua de la Libertad. Nos había alquilado un apartamento al otro lado del pasillo. Cuando fuimos a dejar las maletas, nos esperaban en la mesa una bandeja de galletas y cuatro vasos de leche.

Durante aquella semana disfrutamos de la playa pero también entramos en el mundo de la abuela. Fuimos de compras con ella, llevándola del brazo, dos a cada lado, y ella iba saludando a sus amigos como una matriarca cuyos hijos hubiesen regresado de alguna guerra extraña y silenciosa.

El último día de nuestra visita, al ponerse el sol, fui con ella a pasear por la orilla del mar y se puso a contarme cosas de su vida, sus amores y sus decepciones. Fue un privilegio escuchar su anciana voz por un lado y el rumor del océano por el otro. Nunca olvidaré aquel paseo. Parecía que nos hubiéramos quedado detenidos por un momento en aquella lengua de arena iluminada por el sol poniente: fuera del tiempo, sin dolores ni preocupaciones. Ella lucía en su rostro una mirada de lo más plácida y me di cuenta entonces de que había viajado hasta allí únicamente para dar aquel paseo. La abuela no sólo me enseñó lo que es la generosidad y la manera en que las cosas pueden ayudar a la gente, sino que por primera vez fui capaz de dar cuando no tenía nada: simplemente recibiendo.

El corazón de Dios

Lo que aprendí en aquel paseo junto al mar con mi abuela, aunque me ha costado casi cuarenta años articularlo, es que cada uno de nosotros llevamos dentro un pedacito de lo más elemental y, puesto que es infinito, es completamente indulgente con todos los errores que lo van hundiendo por el camino. Este pedacito de lo primordial se limita a brillar en el centro de nuestra oscuridad, donde se va haciendo cada vez más fuerte, esperando tal como lo hacía antes de nuestro nacimiento. Puede pasarse años esperando que lo escuchemos, que lo recibamos, que lo asimilemos. Es tan paciente como el propio tiempo. Lo he sentido en aquellos momentos en los que dar y recibir eran una misma cosa. He oído ese pedacito de lo primigenio cuando me sobresaltó aquel halcón. Lo recibí al dar a Chris aquel primer beso. Y lo asimilé cuando mi abuela y yo nos sinceramos junto al mar. Gran parte de mi vida ha consistido en tratar de aprender de esos momentos en los que recibimos la verdad de todo lo que es más grande que nosotros. No puedo menos que reconocer que no he sacado mucho en claro.

Siempre tenemos cerca dos formas básicas de recibir o de despertar. El misterio revelador es el despertar a través del cual nuestros hábitos y nuestros esquemas se ven ampliados por momentos de asombro, sobrecogimiento, belleza y amor. Y el desgaste erosivo es el recibir que acaba permitiendo que nos abramos a verdades más profundas. La revelación tiene siempre un punto de epifanía, es decir, parece que se produce todo al mismo tiempo. Es como si se alzaran todos los velos. Estamos ciegos y, en un instante, vemos. Estamos aletargados y, en un instante, nos sentimos increíblemente sensibles. Pero el sufrimiento y la humildad, como la erosión, llevan su tiempo. Nos vamos desgastando hasta convertirnos en lo que estamos destinados a ser. Eso es lo único a lo que podemos aspirar: a que en un instante nos sean revelados la vida y los demás y a sobrevivir al desgaste para lograr conservar aquello que es agradable, esencial y duradero.

Una vez, en otra costa y en otro momento de mi vida, me senté en una loma erosionada del extremo sur de la isla caribeña de Saint Martin. Me pasé aquella tarde sentado en silencio, contemplando cómo el océano salpicaba la piedra y él mismo se transformaba y recubría cualquier superficie, como si quisiera suavizar la dureza de la roca. Me convencí de que el mar es un gran maestro del recibir. Esa agua informe, que sube y baja sin cesar como la sangre transparente del planeta, acoge todo aquello que la penetra. No rechaza nada. Las aguas, siempre transparentes, lo abarcan todo, suavizan todo aquello que tocan, se entregan por entero sin perder nada de su ser. Cuanto más miraba, más me cercioraba de que el mar es a la vez fuerte y suave, sensible y tenaz. Pero únicamente adopta la forma de lo que lo contiene o de lo que en él penetra. Y cualquier cosa que rompa su superficie envía ondas por todo su ser. Igual que ocurre con el corazón de Dios. Lo mismo que pasa con el corazón de la experiencia, la versión menor de Dios en el mundo. Me fui de allí con salitre en el rostro y deseando ser como el mar, amar como el mar: recibir todo lo que encontrara y entregarme a todo, abriéndome camino suavemente y haciendo que todo refulgiera.

Una pausa para la reflexión
Una meditación

- Concéntrate y, mientras respiras, siente cómo tu ser se alza y retrocede en tu interior como un océano.
- Al inspirar acoge y recibe aquello que tengas cerca. Recíbelo en el agua de tu ser, sabedor de que no puedes perder tu ser por el hecho de aceptarlo.
- Al espirar permite que el agua de tu ser toque aquello que tengas cerca. Sin influir o alterar intencionadamente aquello que tienes delante, deja que tu ser suavice el mundo.
- Regresa a tu momento preparado para acoger el mundo y, a cambio, permite que tu ser haga que el mundo brille.

Preguntas para el diario

- En la intimidad de tu verdad describe un momento en el que aceptaste algo y qué ocurrió. Describe también un momento en el que asimilaste algo y qué sucedió. ¿Dónde están ahora esas cosas? ¿Cuál de ellas conservaste durante más tiempo?

- ¿Cómo explicarías a un niño el acto de recibir para que lo valorara?

Preguntas para la sobremesa

Para plantearlas en la sobremesa con amigos y seres queridos. Escucha las respuestas de los demás en lugar de debatir:
- Cuenta la historia de algún momento en el que te resultara imposible distinguir entre dar y recibir y qué aprendiste de ello.
- ¿Quién te enseñó a recibir? ¿Cómo acogiste sus enseñanzas?

Una realidad que no deja de desplegarse

«La única luna se refleja allí donde quiera que haya una superficie de agua, y todas las lunas de las aguas son recogidas en una sola luna... Una realidad, que lo abarca todo, contiene en sí misma todas las realidades», Yoka Daishi[9].

El poeta Wallace Stevens sabía escuchar profundamente. En 1923 escribió su legendario poema «Trece maneras de mirar a un mirlo»[10], en el que nos brinda trece instantáneas penetrantes del mirlo que van desde lo visible a lo que permanece oculto. El poema resulta instructivo en dos sentidos: nos enseña cómo ver y cómo probar. En primer lugar Stevens sugiere que no hay una única manera de mirar a un mirlo. El mirlo existe gracias a la misteriosa suma de todas esas miradas. Y cada mirlo refleja una parte de ese mundo mayor que no puede verse en su totalidad con una sola mirada. En lugar de eso nos ayuda a comprender una realidad que no deja de desplegarse. Stevens también demuestra que debemos seguir probando y seguir aunando esfuerzos. Dar un solo paso hacia la comprensión no será muchas veces suficiente. Esta manera de adquirir comprensión se puede aplicar a todo, incluidas las muy diversas maneras que hay de escuchar o de amar.

Aquí hay un puñado de formas de empezar.

Una pausa para la reflexión
Preguntas para el diario

- Describe qué significado tiene para ti escuchar.
- Trata de recordar cuál fue tu primera experiencia importante escuchando. ¿A quién o qué estabas escuchando? ¿Qué oíste y qué efecto te causó?

La respiración única

A principios del siglo XII la mística Hildegarda de Bingen definió la oración como «inhalar y exhalar la respiración única del universo»[11]. Eso es escuchar con todo nuestro ser. Esto remite a una inmersión de la atención a la que han aspirado todas las tradiciones, que aseguran cada una a su manera que la paz reside en esa plenitud que surge cuando nuestro sentido individual del ser se fusiona con la corriente constante del ser que constituye el latido del universo. Estos momentos, ya surjan a partir de la inmovilidad extrema, del sufrimiento extremo o del amor extremo, siempre se nos antojan inesperados y derivados de nuestra capacidad de no reprimirnos.

Todas las tradiciones sugieren que esta respiración única constituye nuestro más profundo hogar interior. Todos pasamos al menos por dos de estos momentos de plenitud: la primera vez que respiramos al nacer y nuestro último aliento al morir. Con qué frecuencia nos tropecemos con esta plenitud del ser durante nuestro paso por este mundo dependerá del viaje que hagamos y de nuestra disposición a emprenderlo.

En un esfuerzo por emprender mi viaje pasé dos semanas meditando cada día sobre la respiración única de Hildegarda. Y en un momento determinado de la segunda semana tuve un sueño en el que la respiración del nacimiento se juntaba con la de la muerte.

En el sueño yo llevaba días sentado sin hablar en un campo despejado. Finalmente empecé a caminar sin rumbo fijo. Llegué hasta un árbol enorme y bajo éste me encontré con Buda. Tuve la certeza de que muchos habían llegado hasta él de aquella manera. Justo se estaba despertando de un largo sueño y yo me topé con él en el mismo instante en que se despertaba. Una luz iluminó su rostro cuando suspiró. Al acercarme se transformó en un muchacho moribundo. Aquello me sobresaltó. Cuando apoyé la mano en el árbol, éste se convirtió en una alambrada de Auschwitz. Y el niño, igual de iluminado que el Buda, exhaló su último suspiro, que se condensó en una nubecilla de vaho en el aire frío.

En el transcurso de los siguientes días seguí respirando aquella respiración única del universo y reflexionando en silencio sobre el Buda que despertaba y el niño agonizante. Tengo la certeza de que ambos viven en mí, en ustedes. Ambos despertamos y morimos en todo momento, en una especie de día y noche interiores. Ahora escucho al Buda que despierta y al niño que agoniza en los rostros de desconocidos y de amigos que están demasiado cansados como para ralentizar su respiración al ritmo de la respiración única que nos impulsa a todos.

Dibujar cejas en el agua

En el centro de Alaska hay un río que nace en las laderas noroccidentales de la cordillera de Alaska y fluye a lo largo de mil kilómetros hasta el mar de Bering. Las orillas del río están cubiertas de densa vegetación y prácticamente deshabitadas. Esta gélida corriente de agua se conoce como río Kuskokwim.

John Larson, corresponsal de noticias de la NBC, estaba en Alaska para cubrir una noticia cuando se enteró de una costumbre inuit que consiste en que los mayores llevaban a sus hijos una vez al año a la desembocadura del río Kuskokwim. Allí es donde se produce la mayor congregación de salmones procedentes del mar de Bering. Los mayores enseñan a sus hijos que si observas el agua con suma atención verás que los peces más grandes rompen levemente su superficie, grácilmente, dejando una estela apenas perceptible. Cuando un pez grande rompe la superficie de ese modo, los inuit dicen que está *dibujando cejas en el agua*. A esa sutil alteración del agua la llaman *la estela de un maestro invisible*.

Cuando tanto padre como hijo divisan esta estela, se abre la veda del salmón. Ésta es una poderosa metáfora sobre la manera en que todos pescamos aquello que es importante en nuestras vidas. Siempre andamos en busca de maestros que nadan bajo la superficie, como el rostro de Dios que asoma bajo la superficie de nuestros días.

Los inuit creen que cada vez que un gran salmón deja esa sutil estela deja también vestigios de lo que ha llevado consigo desde las montañas hasta el mar y durante su regreso. Y si el muchacho es capaz de nadar hasta ese punto y beber el agua, recibirá en su estómago la fuerza de la sabiduría del salmón.

Este ritual inuit entre padres e hijos es otra enseñanza indígena que nos habla de los cuidados y la atención que se necesitan para observar el reino esencial del espíritu que yace bajo la superficie de todas las cosas. Pues aunque vislumbremos brevemente aquello que importa no hay garantía de que esa realidad más profunda emerja a la superficie dos veces en el mismo punto. No obstante, es el arte de divisar la estela del maestro invisible lo que da inicio a la pesca. Esta manera de escuchar bajo la superficie de las cosas da pie a un tipo de educación que en realidad no puede enseñarse, aunque podemos llevarnos mutuamente hasta su umbral por medio del amor.

Una pausa para la reflexión
Preguntas para el diario

- Como en el caso de la suave onda que provoca el pez en la superficie, cuenta la historia de algo sutil que resultara ser un maestro invisible.
- Para hacernos con una visión completa de un río hemos de seguir todo su curso. Piensa en tu comprensión del río de la verdad y describe dos o tres visiones que hayas tenido a lo largo de su curso y lo que esas visiones te dicen en conjunto sobre la naturaleza de la verdad.

Mantener viva la canción

El fundamento de toda oración hebraica es escuchar a la Unicidad. Como dice el rabino Alan Lew: «Hay una voz más profunda que no viene de donde viene la voz normal»[12]. Así que, ¿cómo hacemos para oír esta voz más profunda de la Unicidad? Ya hemos visto que podemos hacer acopio de diversas visiones de algo verdadero y no ceñirnos a una sola, que nuestra pequeña respiración, si la apaciguamos lo suficiente, es capaz de unirse a la respiración única del universo, y que seguir aquello que reside bajo la superficie puede conectarnos con el Origen viviente.

Si somos bendecidos, perdurar y vivir nuestra vida de manera abierta nos acaba llevando a la voz desnuda de la Unicidad. De forma cotidiana, los espíritus corrientes —como el gran salmón que regresa del mar de Bering— pueden romper la superficie y dejar vestigios de la Unicidad. Esto ocurrió con un *minyan* de estudiosos judíos de San Francisco[13], que oraron cada día juntos durante prácticamente toda su vida. Al cabo de treinta años varios de ellos habían sufrido algún ataque que les había imposibilitado hablar. Sin embargo, cuando estaban juntos —y sólo cuando estaban juntos— podían seguir cantando las oraciones que llevaban grabadas en su corazón.

¿Era el origen de la canción y el sentido de comunidad lo que permitía a aquellos hombres, tras la pérdida del habla, seguir cantando en presencia de los demás? ¿Qué clase de medicina es esta cuyo suero es el amor y cuya aguja es el tiempo?

El cerezo de la calle Willett

Durante tres gloriosos años estuve viviendo en la calle Willett de Albany, en Nueva York, en un viejo edificio de ladrillo al borde de un hermoso parque que podía contemplar durante todo el año desde mi galería acristalada. Al otro lado de la calle había un antiquísimo cerezo que florecía únicamente durante unos pocos días a principios de mayo.

El primer año llamé a mi querido amigo Robert y a mi mujer, Susan, y estuvimos cogidos los tres del brazo bajo el árbol con la vista levantada hacia su oscilante macizo de flores rosas. Como florecía antes que cualquier otra planta, el milagro de las flores que brotaban de su madera era como un grito silencioso. A partir de ese día observé intensamente al cerezo, atónito por la rapidez y la facilidad con la que se iba desprendiendo de toda su aparente belleza, que desapareció con la misma velocidad con la que había llegado.

Había ocasiones, a finales de otoño o ya en invierno, en las que sentía en mis carnes esa brusquedad y esa sensación de ser despojado de toda posibilidad. Salía en medio de la lluvia o de la nieve y ponía las manos en el tronco del árbol, como pidiéndole consejo. Y siempre parecía decirme en silencio: «Ni la plenitud ni la desnudez perduran, pero regresamos».

Hacia la segunda primavera de vivir allí nos preparamos de antemano para los días de floración. Al primer indicio nos reunimos para leerle poemas al árbol y entre nosotros. Después de aquella segunda floración interpreté la desnudez del árbol como una fortaleza notable e imperecedera. Aquella certeza de que de la dureza brotaría de nuevo la suavidad se convirtió para mí en una guía.

Susan y yo vivimos ahora en Michigan, pero Robert sigue yendo cada primavera a ponerse bajo el frondoso ramo de flores rosas. Y lo llamamos para que nos cuente cómo ha estallado el árbol de nuevo en toda su plenitud. Cerramos los ojos mientras nos cuenta la historia que queremos escuchar y volvemos a sentirnos posibles otra vez.

El improbable camino del sí

Ésta es una historia sencilla sobre un hombre sencillo, William Edmondson (1874-1951)[14], que trabajó de conserje durante la mayor parte de sus días. Pero un día, a mitad de su vida, a William le sobrevino una visión en la que tuvo la certeza de que Dios había plantado en él la semilla de la escultura mientras dormía. Y pese a que no había esculpido nada en su vida empezó a cincelar unos bloques de piedra caliza desechados. Carente de formación académica y armado simplemente con un clavo de las vías del tren y un viejo martillo, empezó a dar forma a unas esculturas excepcionales: lápidas funerarias sumamente originales, figuras humanas y puntas de flecha. Su esfuerzo y el coraje que puso en su atención lo fueron convirtiendo en el escultor que estaba destinado a ser. Superó muchos obstáculos, muchos años de decir: «Sí, pero» o «No, es demasiado tarde». Pero sólo había un camino, claro pero improbable, que conducía al sí.

Considero a William Edmondson y a otros de su condición como un aliento para mi propia posibilidad, sobre todo cuando me siento decepcionado y cansado. Las historias de este tipo me recuerdan que cuando sentimos la llamada no importa si nos hemos preparado o nos hemos formado o si lo hemos postergado durante años. Lo que importa es si somos capaces de escuchar con todo nuestro ser a esa posibilidad pura que está en nosotros, ya que eso nos permitirá comenzar, del mismo modo en que un día de lluvia y un día de sol impulsarán a la flor hacia su destino de florecer. En un sentido profundo e inesperado decir sí es una forma de escuchar que

51

reúne de manera verdadera lo que somos y lo que experimentamos. Decir sí es el inicio de todo florecimiento.

Una pausa para la reflexión
Una meditación

- Con los ojos cerrados inhala despacio e imagínate un cerezo en flor a principios de la primavera.
- Con los ojos abiertos exhala lentamente e imagina que tu propia posibilidad pura empieza a florecer como el cerezo en primavera.
- Con la mente abierta escucha las flores de tu interior decirte: «Ni la plenitud ni la desnudez perduran, pero regresamos».
- Con el corazón abierto inhala y exhala despacio, diciendo sí.

La palabra «escuchar»

En español *escuchar* es prestar atención a lo que se oye, aplicar el oído para oír algo. En sentido más profundo incluye las numerosas maneras que tenemos de recibir cosas, de asimilar. En inglés, *listen*. En afrikáans, *luister*. ¿Cuánto tiempo tardamos en escuchar cuando nos rodea el dolor por todas partes? En albanés, *dëgjoj*. ¿Cómo escuchamos a aquello que vive bajo la superficie, lo llamemos como lo llamemos? En árabe, *náṣata*. En bosnio, *slušati*. ¿Cómo escuchamos aquello que aguarda en las historias que nadie cree? En búlgaro, *slúsham*. En catalán, *escoltar*. ¿Somos capaces de escuchar el sonido de la lluvia contra el empedrado? En la lengua de los indios chickasaw, *haklo*. En checo, *poslouchat*. ¿Somos capaces de escuchar la luz que reflejan las aguas de un río al pasar bajo un puente? En danés, *lytte*. En holandés, *luisteren*. En finés, *kuunnella*.

¿Somos capaces de escuchar como un halcón posado en un risco con las alas extendidas ante los elementos? En francés, *écouter*. En alemán, *zuhören*. En hebreo, *hikshív*. ¿Podemos escuchar hasta que oigamos el suspiro perdido de millones de personas mientras el viento arrastra una hoja amarilla por el suelo? En hindi, *sunna-*. En italiano, *ascoltare*. En japonés, *kiku*. Ver una ciruela, pintar una ciruela o comerse una ciruela, ¿no son todas ellas formas de escuchar? En kurdo, *guh dan*. En laosiano, *fang*. En latín, *ausculto*. En lituano, *klausyti*. ¿Somos capaces de escuchar la verdad que, como la música, surge del silencio y regresa al silencio? En marathi, *aikaNe*. En noruego, *lytte*. En persa, *guš dâdan*. En polaco, *słuchac´*. ¿Somos capaces de escucharnos los unos a los otros del mismo modo en que las venas escuchan a la sangre? En portugués, *escutar*. En rumano, *asculta*. En ruso, *slúšat'*. ¿Somos capaces de asimilar los espacios que hay entre todas las cosas que se han dicho jamás? En sueco, *lyssna på*. En tailandés, *fang*. ¿Podemos escuchar cómo las nubes reciben la luz y la dejan pasar? En turco, *dinlemek*. En ucraniano, *slúxaty*. ¿Podemos escuchar cómo respiramos, inhalándolo todo y devolviéndolo después? En urdu, *sunna*. En vietnamita, *nghe*. ¿No es observar cómo duerme el arroz en el agua una forma de escuchar? En galés, *gwrando*. ¿Eres capaz de encontrar una palabra propia para *escuchar*? Pronúnciala dos veces.

Una pausa para la reflexión
Una meditación

- Escoge cuatro de las palabras antes mencionadas cuyo significado es escuchar, las que más te atraigan.
- Respira a fondo y concéntrate.
- Después de cada respiración completa escucha y pronuncia en voz alta cada una de esas palabras.
- Respira despacio y pronuncia tu palabra aunque ésta carezca de sentido.

- Repite este proceso dos veces más.
- Regresa a tu momento y observa cómo crece alguna cosa.
- Mientras la ves crecer, pronuncia en silencio tus palabras de meditación que significan escuchar.
- Cuenta la historia de algún momento en el que sintieras la presencia de la vida y la muerte al mismo tiempo.
- Cuenta la historia de un momento en el que fueses capaz de ser más tú mismo en presencia de un amigo o un ser querido.
- La floración del cerezo parece decir: «Ni la plenitud ni la desnudez perduran, pero regresamos». Habla sobre qué crees que significa esto.

¿Cómo escuchar todo lo que no se dice?

«No existen los otros», Ramana Maharshi[15].

Corría el mes de mayo del año en que cumplía los 57 cuando fui a dar una charla en una innovadora serie de conferencias titulada «Rondas narrativas» en la Facultad de Medicina de la Universidad de Columbia, en Nueva York. Como superviviente de un cáncer, aquello significaba mucho para mí. Hasta que empecé a caminar por los pasillos no me di cuenta de que la Facultad de Medicina está enclavada en el Columbia Presbiterian Hospital, un lugar que resultó clave en el dificultoso trayecto por el cáncer que recorrí veinte años atrás. Aquello me conmovió y me desorientó profundamente. Fue aquí donde un experto equipo médico me diagnosticó por fin la variedad rara de cáncer que padecía, y fue aquí también donde se equivocaron con mi primer tratamiento de quimioterapia, porque el desequilibrio de sus enormes intelectos les impidió darme los cuidados adecuados.

Por la tarde, después de un breve seminario, estaba conversando con dos estudiantes de medicina cuando uno de ellos me preguntó cómo se puede escuchar a un paciente que no quiere hablar. Qué gran pregunta. Me hizo dejar de lado toda lógica y contarle la siguiente historia, acaecida algunos años antes.

Andaba paseando por Santa Mónica y al cabo de un rato me senté en una cafetería de una bocacalle, desde donde podía observar a los ricos pasar andando al lado de los indigentes sin advertir la presencia los unos de los otros. Era como contemplar la superposición de gente de distintas épocas en el escenario de la misma calle, salvo que aquélla, por supuesto, era la misma realidad. Vi a un tipo bien vestido, con los pantalones perfectamente planchados y camisa de raso, sortear a un indigente que dormía frente a un escaparate para poder echar un vistazo de cerca a un jersey. Pasó cuidadosamente por encima de la sucia tripa del hombre, quitándose las gafas de sol a mitad de la zancada para captar con más detalle el tejido del jersey. El indigente, habituado a que le pasaran por encima, permaneció allí quieto y sin rechistar.

Me quedé allí un buen rato sin saber bien adónde ir ni qué hacer. Apareció el sol e iluminó el pasaje que había al otro lado de la calle. La luz reveló que había allí otra persona invisible sentada en una silla de ruedas y con la cabeza apoyada en la pared del callejón. Nuestras miradas se encontraron a través del tráfico. Durante unos diez o quince segundos el mundo se detuvo y se abrió. Ninguno de los dos apartó la mirada. En ese largo instante escuché todo lo que no dijo. Y me taladró el corazón. Su mirada se intensificó y noté que se me relajaban los hombros.

Entonces fue mi mirada la que se intensificó dolorosamente y fue él quien bajó los hombros. Y en ese largo momento supimos que somos lo mismo, que simplemente habíamos ido a parar a cuerpos distintos que estaban en lados distintos de la calle. El sol se movió hacia el oeste. Volvieron las nubes. Y la vida se reanudó. El tipo dio media vuelta y se marchó rodando de allí.

Me he dado cuenta desde entonces de que lo que importa lo tapamos enseguida, pero detrás de todo el ruido y el dolor todos seguimos buscando este momento y huyendo de él. Es la gema que hay dentro de cada piedra, la oscura semilla que espera salir a la luz, el latido que está en todo y que aguarda un modo de mostrarse a la luz en nuestro mundo apresurado.

Ese momento me viene a la mente cada vez que me siento solo o triste sin motivo aparente, cada vez que estoy con alguien y doy rienda suelta a mi emoción por algún apuro o enfermedad. Ese momento se ha convertido en el átomo doloroso de la humanidad que me atenaza para siempre con lo que significa estar vivo. Es un momento silencioso que no deja de hablarme y que únicamente he empezado a comprender a medida que lo he ido reviviendo con el tiempo.

Cuando acabé de contar esta historia, el estudiante que me había hecho la pregunta parecía estar perplejo, mientras que el otro, el que escuchaba, parecía haber comprendido. Les di las gracias por su atención y les dejé en su mutua compañía. Cuánto nos necesitamos unos a otros para comprender cualquier cosa que valga la pena en este mundo. Cuando me acosté aquella noche, soñé con aquellos dos estudiantes dentro de quince años, que salvaban vidas de gente como yo, mucho tiempo después de que el momento que habíamos compartido se hubiera hundido en lo más profundo de sus conciencias.

Al día siguiente fui a Hackensack, Nueva Jersey, para estar un rato con las pacientes de cáncer del Gilda's Club, que debe su nombre a la actriz cómica Gilda Radner, fallecida de cáncer de pecho en 1989, el mismo año en que el linfoma se extendió a mi costilla, que más tarde me extirparon. El rato que pasé con la docena de mujeres que aparecieron por allí fue duro y a la vez tierno. Bromeamos sobre venas demasiado gastadas y endurecidas para volverlas a abrir y nos quedamos mirando en silencio al centro de nuestro pequeño círculo, conocedores de que los dones de este viaje, que casi nos cuesta todo lo que tenemos, son demasiado escasos para poder plasmarlos en el lenguaje cotidiano.

Y hoy, el tercer día, me levanto muy cansado y me dirijo a través de la persistente lluvia al International Center of Photography, en la esquina de las calles 43ª y 6ª, justo enfrente del parque Bryant, donde me han permitido amablemente ver las fotografías originales de Roman Vishniac. De las dieciséis mil fotos que logró hacer entre 1936 y 1939 de la vida de los judíos en la Europa oriental, con gran riesgo personal y pasando grandes dificultades, sólo han sobrevivido dos mil.

Enseño mi documentación y subo al departamento de exposiciones, en la planta duodécima, donde me recibe Ben, un amable joven dedicado a conservar la verdad del pasado. Le había enviado una lista de las copias que me interesaba ver y Ben tiene ya preparadas las cajas de los originales. Me da unos guantes blancos, me pide que sostenga las fotos con las dos manos y me deja solo con estas sagradas ventanas a un mundo ya hace tiempo desaparecido.

Sin tener muy claro qué busco, empiezo a escuchar todo lo que Roman Vishniac no pudo decir con sus valientes fotografías de un mundo hoy ya desaparecido. Yo, un poeta judío idiosincrásico, místico y superviviente de un cáncer, me veo de algún modo atraído por el templo en ruinas del pasado. Empiezo a sostener entre las manos enguantadas de blanco esos momentos de abierta indiscreción.

Pasada media hora doy con una foto de una calle de Kazimierz, el gueto judío de Cracovia, en Polonia, de 1937. Ése es otro momento captado en un callejón, esta vez sesenta años antes y en otro continente. Es un día gris, las paredes están estropeadas y agrietadas, el empedrado está salpicado de nieve y al final se divisa una ventana. En el callejón dos personas están a punto de cruzarse. Un hombre que acarrea alguna cosa se aleja de nosotros. Es de baja estatura y fornido y no se le ve el rostro. No sabría decir qué es lo que lleva, pero lo está agarrando con firmeza, como protegiéndolo. Hacia nosotros viene una mujer que calza botas, lleva el abrigo abierto, la cabeza cubierta y el semblante ligeramente inclinado hacia abajo. Camina pegada a la pared más cercana, pero alza los ojos para mirar al hombre que va a pasar por su lado. Ese leve alzamiento de su mirada, que observa de soslayo a ese desconocido que transporta algo con tanta firmeza, hace que el centro del universo se mantenga abierto durante un breve instante. Ése es el motivo de la fotografía.

Es el motivo de todas las fotografías. El resto caerá en el olvido, pero el alma de esa mujer, nuestra alma, esa hebra de espíritu imperecedero que asoma a través de sus cautos ojos para dirigirse a un desconocido aunque familiar que lleva algo a casa, eso hace que todo cobre sentido. Es algo que siem-

pre hacemos: acarrear cosas mientras pasamos unos junto
a otros por espacios pequeños e iluminados entre paredes que
se van destartalando. Esos momentos estáticos y potentes
que se dan en medio de la dificultad son aquellos que con tanta facilidad nos pasan inadvertidos y que nos descubren unos a
otros, que nos sustentan y reactivan nuestras esperanzas. Esos
viajeros hace tiempo que ya no están, pero el momento de la
mirada de aquella mujer que busca la vida en los ojos de otro
que pasa en dirección contraria, el momento en el que nos
reconocemos mutuamente como peregrinos de por vida que
no saben con certeza adónde van, ese momento nunca muere.

Todas estas cosas son voces de lo indescriptible: la brillan-
tez y la ignorancia de los doctores que me diagnosticaron hace
veinte años, el anhelo de los futuros doctores por saber cómo
escuchar todo aquello que no se dice, el interminable pasar
por encima de quienes no tienen nada por parte de quienes sí
tienen, el momento en el que la vida se te abre de par en par
gracias a la mirada de un desconocido a pesar del trasiego humano o aquellas mujeres con cáncer secándose las lágrimas unas
a otras en medio de la noche de Nueva Jersey.

Ésa es la razón por la que he venido a Nueva York en este
mayo de mis 57 años: para viajar por todos estos momentos, para
tratar una vez más de escuchar lo que no se dice. Es perfecto que
al salir del International Center of Photography siga lloviendo.
Mientras forcejeo con el paraguas, mojándome de todos modos,
levanto la cabeza hacia el agua que cae del cielo y que supuesta-
mente debería dulcificar nuestras mentes. Dejo de intentar no
mojarme y me abro una vez más al hecho de que siempre deberíamos sostener con ambas manos aquello que no se dice.

Una pausa para la reflexión
Una meditación

- Concéntrate y observa tus manos.

- Mientras inspiras y espiras, abre y cierra despacio las manos.
- Piensa libremente en todas las cosas que has tocado con las manos a lo largo de tu vida.
- Inspira a fondo y recibe la vida con la que por medio del tacto se han cargado tus manos y que no puede expresarse con palabras.
- Regresa a tu momento tratando de irradiar esa vida acumulada en tus manos sin decir ni una palabra.

Preguntas para el diario

- Cuenta la historia de algún momento silencioso que siga hablándote. ¿Qué crees que te dice? ¿Qué es lo que te hace recurrir de nuevo a ese momento?
- Identifica una época del pasado de la que quisieras saber más. Cuando puedas, busca fotografías o dibujos de esa época y obsérvalos como si se tratara de una serie de ventanas. Describe la vida que en ellos encuentras y cuál es tu relación con ella.

Preguntas para la sobremesa

Para plantearlas en la sobremesa con amigos y seres queridos. Trata de escuchar las respuestas de los demás antes de debatir:

- Basándote en la escena de Santa Mónica en la que un hombre bien vestido pasa por encima de un indigente, describe algún momento en el que tú fueras quien por un instante ignoró la vida que te rodeaba y otro en el que fueras tú el ignorado.
- Cuenta la historia de alguna conversación reciente en la que lo que no se dijo fuera mucho más que lo que se dijo. ¿Resultó esa conversación decepcionante o reveladora?

Estar perdido

«En el momento en el que despertamos para saber que estamos perdidos —para darnos cuenta, como dice Jung, de que el ego no es el jefe de la casa—, entonces habremos iniciado el camino», Helen Luke[16].

Hasta que no perdemos el mapa no empieza nuestro verdadero conocimiento del camino. Resulta aleccionador, puesto que nos vemos obligados a tocar la propia tierra en lugar de la representación que tenemos de la tierra. Nos baja los humos el hecho de que sea justo en el momento en que perdemos nuestro pequeño plan de pasión cuando nos sobreviene el verdadero impacto del cuidado y la atención, ya que nos vemos obligados a dejar en la orilla nuestra mirada nostálgica para zambullirnos en la marea roja del amor.

Como señala Helen Luke, el camino empieza de verdad cuando dejamos de ser poseedores de lo que creíamos respuestas y no nos queda sino aceptar que no tenemos el control. Cualquiera que haya vivido una pérdida y la haya superado admitirá que detrás de cada respuesta aguarda una pregunta todavía mayor y que después de cada llegada espera un comienzo imprevisto. Estar perdido en el plano interno puede entenderse como una desorientación necesaria en tanto que nos aparta bruscamente de lo que creemos saber y nos empuja al emocionante campo de todo lo que no sabemos.

Siguiendo este razonamiento, estar perdido puede ser preludio de un camino más profundo, porque una vez que hemos admitido no estar seguros de adónde nos lleva la vida estaremos preparados para la transformación. Nos volveremos dúctiles. Con frecuencia, al perder el camino, retrocedemos y nos retiramos o tomamos un camino que nos parece más seguro. Pero muchas veces eso no hace sino incrementar nuestra confusión. Un viejo leñador me dijo una vez que el motivo por el que tantas personas se pierden es porque no van suficientemente lejos. Dudan de dónde están y cambian de dirección demasiado pronto. Hemos de sentir de algún modo la llamada de esa pequeña luz que nos ha sido concedida para que avancemos hacia delante.

El gran filósofo y médico judío Maimónides[17] dijo: «Somos como alguien sobre quien, en una noche muy cerrada, cae una y otra vez el fogonazo de los relámpagos». La vida, al parecer, se ensancha y se contrae de este modo. Hay momentos repentinos de comprensión —la luz de los relámpagos— que nos permiten navegar durante un tiempo, a veces durante años, y es en los periodos de confusión intercalados —esas noches muy cerradas— cuando debemos poner en práctica la paciencia. Con demasiada frecuencia, cuando atravesamos el complicado pasaje de la incertidumbre, derivamos negativamente hacia el egocentrismo y nos castigamos por no saber más o por no ser más resueltos. Pero si tomamos al pie de la letra la imagen de Maimónides, este repetido tránsito entre los fogonazos de los relámpagos y la oscuridad de la noche forma parte del viaje, por mucho que nos esforcemos. Cuando destella el relámpago —ya sea en nuestra mente o en nuestro corazón— vislumbramos brevemente el orden oculto y nuestra cambiante posición en él.

Cuando logramos ver el camino a través de la incertidumbre de sentirnos perdidos, con frecuencia se nos presentan llamadas inesperadas. Un ejemplo conmovedor de ello es la historia de Lorraine Hunt Lieberson (1954-2006), una consagrada intérprete de viola. Mientras estaba de gira por Europa le robaron la viola. Aunque pudo haberla reemplazado sin más, el hecho de que le robaran su instrumento la dejó en un estado de incertidumbre y extravío. Dejó de tocar durante un tiempo y después empezó a trabajar con el único instrumento que le quedaba: la voz. Pese a que ya había cantado antes se dedicó íntegramente al instrumento que tenía a mano y, en un par de años, se convirtió en la brillante mezzosoprano que estaba destinada a ser.

Una pausa para la reflexión
Preguntas para el diario

- Describe una situación o un momento de tu vida para el que ya no te sirva el mapa en el que habías confiado hasta entonces. ¿De qué manera honrarías a ese mapa como vieja guía que te ha ayudado hasta ese momento? ¿Cómo podrías empezar a explorar y a cartografiar ese nuevo terreno que se abre ante ti?
- Describe cómo ha sido tu historia personal en relación con la incertidumbre y cuál fue tu respuesta ante ella. ¿Cómo te gustaría que evolucionara esa respuesta tuya a la incertidumbre?

El latido de todo lo que está vivo

Recuerdo que, antes de empezar la universidad, algunos no veían futuro a mi carrera profesional porque tuve problemas para decidir qué estudios cursar. Decía que quería cursar estudios de la vida. Al principio se reían, y cuando entendieron que lo decía en serio, empezaron a preocuparse. Pero fue esta incapacidad para ubicarme en el mapa social lo que me permitió descubrir un vínculo más profundo con el latido de todo lo que está vivo, un vínculo que me ha nutrido durante toda mi vida.

Me he encontrado repetidas veces en el umbral de la auténtica existencia, con la necesidad de acomodarme a esa incomodidad de no saber adónde me llevará la vida. Superar esa incertidumbre permite muchas veces que se nos desvele un orden o un camino más profundo. Superar esa incomodidad permite que se nos descubran una textura y un significado de la vida más profundos. Permite que las raíces de la vida se extiendan y crezcan ante nuestros ojos, siempre y cuando no nos apresuremos a meternos en una maceta demasiado pequeña.

Hay, no obstante, otro significado de estar perdido con el que debemos lidiar, el que nos ayuda a hallar nuestro camino en el mundo interior. Si seguimos la pista a la palabra «perdido», descubriremos que proviene del latín *perdere*, que a su vez deriva de *dare* (dar) y cuyo significado original era «dar totalmente».

Comprender el origen de este significado puede llevarnos al centro de nuestro trabajo interior, puesto que nos dice que estar perdido tiene algo de haberse desprendido, de haber dado, de carecer. Por tanto, mientras que el sentido externo de estar perdido es no saber dónde estamos o hacia dónde nos encaminamos, y mientras que los secretos desconocidos del mañana nos exigen que resistamos la incomodidad que ello nos provoca, el sentido interno de estar perdido es verse dividido, desprovisto de algo, y para sentirnos completos es necesario subsanar esas pérdidas.

Se trata de una reflexión profunda, ya que comprender qué es lo que nos falta interiormente y dónde está nos puede llevar muchas veces al centro de nuestras tensiones. Son estas carencias internas desatendidas las que se ensanchan hasta convertirse en enormes brechas difíciles de cruzar. De manera significativa, advertir y aceptar esas carencias internas nos puede llevar al sitio adecuado para iniciar nuestra curación. Afrontar nuestras carencias internas es el primer paso para saber dónde tenemos que reajustarnos y sanarnos. Un hueso no puede recolocarse hasta que sabemos por dónde está roto, y el viaje de la individuación —para convertirnos en una persona completa— no puede dar comienzo hasta que sepamos dónde están nuestras carencias y cómo son.

Llegar

«Cuanto más me muevo, más me asombro», Tom Callanan.

En cada generación la marea humana se mueve de aquí para allá, como bancos de peces arrastrados por la corriente. En lo más interno de cada época se produce un impulso de alcanzar, de avanzar, de llegar. Tanto alcanzar como avanzar son algo natural y fundamental, pero llegar es una ilusión. Es de una ironía suprema y dolorosa que la sociedad, por medio de las tendencias colectivas, empuje a todos y cada uno de sus miembros hacia un imaginario lugar mejor cuando la esencia de todo camino espiritual nos aparta de cualquier otro sitio en favor de un aquí iluminado.

¿Adónde estamos yendo? En el viaje del alma los mapas no son sino materia combustible, como lo son los sueños: necesarios pero no siempre como nosotros pensamos. No pretendo infravalorar la necesidad de soñar —todo poema es el movimiento de un sueño—. Sólo pido que tratemos nuestros sueños con mucho cuidado, con humildad, ya que si usamos nuestros mapas y nuestros sueños como antorchas que alumbran el camino nos llevarán a la frescura de vivir.

Estaba pensando en todo esto el otro día mientras desfragmentaba el disco duro de mi ordenador. Y mientras aprendía cómo proteger mi ordenador contra los virus me apareció una pantalla donde se leía: «Tus definiciones son de hace 254 días». Me eché a reír de inmediato y pensé: sí, tengo que ponerme al día y revisar mis definiciones —mis mapas del ser— al menos una vez al año. Gran parte de nuestros problemas provienen de la rigidez de unas definiciones obsoletas de uno mismo y del mundo que, igual que las arterias endurecidas, son asesinos silenciosos.

Una pausa para la reflexión
Una meditación

- Concéntrate hasta que tengas una sensación de seguridad en el momento.
- Respira despacio y deja que tu atención se centre en alguna vieja definición que aún conserves. Puede tratarse

de cómo ves tu propia valía o de cómo enumeras tus gustos y tus aversiones en función de experiencias pasadas.
- Escribe esta vieja definición en una hoja de papel y léela en voz alta por última vez.
- Respira profundamente, coloca la vieja definición en un plato y préndele fuego con una cerilla; observa cómo desaparece en forma de una breve luz que te devuelve al ahora indefinido.

Perder nuestro contexto

Iba conduciendo de regreso a casa desde el trabajo, estábamos a mediados de enero y llevaba ya varios días nevando ligeramente pero de manera constante. Los árboles que bordeaban la calle parecían flotar bajo aquella blancura. Empecé a pensar en mi padre y, durante unos instantes, mientras mis manos asían el volante, me trasladé al interior de otro lugar, buscándolo en los retales del pasado que llevo en el fondo de mi corazón. Cuando regresé a la calle nevada, no estaba seguro de cuál era aquella calle. ¿Había tomado una desviación? ¿Estaba en la avenida del Estadio o en la calle 4ª? Durante un momento me sentí perdido y tuve un ataque de ansiedad. Luego pasé junto a un bosquecillo de pinos familiar y logré reubicarme.

Mientras pensaba en aquellos momentos de caída libre, me di cuenta de que no me había perdido. Simplemente había perdido la pista de mi contexto, es decir, había olvidado de dónde venía y adónde me encaminaba. En cuanto a dónde estaba, eso siempre lo tuve claro. Aunque nos sintamos la mar de cómodos mientras creemos progresar de un sitio a otro —encantados en nuestro sueño contextual—, nuestro contexto personal puede tenernos aprisionados.

Tras perder contacto con mi contexto tuve que reducir considerablemente la velocidad, pero eso me permitió escuchar cómo caía la nieve en las ramas. Mi camino me fue revelado de inmediato y si no hubiese tenido que reubicarme lo habría ido transitando poco a poco, paso a paso, curva a curva, una experiencia nueva tras otra. Por supuesto, me alivió recordar mi contexto y reencontrar el camino. Pero aquel breve instante dejó expuesta una verdad subyacente: que muchas veces nos inventamos nuestro contexto por la cómoda ilusión de que los días siguen un orden y que vamos progresando hacia alguna parte. Normalmente es así, pero no siempre siguiendo el orden que hemos imaginado o establecido.

Aquel breve instante me hizo sentir mucha más compasión por quienes padecen demencia o alzhéimer. No obstante, perder nuestro contexto, perder el mapa que nos hemos creado del lugar al que en teoría hemos de ir puede suponer la bendición de recordar que lo único que necesitamos es el momento en el que nos hallamos. Y ese momento llevará al siguiente, siempre y cuando escuchemos. En realidad, cuando uno advierte que su contexto ha perdido todo significado, cuando uno se siente atrapado en los parámetros ambiguos que uno mismo ha establecido, ayuda perder el mapa y recuperar la experiencia directa de sentir dónde pone uno el pie y qué es lo que perciben sus ojos. Seguir lo inmediato puede lograr romper nuestros esquemas y que recuperemos la capacidad de guiarnos por la curiosidad.

La red de afluentes

A lo largo de mi vida he trazado con detalle numerosos mapas para abandonarlos después por el camino. De joven, naturalmente, me vi empujado como todos los demás a avanzar para llegar allí, aunque nunca estuve seguro de dónde era ese allí. Como poeta, eso me contagió un deseo de dejar un legado de grandes obras y cincelar algún que otro poema en la roca por el camino. Pero, transcurridos cuarenta años, me he dado cuenta de que los valles que ascienden a esas rocas son fríos y poco propicios para el amor o la conversación de los años. Ahora sólo quiero entregar todo aquello que sé y con lo que se me ha bendecido y luego desaparecer en la corriente.

Aun así, sigo luchando. He aquí otra pequeña historia. Iba de camino al aeropuerto de San Francisco, en ruta a Santa Fe para ver a mi querido amigo Wayne. Estaba en la parte trasera de un autobús, escuchando una parte de una conversación en chino por teléfono celular. Observé una gran ave que planeaba sobrevolando la autopista y se me ocurrió que las aves, aunque partan con una dirección en mente, sencillamente se dejan llevar por las corrientes. Nosotros, como seres humanos, sin embargo, despreciamos en cierto modo las corrientes e imaginamos rutas y horarios sobre los cuales no tenemos control alguno. A esos horarios y a esas rutas los llamamos objetivos. Si son de mayor alcance, pasan a ser ambiciones o aspiraciones. Y luego nos ceñimos a ellos como si fueran designios divinos.

Constantemente caigo en esa trampa. En cierto punto del camino aprendí o me enseñé a mí mismo a prepararme para cualquier detalle, lo cual está bien. Pero en determinado momento esas preparaciones siempre acaban convirtiéndose en objetivos que hay que cumplir o, en caso contrario, da la impresión de que ocurrirá algo horrible. Esto, la mayor parte de las veces, no podría estar más alejado de la verdad.

Ya consista el plan en tomar un autobús a las 9:20, ocupar el asiento 4B en el vuelo de las 11:27 a Albuquerque y regresar a casa el lunes a las 2:30, o ir a la universidad y estudiar un posgrado, casarme a los 35 y ser rico a los 55, o alcanzar cierto grado de éxito, sea lo que sea aquello que planeemos, abrirse camino por la vida hacia propósitos proyectados frente a nosotros a modo de obligaciones supone en realidad que eludimos ser tocados por gran parte de esa vida. En verdad, ser resuelto es algo que está sobrevalorado, puesto que la vida es tangencial y ramificada. Suele poner límites a lo que podemos aprender del mundo. La vida es como los nervios de una hoja de árbol o las venas de una cavidad del corazón. O como la red de afluentes que surten de agua a un continente. El propósito más amplio, por lo que parece, es mantenerse en contacto con todo aquello que nos salga al paso, al menos durante el tiempo suficiente para probar lo que es vivir.

Pese a toda mi concentración y planificación consciente, son aquellos acontecimientos no planificados los que me han hecho más humano: el saxofonista ciego del callejón del Greenwich Village a quien escuché hasta echarme a llorar o el pájaro atrapado en el ábside del Duomo de Florencia, cuyo aleteo cavernoso hizo que fuera consciente de las ratoneras en las que yo mismo me encontraba. Tras salir del cáncer caí en una inesperada pérdida de la ambición y se dispersaron los hitos que pretendía usar para trazarme una imagen de mí mismo. Y a lo largo del camino he hallado el afecto de desconocidos que jamás me habrían encontrado en tal necesidad de haber conseguido mantenerme en la ruta prevista.

Cuando llegué a la terminal, me pareció que debía al inocente conductor del autobús más de lo que podía pagarle por haberme llevado tan al interior de mí mismo. La gran ave había desaparecido tras una nube y a mí me esperaba otra ave mecánica. Mientras esperaba en la acera con unas maletas que no recordaba haber hecho, me di cuenta de que lo que me había generado tanta ansiedad en aquella vida mía llena de planes era el miedo a que, si me apartaba del camino, significara aquello lo que significara, la vida seguiría y me dejaría atrás. Qué rematadamente tonto. Es justo al revés. Dios está siempre allí donde nos encontremos y muchas veces es justo cuando la aparición inesperada de la vida tuerce, separa o da vuelta a nuestros planes cuando empieza nuestro aprendizaje.

Una pausa para la reflexión
Preguntas para el diario

- Describe un momento en el que perdieras brevemente el contexto y cuenta qué te ocurrió. ¿Tuvo aquello algo

de perturbador o más bien fue beneficioso y enriquece-
dor? ¿Cómo se lo explicarías a un amigo?

Preguntas para la sobremesa

Para plantearlas en la sobremesa con amigos y seres queridos.
Trata de escuchar las respuestas de los demás antes de debatir:
- Cuenta dos historias actuales de tu vida acerca de estar
  perdido: primero, con el sentido externo de no saber dónde te encuentras o hacia dónde te diriges, y segundo, en
  el sentido interno de sentir que te falta algo en el interior.
- Invita a aquellos que te escuchan a ayudarte a analizar
  si estos dos modos de estar perdido repercuten de alguna
  manera el uno en el otro y cómo lo hacen.
- Invita a alguno de los que te han escuchado a que imagi-
  ne y cuente cómo será el próximo capítulo de tu historia
  desde este momento en adelante.
- Cuenta algún plan que hayas trazado y que se convir-
  tiera en un objetivo que después había que cumplir.
  ¿Cómo fue incrementando su importancia y acaparando
  más espacio en tu vida?
- Cuenta algún acontecimiento inesperado que te acer-
  cara a tu propia sensación de estar vivo. ¿De qué manera
  aligeró eso tu carga y acaparó más espacio en tu vida?

En los primeros seis capítulos hemos explorado diversas formas
de escuchar y de qué manera pueden romper nuestro aislamiento para que logremos conectar plenamente con la vida
que nos rodea. Eso es algo crucial para nuestra salud. Una de
las maneras más fiables de escuchar es no perder de vista
aquello que es verdadero. No podemos hacerlo todo el tiempo porque somos humanos, de modo que la práctica de ser
humanos se centra en tener el coraje de volver a aquello que
nos da vida. Esto implica dejar de lado nuestros prejuicios

y opiniones para poder así escuchar a la vida de manera directa. Cuando conseguimos abrirnos de corazón a la vida, se hace imposible distinguir entre recibir y dar y nos convertimos en canalizadores de gracia.

Vivir de esta manera hace que se despliegue el esfuerzo de ser, a partir del cual nuestra respiración individual coincide de tanto en tanto con la del universo. Escuchar con esa sinceridad nos abre a la gravedad espiritual que nos arrastra hacia ese centro que todo lo vivo comparte. Es esa atracción hacia el centro lo que nos exige que nos adentremos en todo aquello que desconocemos. Ésta es la labor de la intuición, la posibilidad de descubrir aquellas habilidades que poseemos desde que nacimos, del mismo modo en que una semilla descubre la flor en la que se convertirá. El esfuerzo del ser consiste en abrirnos camino escuchando hasta vivir plenamente nuestra naturaleza innata, que es en sí misma un hermoso principio y final.

Éste es un buen momento para plantearse unas cuantas preguntas. ¿Estás conteniendo la respiración en algún aspecto de tu vida? ¿Qué tiene que ocurrir para que vuelvas a respirar a fondo? ¿Cómo pones en práctica el vaciarte y abrirte, el seguir siendo un principiante? ¿Te aseguras de no perder de vista la verdad? ¿Has encontrado alguna vez a alguien que sepa de verdad escuchar? ¿Qué ha aportado ese gran ejemplo a tu práctica de escuchar? ¿De qué manera escuchas a esas habilidades que tienes de nacimiento? ¿Cómo te ves en cuanto a capacidad de recuperación? ¿Hay algún cambio al que te resistas y al que no escuches? ¿Estás dejando que el daño o las limitaciones de una sola cosa dañen o limiten todo lo demás? ¿Cuál es tu yo interior dominante en la actualidad, el que dice que sí o el que dice que no? ¿Tratas de escuchar a esa parte de tu vida que se esfuerza por despertar? ¿Tratas de escuchar todo aquello que no se dice? ¿Estás abierto a ese gentil momento que hay en medio de todas las dificultades y que nos descubre unos a otros? ¿Cuál de los mapas a los que te aferras te está impidiendo seguir la senda que deberías descubrir? ¿Eres capaz de soportar tu incertidumbre hasta que ésta te muestre otro camino más profundo? ¿Eres consciente de por dónde y de qué manera te hallas dividido? ¿Sabes cuál es el centro de todas tus tensiones? ¿Cuál de tus viejos planes o definiciones puedes dejar de lado para así regresar a la frescura del ahora?

Todo esto forma parte del esfuerzo de ser. Los invito a adentrarse en él, a aprender de él y a personalizar la conversación con él. A partir de aquí vamos a explorar el escuchar profundo, que nos motivará a experimentar el sentido único viviente que conecta todas las cosas. Esa conexión viviente alberga la historia de la presencia y la sabiduría, que es el océano del que todos bebemos cuando nos vemos obligados a acercar los labios al agua de la vida.

EN PRESENCIA DE SABIOS

«Aquellos que se encuentran en presencia de sabios son de cuatro clases: la esponja, el embudo, el colador y el tamiz. La esponja lo absorbe todo. El embudo deja que el líquido entre por un lado y salga por el otro. El colador permite que pase el vino y retiene la hez. Y el tamiz retiene el salvado y deja pasar la harina fina», del *Pirkei Avot, La ética de nuestros padres* (5,18)[18].

Esta máxima anónima tiene dos mil años de antigüedad y procede de una recopilación de dichos que han sobrevivido como maderos a la deriva en los océanos del tiempo. Se encuentra en el capítulo 5 del libro conocido como *Pirkei Avot*, que en hebreo significa «La ética de nuestros padres». Se trata de un libro de máximas compiladas por las primeras generaciones de rabinos entre los años 70 y 200 de nuestra era, empezando por Moisés. El *Pirkei Avot* forma parte de un libro mayor llamado *Mishná*, que a su vez es una de las partes fundamentales del *Talmud*. La *Mishná* constituye la primera recopilación escrita de tradiciones orales judías, por lo que se la denomina la «Torá oral». El *Pirkei Avot*, la *Mishná* y el *Talmud* señalan el camino de una larga conversación mantenida entre diversas voces a lo largo de los siglos.

Quienquiera que fuera el que nos brindó esa serie de imágenes antes citadas o con independencia del grupo de buscadores que las fueron pronunciando a lo largo de la historia, las propias imágenes nos dicen que el hecho de aceptar cosas ha constituido algo esencial desde el principio. Antes de pasar a analizar la sabiduría que contienen estas imágenes detengámonos en el propio concepto de sabio.

La palabra *sabio* viene del latín *sapere* (ejercer el sentido del gusto, saborear), que a su vez procede de la raíz indoeuropea *sap-* (degustar). En su forma original, pues, «saber» es un verbo, un proceso o un gesto mediante el cual saboreamos o asimilamos el mundo. Implica que damos sentido al mundo y encontramos sabiduría a través del gusto. Aunque observar y pensar pueden ser de ayuda, lo que nos abre a la sabiduría es interiorizar aquello que experimentamos.

Las primeras referencias a ese «saber» como sustantivo, «sabio», con el significado de persona con profundos conocimientos de algo, aparecen en la historia hindú, griega y china. En la literatura hindú encontramos una referencia temprana en los *saptarshi* (que en sánscrito significa «siete sabios»). Los *saptarshi* son los siete *rishi* hindúes que aparecen en los Vedas, donde nunca se les llama por sus nombres. Un *rishi* era uno de los poetas védicos llamados a componer los himnos de los Vedas. Místicamente, un *rishi* es aquel a quien le son revelados los himnos védicos. De ello se deriva que un sabio sea aquel que ha logrado abrirse para recibir, degustar y filtrar los himnos del universo.

También existe una antigua referencia a los siete sabios de Grecia. En este caso se refiere a los filósofos de la antigüedad griega: Tales, Pítaco, Bías, Solón, Cleóbulo, Misón y Quilón. La mención más antigua de estos sabios aparece en el diálogo *Protágoras*, de Platón, donde Sócrates dice: «[...] hay ahora y ha habido antiguamente quienes se han percatado de esto mismo, a saber, de que laconizar consiste en aficionarse al saber mucho más que a la gimnasia, al darse cuenta de que el ser capaz de proferir tales sentencias es de hombres completamente instruidos. A esta clase de hombres pertenecieron

Tales de Mileto, Pítaco de Mitilene, Bías de Priene, nuestro Solón, Cleóbulo de Lindos, Misón de Quene y, como séptimo, se mencionaba entre éstos a Quilón de Lacedemonia. Todos ellos fueron émulos apasionados y estudiosos de la educación lacedemonia. Señal de esta su sabiduría son esas sentencias breves, dignas de recuerdo por parte de todos que, como primicias de su sabiduría, ofrecieron conjuntamente a Apolo en el templo de Delfos, haciendo inscribir estas dos que todos repiten: *Conócete a ti mismo* y *Nada en demasía*. ¿Que por qué les cuento esto? Porque ésa era la manera de filosofar de los antiguos: una concisión lacónica»[19].

Pero en cuanto Sócrates mencionó a los sabios se desató el debate por ver quién era el más sabio. Diógenes afirma que se produjo una gran controversia acerca de qué personalidades debían incluirse entre aquellos siete sabios, además de una discusión sobre cuál debía ser su número. Algunas listas incluían hasta diecisiete individuos[20]. Surgió la polémica: ¿no serían los hombres citados simplemente sagaces pero no sabios? Al poco tiempo se pasó a ignorar la curiosidad y el asombro con el que recibimos y filtramos los himnos del universo y la atención pasó de centrarse en degustar la vida a debatir sobre quiénes eran los grandes degustadores.

En el modo en que fueron recibidos los siete sabios de Grecia podemos identificar un cambio fundamental en el significado de la sabiduría y en nuestra manera de abordarla. Ahora se empieza a considerar sabio a alguien que ha «degustado», que ha interiorizado el mundo y sus muchas paradojas. Aunque verdaderamente podemos aprender de dichos individuos, se produce un cambio significativo que altera el modo de entender el aprendizaje cuando todo se centra en el que ha degustado y no en la propia práctica de degustar. Y ahora hay un intermediario que dice a los demás cómo deberían vivir. Ahora tenemos la errónea creencia de que podemos abreviar el proceso de convertirnos en sabios y adquirir esa sabiduría de uno que ya la posee. Gran parte de la formación de los verdaderos sabios de todos los tiempos ha consistido en redirigir a los que buscan la sabiduría a sus propios recursos innatos y a sus propias experiencias personales del mundo.

En China encontramos aún otra referencia temprana a los sabios. Los siete sabios del bosque de bambú fueron un grupo de eruditos, poetas y músicos del taoísmo *qingtan* que se juntaron en el sangriento siglo III d.C. El grupo quería escapar de las intrigas, la corrupción y el ambiente agobiante de la corte durante las pugnas políticas del denominado periodo de los Tres Reinos. No sólo precisaban refugiarse de los peligros de la sociedad, sino que también deseaban la mutua compañía de almas gemelas que diera sentido a la vida que les había sido concedida. Necesitaban una amistad interior, un entorno contenedor que los mantuviera a salvo y les permitiera crecer. Para crear ese entorno se reunían en un bosquecillo de bambú cercano a la casa de Xi Kang, en Shanyang, donde disfrutaban de la conversación de los demás y llevaban una vida rústica y sencilla.

Estos sabios del bosque de bambú se dedicaron a disfrutar de la libertad personal, la espontaneidad y la comunión con la naturaleza. Liu Ring, Ruan Ji, Ruan Xian, Xiang Xiu, Wang Rong y Shan Tao, además de Xi Kang, eran los sabios que componían el grupo. La fraternidad de aquel bosquecillo fue definida como «más fuerte que el metal y fragante como las orquídeas». El compromiso por renovar su degustación directa de la vida, tanto de manera individual como conjunta, les permitió seguir siendo fuertes y al tiempo vulnerables. Su pequeña y receptiva comunidad les permitió soportar las despiadadas intrigas de la China del siglo III por el hecho de escuchar profundamente la naturaleza de sus propios ritmos y los ritmos de la naturaleza.

Los *rishi* hindúes nos enseñaron a escuchar al propio universo, mientras que los sabios griegos nos mostraron cómo filtrar las enseñanzas de la vida y los sabios chinos nos revelaron lo sagrado de la amistad con los demás y con la naturaleza. Todas ellas son valiosas maneras de degustar. Pero, como quedó patente en la antigua Grecia, una vez que hemos renunciado a nuestra propia capacidad de degustar, empezamos a escoger y a comparar quién es sabio y quién no y qué es sabio y qué no. En cuanto valoramos más dar nombre a lo que importa que a experimentar lo que importa, dejamos de tener en cuenta la sabiduría. Cuando empequeñecemos, la propia sabiduría desaparece de nuestra vista.

Una pausa para la reflexión
Una meditación

- Cierra los ojos e inspira despacio.
- Con cada respiración imagínate a los siete *rishi* hindúes, a los siete sabios de la antigua Grecia y a los siete sabios del bosque de bambú. Con cada respiración concéntrate más atentamente en su imagen.
- Abre tu corazón y déjate llevar, de momento, hasta uno de ellos.
- Inspira a fondo y pregunta en silencio a ese sabio una cosa que desees saber sobre la vida.
- Abre los ojos y regresa a tu momento. Busca a alguien que pudiera ser un descendiente de ese sabio.
- Continúa la conversación con esa persona.

Adquirir sabiduría

Lo que aquí nos interesa es el proceso intemporal de adquisición de sabiduría que siempre aguarda tras la divinización del sabio. Nos interesa el proceso elemental de degustar e interiorizar el misterio de la vida. Cuando somos capaces de recuperar la sabiduría como proceso basado en la experiencia de primera mano y logramos asumir nuestra responsabilidad de ser sabios, nos encontramos con esta pregunta, hermosa y luminosa: ¿qué escuchamos ahora y cómo?

Al plantearnos esta cuestión se amplía el concepto de sabio —más allá de la persona que ha ido haciéndose sabia con el tiempo— hasta aquellos aspectos de la fuente de la que la persona sabia bebió en primer lugar. Así, cuando Buda aparta de sí a los alumnos que lo veneran y los redirige al corazón de todo lo que dice, explica que él y sus enseñanzas no son sino dedos que señalan a la luna. Y cuando el anciano indígena americano escucha el viento, está escuchando un aspecto de la sabiduría del gran espíritu. Y cuando Rumi, el primer derviche giróvago, empieza a girar, está tratando de despojarse de su marco de referencia para librarse de los hábitos de su conocimiento y poder así degustar directamente de la mayor fuente de sabiduría de todas: la vida.

Adquirir sabiduría es, pues, un proceso tan fundamental como respirar. Precisa del compromiso de escuchar con todos nuestros sentidos y todo nuestro ser hasta que escuchar se convierte en degustar. Ocurre que muchas veces no podemos hacerlo por nuestra cuenta y necesitamos recurrir a la hermandad del bosque para ayudarnos mutuamente a retomar el camino hacia el más antiguo de todos los sabios: la presencia viviente del universo.

Una pausa para la reflexión
Preguntas para el diario

• Describe cómo es tu experiencia con la adquisición de sabiduría, la degustación directa de la vida, más allá de la formación o la enseñanza recibida por otros.

Si la propia vida es el sabio y en cada uno de nuestros viajes por el mundo estamos destinados a degustar directamente la vida, entonces escuchar y degustar conforman un arte personal y universal. A partir de esta verdad inmutable podemos preguntarnos: ¿cómo nos sentimos en presencia de los sabios?

De ahí la sabiduría que evocan las imágenes citadas en el *Pirkei Avot*: «Aquellos que se encuentran en presencia de sabios son de cuatro clases: la esponja, el embudo, el colador y el tamiz. La esponja lo absorbe todo. El embudo deja que el líquido entre por un lado y salga por el otro. El colador permite que pase el vino y retiene la hez. Y el tamiz retiene el salvado y deja pasar la harina fina».

Es el corazón, sencilla y profundamente, el que es capaz de abrirse como una esponja, un embudo, un colador o un tamiz. En presencia de la vida, sin nadie que interprete o explique el dolor o el regocijo con el que nos vamos tropezando, el corazón es capaz de absorber sin miramientos, de dejar entrar por un lado y salir por otro, de retener los sedimentos o de filtrar lo grueso y recoger lo fino.

Cada una de estas vías de degustación presenta sus ventajas y sus dificultades. Pero lo esencial de todas es permitir que la vida nos atraviese, puesto que la experiencia desprende significado al ser filtrada por aquello que está vivo. Todo cobra vida de este modo: el viento a través de los árboles, la lluvia a través de las raíces, la luz a través de la oscuridad. Como humanos, conversamos con el mundo experimentando la contracción y relajación impredecibles de un músculo: el corazón. Dependiendo del día, la experiencia hará que nuestros corazones se abran, se estrechen, retengan o dejen pasar.

Dejen que les cuente una historia. Había una vez un muchacho que ansiaba aprender todo lo que pudiera sobre la vida. Era sincero y aplicado. Poco después de abandonar el hogar familiar se encontró con un panadero y se hizo aprendiz de él. Observó cómo el panadero empleaba un tamiz para cerner y refinar la harina y el azúcar. El joven pensó: así es como tamizaré lo mejor de la vida, separando lo grueso de lo fino, así es como aprenderé, pensaré, trabajaré y amaré, filtrando y desechando las cosas superfluas. Pero mientras su corazón aprendía a tamizar aquello que resulta duro e indigerible, descubrió que basar su vida únicamente en aquello que es fino puede resultar peligroso, como construir una casa usando sólo arena. Pues, una vez filtrado, nada podía utilizarse como base, como cimientos sobre los que sostenerse. Su vida se convirtió en polvo.

Con el tiempo el aprendiz dejó al panadero sabiendo que las cosas dulces son necesarias pero no resistentes. Al cabo de un tiempo encontró a un viticultor y se hizo aprendiz de él. Observó cómo el viticultor dejaba fermentar el sanguíneo mosto en grandes barriles de roble. Tras una larga espera vio cómo el viticultor decantaba el vino para extraer los posos y el sedimento que le habían dado sabor durante el envejecimiento pero que no eran aptos para ser consumidos. Entonces pensó: así es como decantaré las difíciles lecciones de la vida, así es como dejaré que envejezcan las lecciones del dolor y de la pena, así es como separaré lo que puede beberse de lo que no. Pero el aprendiz se sorprendió al ver que el viticultor se emborrachaba con su propio vino y vio que brotaban igualmente el dolor y la pena. Así pues, aunque es posible e incluso admirable decantar la vida para separar aquello que nos duele, siempre debemos guardarnos de acabar intoxicados por el sedimento de la vida.

Así que el aprendiz prosiguió su camino. Para entonces ya no era joven, sino de mediana edad. Cuando se detuvo, cansado, se encontró con un campesino que le dio un poco de agua. Entablaron amistad y descubrió que el campesino era un maestro en el arte del riego, en canalizar el agua para que llegara a las mismas raíces que se entrelazaban bajo sus tierras. Se quedó con él para aprender cómo unas canalizaciones anchas logran acumular el agua, cómo unas estrechas la hacen fluir, cómo las pequeñas aberturas llevan el agua hasta aquellas cosas que la necesitan. Así que entonces pensó: así es como voy a vivir; ya no intentaré desechar cosas de la vida, sino que viviré como un instrumento, como un embudo o canalización; abriré mi corazón, recogeré las aguas de la vida y las haré fluir a través de mí para regar aquellas cosas que lo necesiten. Pensó: de este modo seré auténtico y útil. Y el aprendiz se quedó muchos años con aquel campesino. En tiempos de abundancia alimentaron a muchos. En tiempos de escasez dieron agua a muchos. Sentaba bien ser útil.

Pero, pasados los años, el aprendiz se fue haciendo viejo y empezó a notar el cansancio de hacer de embudo, sobre todo en el extremo más estrecho, por donde administraba amor a los demás. Se había desgastado por dentro y a veces sentía que perdía la profundidad y la calma que requería pasarlo todo por aquel estrechamiento.

Para entonces era ya un anciano. Y cuando su amigo falleció, el aprendiz se sentó bajo el árbol más grande de la granja y meditó sobre su vida con el panadero, el viticultor y el campesino. Pensó que su corazón había hecho de tamiz, de colador y de embudo. Podía sentir los dones y también los costes de todo ello. Fue entonces cuando abandonó la granja y se encaminó al mar, donde vivió tranquilo deambulando por la orilla.

En sus últimos años hizo amistad con un pescador de esponjas y quedó fascinado por la facilidad con la que las esponjas absorben todo sin discriminar nada y lo dan todo sin retener nada. Pensó: hasta aquí me he visto conducido; así es como voy a vivir los años que me queden, aceptando como una esponja y dando como una esponja. Y así pasó sus días, siendo poroso y purificador.

De igual modo que necesitamos dormir y despertar, también necesitamos degustar todas las versiones de nuestro corazón. Del mismo modo que tenemos que respirar, debemos presenciar y adquirir sabiduría: abrirnos y absorber, estrecharnos, retener y tamizar. Nadie puede hacer florecer al dios que llevas dentro sino tú mismo. De modo que riega aquello que conoces y aún más lo que no sabes. Degústalo todo y sorpréndete.

Una pausa para la reflexión
Una meditación

- Concéntrate e imagina que tu corazón flota como una medusa en el mar de la vida. Inspira y espira y siente los embates de las corrientes de la vida.
- Respira profundamente hasta que notes que el corazón se te contrae. Fíjate en lo que se siente. Siente el efecto que esa contracción del corazón ejerce en tu estado de ánimo y en tu cuerpo.
- Inspira y espira otra vez y siente una vez más los embates de las corrientes de la vida.
- Respira profundamente hasta que notes que el corazón se te relaja. Fíjate en lo que se siente. Siente el efecto que esa relajación del corazón ejerce en tu estado de ánimo y en tu cuerpo.
- Concéntrate y toma conciencia de que lo que eres en esencia no se ve alterado por esa relajación o esa contracción de tu corazón, tu estado de ánimo o tu cuerpo.

Preguntas para la sobremesa

Para plantearlas en la sobremesa con amigos y seres queridos. Trata de escuchar las respuestas de los demás antes de debatir:
- Da un ejemplo de cómo has filtrado y desechado algo superfluo de la vida. ¿Qué te supuso esa experiencia de filtrado o qué significó para ti?
- Da un ejemplo de algún dolor o pena que hayas decantado de tu corazón y hayas dejado que envejezca como el vino pero de la que igualmente te haya sido difícil desprenderte. ¿Qué crees que quiere de ti ese dolor o pena?
- Cuenta la historia de alguien a quien consideres sabio y de cómo ha regado un camino para que lo recorras.

- Comparte en qué estado se encuentra ahora tu corazón y cómo funciona habitualmente: como esponja, como embudo, como tamiz o como colador. ¿Cuál de esas funciones adopta con más naturalidad? ¿Cuál te parece más exigente? Teniendo en cuenta cómo funciona tu corazón, ¿de qué manera te gustaría seguir creciendo?

Preguntas para el diario

- Durante nuestro camino todos descubrimos un linaje de sabiduría del que formamos parte, una familia de seres con los que nos encontramos más a gusto.
- ¿Cómo describirías ese linaje de sabiduría del que formas parte? ¿A qué clan de seres perteneces?
- Identifica una constelación de tu linaje de sabiduría reconociendo a tres seres, vivos o del pasado, con los que sientas una afinidad espiritual y explica por qué.
- De las vidas y las obras de cada uno de ellos, ¿qué consideras que forma parte de tus cimientos y de tu visión del mundo a través de la sabiduría?
- Si no sabes cuál es tu linaje de sabiduría, ¿por quién o quiénes te sientes atraído? ¿Cómo podrías averiguar más sobre ellos? Sal en busca de tus maestros.

Adentrarse en el silencio

«Creamos un espacio en nuestro interior para que el ser pueda hablar», Martin Heidegger.

Por costumbre nos encontramos atrapados en un vendaval de actividad. Porque vivimos en el mundo y nos vemos arrastrados arriba y abajo y al centro. Pero cuando logramos guardar silencio, cuando logramos dejar de registrar el parloteo que tenemos en la cabeza, cuando conseguimos descender hasta esa corriente del ser donde no hay palabras, podemos empezar a vislumbrar la Unicidad. Aunque eso resulte útil, no basta. Cuando logramos armarnos del valor suficiente para no volver corriendo a la superficie de manera prematura, empezamos a percibir y a sentir la Unicidad. Cuando logramos adentrarnos durante un tiempo considerable bajo la superficie ruidosa del mundo, aunque luego debamos regresar, podríamos decir incluso que, de vez en cuando, vivimos entre lo que no se dice. Es entonces cuando logramos recibir la bendición de experimentar la Unicidad.

Adentrarnos en lo que no se dice, en el silencio, exige un coraje silencioso que señala a aquello que muchas veces está fuera de nuestro alcance pero que nunca se halla demasiado alejado. No tocar ese silencio ni lo que allí vive nos aísla de la red espiritual que lo conecta todo. Y entonces caemos en lo que nos parece un mundo deshecho, un mundo de nada. Pero al adentrarnos en ese silencio, lo indecible se nos muestra como la hebra luminosa que conforma la red de la vida. Al sentir esas hebras me veo reanimado en un mundo donde cada pequeña parte contiene el todo.

La naturaleza interna de las cosas emana sin cesar y relajamos nuestro paso por el mundo para finalmente recibirla. Estoy convencido de que escuchar profundamente es esa relajación mediante la cual me adentro en el silencio hasta que lo que estoy escuchando penetra en mi interior. Escuchar profundamente hace que todo lo que conocemos quede expuesto, hasta que sentimos y recibimos con tal intensidad aquello que no puede verse ni oírse que logra cambiar nuestra mente. No sólo altera el contenido de nuestro entendimiento, pese a que eso ya es significativo de por sí, sino que, como el agua que discurre por un canal y altera la superficie de éste, dejar que lo que oímos nos penetre completamente modifica la forma y el umbral de nuestra mente. Escuchar con ese grado de apertura logra alterar el modo en que experimentamos la vida. Cuando conseguimos relajar nuestro paso por el mundo lo suficiente para recibir de verdad, esperar es más que esperar y el silencio es más que el silencio.

Las turbulencias de las circunstancias, sofocadas por mi continuo denuedo por seguir el ritmo o por aminorar la marcha, se disipan y lo que me queda es vivir. Todos vivimos en esta espiral, en una odisea interior en la que damos un viraje como hace el guerrero cuyo gusto por la batalla se disuelve en una necesidad del ancestral sosiego. Algunos descubrimos, muchas veces por accidente o por agotamiento, que alzarnos desde lo más profundo constituye nuestra génesis, que flotar al sol es nuestro hogar.

Nos sentamos hasta que las cosas pendientes de hacer dejen de clamar, hasta que las voces que nos exhortan a hacerlas se derritan en nuestra mente como el hielo, hasta que las viejas heridas dejen de causar dolor a nuestros huesos, hasta que a todo lo que deseamos no le quede ya nada a lo que gritar, hasta que no nos quede nada que lograr o alcanzar y nada de lo que prescindir, incluso hasta que a nuestro miedo a morir se le suelte la lengua y, sin nada que nos obstaculice, la luz del mundo bese a la luz del corazón y cada respiración resplandezca.

Lo cierto es que nuestros corazones no dejan de atravesar todos estos estados de ánimo como ballenas que no pueden estar demasiado rato sumergidas ni demasiado tiempo en la superficie. Nuestro destino: nadar por arriba y después por debajo, y seguir una y otra vez subiendo a la superficie y descendiendo a las profundidades. Y cada vez que penetramos en lo que no se dice se nos permite huir del ruido del mundo y descender hasta las corrientes que fluyen bajo las palabras, donde todos los corazones laten al unísono. Allí, debajo de todo, es el latir de nuestros corazones en silencio lo que hace que el mundo siga adelante.

Nunca presupongas que la canción ha desaparecido porque haya encontrado su origen en el silencio.

Una pausa para la reflexión
Una meditación

- Concéntrate y percibe el ruido que te rodea y el que llevas en tu interior.
- Respira despacio y reflexiona sobre qué es lo que está tapando esos ruidos interior y exterior.
- Cierra los ojos y escucha con atención ese ruido interior que tú mismo creas y llevas contigo.
- Respira a fondo y trata de identificar dos maneras de apaciguar tu ruido interior que puedas utilizar la próxima semana.
- Abre los ojos y comprométete a hacerlo.

Preguntas para el diario

- Del mismo modo que adentrarnos en el océano nos mueve primero a vadear, luego a sumergirnos, después a atravesar la espuma de las olas y finalmente a dejarnos llevar por la corriente en lo más profundo, el silencio nos invita de manera gradual a adentrarnos por completo en él. ¿Cuál es tu experiencia respecto a esto? ¿Qué fase del silencio te plantea el mayor desafío? ¿En qué fase te sientes más cómodo? ¿Qué es lo que te mantiene allí? ¿Qué es lo que te impide llegar hasta allí?

Preguntas para la sobremesa

Para plantearlas en la sobremesa con amigos y seres queridos. Trata de escuchar las respuestas de los demás antes de debatir:
- Describe algún momento en el que cambiaras de opinión, en el que tu mente cambiara. ¿Qué lo provocó? ¿Qué te ocurrió tras tener esa experiencia?
- Describe algún momento en el que cambiaras mentalmente de manera más profunda, en el que cambiara tu propia manera de percibir. ¿Qué lo provocó? ¿Qué te ocurrió tras tener esa experiencia?

La intermitencia de Dios

«Cuando avanzamos reptando por un agujero, el mundo se ve distinto de cuando ese reptar desaparece de un plumazo y el mundo nos devuelve la mirada»[21].

Mi querido amigo Wayne Muller, autor de *A Life of Being, Having, and Doing Enough,* nos habla del coraje de ver lo que queda entero más allá de lo que se ha quebrado. Cabe también tener en cuenta lo que sugiere el escritor francés y premio Nobel André Gide cuando escribe: «Si te adentras suficientemente en lo personal, alcanzas lo universal». Estas apreciaciones dan por supuesto que lo roto y lo entero no son bifurcaciones del camino, sino que lo uno yace bajo lo otro; es decir, que una Integridad Universal yace tras nuestro quebranto del mismo modo que una vaina de semillas se rompe y esparce todas sus simientes para que germinen por el mundo. Gran parte de nuestro sufrimiento viene de no adentrarnos suficientemente en lo personal para hacer que esto aflore y, por tanto, quedarnos atascados entre la superficie y la profundidad. Muchas veces el dolor de estar atrapados hace que nos dé miedo profundizar, cuando eso es justo lo que necesitamos para recuperar la salud interior. De modo que, cuando nos atascamos, debemos preguntarnos: ¿me estaré adentrando suficientemente en mi quebranto para lograr que esta integridad de la vida me toque y me restablezca?

El maestro sufí Ibn al Arabi se refiere de otra manera a nuestro viaje hacia lo Universal a través de lo personal[22]. Describe la naturaleza de la conciencia humana como un cambio de la percepción que se va produciendo de poco en poco. Como cuando nadamos en el mar, cada brazada nos descubre una nueva visión y una nueva experiencia de la vida. En el momento en el que nos adentramos en aquello personal que se ha roto nos arrastra una ola y podemos sentir la corriente que fluye bajo nuestro dolor. Sin embargo, en el momento en el que nos quedamos atascados en aquello personal y roto nos vemos arrastrados hacia abajo y experimentamos algo parecido a la ausencia de Dios durante esa caída libre en la que nos ahoga el dolor. Las aparentes presencia y ausencia de Dios se nos muestran de manera intermitente. Pensamos que Dios parpadea cuando en realidad somos nosotros en nuestra humanidad y nuestra tozudez quienes vemos y acto seguido no vemos. Quedarnos atrapados en lo roto y personal es un estado de ánimo humano inevitable. Cuánto tiempo vivamos en ese estado no dependerá de que evitemos sentirnos rotos, sino de que lo sintamos con la intensidad suficiente como para alcanzar aquello que hay de universal en el corazón de nuestra misma experiencia personal.

Tal vez es esa la manera en que la naturaleza divina de las cosas se nos oculta en nuestra condición de humanos: sintiéndola momento a momento, a través de la presencia continua del misterio al que nos despertamos y de nuestra percepción intermitente de ello. Podría decirse que la experiencia es el modo que tiene Dios de romper nuestro trance para que podamos tener otra oportunidad de ser abrazados por el todo. Nuestro desafío reside en no quedarnos atrapados en el medio, sino en atravesarlo, en no detenernos en cómo nos sigue desgarrando el mundo, sino en sobrevivir a ese proceso sagrado penetrando profundamente de modo que seamos restablecidos e imbuidos de la propia vida al recomponernos. Todo eso nos pasa a ustedes y a mí mientras trato de alcanzarlos mediante estas palabras.

Una pausa para la reflexión
Una meditación

- Concéntrate e imagina que tu vida es un árbol que se alza del suelo.
- Respira a fondo e imagina que tu alma son las raíces de tu vida, que te mantienen erguido.
- Respira a fondo y siente que la vida que te rodea es como la tierra en la que tu alma y tu vida están creciendo.

- Respira de manera pausada y siente tu sitio personal en todo aquello que es universal.

Preguntas para el diario

- El escritor francés André Gide dice: «Si te adentras suficientemente en lo personal, alcanzas lo universal». ¿Qué crees que significa esto? ¿Cómo describirías la diferencia entre lo personal y lo universal? Si puedes, describe algún momento en el que hayas sentido algo personal bien hasta el fondo y de qué manera sentir esa profundidad te ha abierto a sentir lo universal.

Preguntas para la sobremesa

Para plantearlas en la sobremesa con amigos y seres queridos. Trata de escuchar las respuestas de los demás antes de debatir:
- La cita inicial de este capítulo habla de la dificultad de avanzar por un lugar complicado y de la sensación de transparencia y sencillez que muchas veces nos aguarda al otro lado. Cuenta la historia de algún sitio complicado que tuvieras que atravesar, qué sentiste y qué clase de claridad obtuviste al final del trayecto. ¿Qué te enseñó esa experiencia acerca de cómo abordar los lugares complicados?

UNA CONVERSACIÓN CON LOS ELEMENTOS

«Si no te conviertes en el océano, te marearás cada día», Leonard Cohen[23].

Estamos tan pegados a la tierra que a veces olvidamos que está viva. Y el lenguaje de esa vida es lo que llamamos naturaleza. Cuando escuchamos a la naturaleza, estamos escuchando al corazón. Naturalmente, esa conversación lleva su tiempo, porque somos demasiado pequeños para captar de inmediato lo que la tierra nos dice. La inmensa tierra nos ha llevado a cuestas durante miles de años. ¿Somos capaces de agradecérselo? Nos ha sostenido y lo ha soportado todo durante miles de años. ¿Podemos preguntarle cómo lo ha hecho? Nos habla con mil lenguas distintas, ninguna de las cuales emplea palabras. Y aun así resulta esencial que construyamos una relación con aquello que nos sostiene.

Pero ¿qué es lo que somos capaces de escuchar? Igual que la polución que hemos creado nos impide ver el cielo, el ruido de la maquinaria que hemos creado nos impide escuchar al viento, a los pájaros y a todos esos maestros silenciosos que siempre han estado ahí. Pero cuando me alejo de ese zumbido de las máquinas, les aseguro que soy capaz de oír al caballo que corre a conocer a su padre, el viento. Justo hace unos días salí a pasear por donde no hay asfalto. Me perdí y seguí a dos gansos hasta que llegué al final de mi pequeña lógica.

Una pausa para la reflexión
Una meditación

- Sal a dar un paseo, camina despacio y deja que te detenga alguna corriente o ráfaga de aire que pase a través de un árbol. Detente ante ese susurro de la tierra. Detente y quédate quieto. Tu inmovilidad es una forma de escuchar. Quédate inmóvil hasta que sientas la grandeza de aquello que te sostiene.

La necesidad de estar en el mundo

«¿Has buscado en la inmensidad algo que hayas perdido?», Robert Service[24].

Ahora que los astronautas pasan tanto tiempo en el espacio hemos aprendido que la ingravidez causa atrofia muscular. Los músculos y los huesos de una persona, cuando sufren poca o ninguna resistencia al movimiento, se atrofian y se retraen. Un astronauta de 30 años puede regresar a la Tierra con la densidad ósea de un septuagenario. Esto lo causan determinadas reacciones químicas y biológicas, pero en nuestra conversación con los elementos podemos percibir algo más profundo: que pese a anhelar como anhelamos despojarnos del peso del mundo debemos estar en el mundo para hacer realidad nuestros sueños. Del mismo modo que demasiada gravedad resulta opresiva y nos aplasta, la ausencia de gravedad no nos libera, sino que nos causa atrofia y hace que nos desintegremos de manera acelerada. Paradójicamente, la única manera de subsistir en este mundo es estar en él.

Una paradoja adicional entra en juego en la relación que hay entre luz y oscuridad. Ansiamos enormemente librarnos de la oscuridad. No obstante, sin la oscuridad no hay sombra y sin sombra no hay percepción profunda. Sin esa percepción profunda carecemos de sentido de la dirección, no podemos saber qué está cerca y qué está lejos. En nuestra necesidad de encontrar el camino nos vemos obligados no a dejar de lado la oscuridad, sino a trabajar con ella y a través de ella.

Aun así, es una cura de humildad darnos cuenta de que aunque necesitamos los elementos de la naturaleza, no somos capaces de sobrevivir a su fuerza bruta. Hace diez años atravesé la frontera continental de las montañas Rocosas por el parque Estes, en Colorado. Siempre me han atraído los grandes espacios abiertos y estaba deseando escalar, alejarme del bullicio humano. Pero al superar la línea de los árboles y salir a la tundra se abrió ante mí un yermo desnudo que tenía tanto de frío e intimidante como de majestuoso. Me dio sensación de mareo.

Me detuve y me senté en el saliente de una gran peña que daba a un cañón inmenso. Allí me quedé sentado hasta que recuperé el equilibrio. Para entonces ya se había apagado todo rescoldo de mi asombro. Justo en ese momento, un

arrendajo de las Rocosas pasó casi rozándome y se lanzó hacia
lo alto, ascendiendo por el aire hasta donde los humanos no
pueden llegar. Fue entonces cuando el arrendajo, el aire de la
montaña y la fría piedra que me sostenía me dijeron en total
silencio: «Regresa entre los vivos, que es donde está tu sitio».

Me quedé perplejo, pero era verdad. Aquello hizo que
me diera cuenta de que nos es dado que peregrinemos hasta
allí, hasta aquellas alturas donde las cosas son majestuosas,
que nos demos una cura de humildad y nos purifiquemos,
pero es más abajo donde debemos vivir: desplazándonos entre
las raíces y las ramas, siguiendo los esquivos cantos de los
pájaros y los rastros de los animales huidizos que nos llaman
a recordar cuál es en esencia nuestra naturaleza.

Una pausa para la reflexión
Preguntas para el diario

- Describe algún momento en el que hayas querido liberarte del mundo y en el que, sin embargo, la única salida fuera abrirte paso. ¿Qué te impulsó a seguir? ¿Qué te ayudó a abrirte paso?

Abrirse paso a través de la oscuridad

La naturaleza nos brinda discretamente innumerables modelos de cómo ceder a lo que parece oscuro y sin remedio, pero
que en el fondo es un despertar que supera a cualquier cosa que
podamos imaginar. Alrededor de nosotros infinidad de cosas pequeñas y enterradas se prestan a un proceso que ninguna
de esas cosas enterradas es capaz de percibir. A ese proceso lo
llamamos germinar. Y esa entrega innata permite que todas
esas cosas comestibles y fragantes se abran camino a través del
suelo hasta una forma de vida luminosa que llamamos brotar.

Del mismo modo que una semilla enterrada en el suelo no puede imaginarse convirtiéndose en una orquídea o un jacinto, tampoco un corazón oprimido por el dolor o una mente nublada por la desesperanza son capaces de imaginarse amados o en paz. El coraje de la semilla reside en que una vez que empieza a germinar se abre camino hasta brotar. Abrirse paso a través de la oscuridad hasta florecer es la tarea del alma.

Gradualmente expuestos por el mundo

Nos guste o no, entablar conversación con la tierra supone que el mundo, de manera gradual, nos vaya dejando expuestos. No podemos evadirnos del peso del mundo, sino que debemos avanzar por él. No podemos eludir germinar en medio de la oscuridad si queremos florecer a plena luz. Y no podemos evitar enredarnos en la vida.

Candace Pert[25], pionera en la ciencia de la mente y el cuerpo, sugiere que aunque el cerebro esté ubicado en el cráneo la mente lo está en el cuerpo entero de la persona. Y también que aunque tengamos los oídos a ambos lados de la cabeza nuestra capacidad de escuchar está asimismo localizada en el conjunto de nuestra persona.

En el sentido corpóreo más profundo la capacidad de escuchar y recibir nos convierte en un canal de entrada. A través de nuestras propias vidas el intercambio constante entre el mundo de lo vivo y el mundo de la experiencia, que penetran a la vez en nuestro ser, nos convierte a todos y cada uno en aberturas de entrada hacia nuestras almas expuestas. Y por más que nuestra inteligencia nos incite a discriminar entre ambas corrientes entrantes y a mantenerlas separadas, es tarea nuestra en cuanto seres vivos dejar que se fusionen y nos den forma. Por tanto, en términos cotidianos, el esfuerzo de escuchar consiste en librarnos de manera constante pero gradual de nuestras ideas preconcebidas y nuestras preferencias para que nada se interponga en nuestro camino de experimentar directamente la vida.

La ética de lo maravilloso

«Jamás la naturaleza ha traicionado al corazón que la ama», William Wordsworth[26].

Dejen que les cuente tres historias sobre las cosas que nos maravillan. En la primera había una vez un niño que vivía en una cabaña junto al mar; todas las noches, mientras dormía, las olas del mar mecían con su susurro sus sueños. El niño creció hasta convertirse en el pianista Michael Jones, cuya música siempre suena como el mar. Michael dice: «Llevo conmigo la sensación de tocar y de ser mecido». El pianista afirma también: «Tenemos dos tareas gloriosas: administrar bien el don que nos ha sido concedido y atender a ese don. Eso requiere escuchar de manera atenta y constante, del mismo modo que la ola escucha a las profundidades marinas»[27].

La segunda historia procede de mi querida amiga Megan Scribner, que se crio en el noroeste de Estados Unidos, en Walla Walla, Washington, ciudad que tomó su nombre de la tribu de indígenas americanos que habitaban esa región. Esa parte del país está horadada por una enorme red de corrientes subterráneas que salen a la superficie en forma de un sistema de manantiales y arroyos. Esa intensa presencia del agua, que lo conecta todo por debajo de la superficie, influye en el modo de vida de la zona. El propio nombre de Walla Walla, que significa «lugar de muchas aguas», evoca esa conexión invisible. Recuerda al sonido de las numerosas corrientes fluviales que uno puede escuchar cuando se acudilla y cierra los ojos y se agacha en las proximidades de esos ríos: walla, walla, walla, walla, walla, walla, walla, walla, walla... Con esta manera de poner nombre a las cosas, la tribu y la ciudad son portadoras de la ética de lo maravilloso que consiste en duplicar el nombre a aquellas cosas que son dignas de honrar. El río Kooskooskie es otro ejemplo de ello: el vocablo *koos* significa agua, y su repetición sirve para enfatizar que se trata de un agua muy transparente. En Idaho, a este río se lo conoce hoy como Clearwater River[28] (río de aguas claras). Simple y llanamente, las cosas que importan llevan el nombre repetido para que así les prestemos nuestra total atención, para que nos hagamos cargo de ellas. Esa manera de dar nombre a través de escuchar es el principio de cualquier oración.

La tercera historia procede de mi amigo Allan Lokos, que lleva años dedicado a tocar la flauta indígena americana. Hay muchas versiones acerca del origen de la flauta. Pero, básicamente, la historia es ésta: todas las criaturas habían encontrado su canto pero a los humanos les faltaba hallar el suyo, de modo que el gran espíritu habló con sus amigos. Pasado un tiempo, el espíritu pertinaz, la erosión, horadó la rama de un árbol hasta dejarla hueca y el espíritu menor, el pájaro carpintero, la picoteó hasta hacerle unos agujeros. Entonces el espíritu mayor, el clima, hizo que la rama hueca y horadada cayera y quedara al alcance de los humanos. Un joven pasó por allí y, mientras sostenía la rama en la mano, un pájaro lo sobrevoló y le regaló su canto. En ese momento el joven pensó que el canto del ave salía de la rama hueca. Cuando se dio cuenta de lo que sucedía, cerró los ojos y, soplando por los agujeros, rezó para que volviera aquel canto del pájaro. De ese modo, el espíritu pertinaz, el espíritu menor y el espíritu mayor lograron que los humanos hallaran su canto.

La ética de lo maravilloso es cómo escuchamos a la tierra: atendiendo al don hasta que las cosas que importan se repitan a través de nuestro amor, hasta que besemos las cosas huecas que aparecen en nuestro camino. Todo eso nos lleva a hallar nuestro canto.

Una pausa para la reflexión
Una meditación

- Ésta es una meditación que nos lleva a una pregunta para el diario y que está basada en lo que dice el pianista Michael Jones: «Tenemos dos tareas gloriosas: administrar bien el don que nos ha sido concedido y atender a ese don».

- Ve a un lugar que te guste, en la naturaleza, donde estando quieto puedas escuchar a tu yo más profundo.
- Respira a fondo y ve abriendo poco a poco tu mente.
- Inspira y espira y olvida tu larga lista de cosas pendientes.
- Respira a fondo y ve abriendo poco a poco tu corazón.
- Inspira y espira y permite que tu don se muestre.
- Respira profundamente. No huyas de tu don. No le pidas nada. Simplemente, recíbelo con los brazos abiertos y, como hacían los nativos de Walla Walla, en Washington, honra a tu don dándole un nombre duplicado.

Una pregunta para el diario

- Más tarde, ese mismo día, entabla una conversación con tu don escribiendo varias veces su nombre, como una forma de invocar nuevamente su presencia. Espera a que aparezca tu don y pregúntale: ¿cómo puedo administrarte bien?, ¿cómo puedo entregarte al mundo a través de mí? Anota sus respuestas.

Preguntas para la sobremesa

Para plantearlas en la sobremesa con amigos y seres queridos. Trata de escuchar las respuestas de los demás antes de debatir:
- Cuenta la historia de alguien en quien hayas creído y en cuyo interior viste la flor cuando sólo era una semilla. Describe cómo fue la tarea que tuvo que afrontar su alma. ¿Llegó a florecer? Según tu opinión, ¿por qué o por qué no?
- Describe algún momento en el que una idea preconcebida o una suposición que tuvieras te impidiera escuchar profundamente. ¿De qué te apartaba esa idea preconcebida? ¿Cómo fuiste capaz de librarte de ella?

EL SENTIDO VIVIENTE ÚNICO

Como una célula del corazón que desconoce que la transporta un cuerpo, flotamos, nos esforzamos y derivamos por un mar de vida del que dependemos.

Oír se produce físicamente cuando en el oído se genera una señal que recoge distintos fragmentos de información de todos nuestros sentidos y los envía en conjunto al cerebro, que genera a su vez un sonido breve y completo a partir de todos ellos. Lo que llamamos escuchar es en realidad un proceso innato que incorpora una serie de sensaciones captadas a través de diversas formas de conocimiento (vista, olfato, tacto, gusto y oído). Lo que oímos es la suma de las vibraciones de la vida que nos llegan de manera constante, como olas que lamen sin cesar la orilla perceptiva que las antiguas tradiciones denominan cerebro-corazón[29].

Ejemplo fehaciente de ese escuchar fundamental es Evelyn Glennie, una de las percusionistas más innovadoras que hay hoy en el mundo y que es profundamente sorda. Evelyn dice que ella vive los ritmos y siente la vibración de la música, y que no lo hace en lugar de escucharla, sino como un acto fundamental de escuchar. Su don cobra vida merced a que se abre al origen de los sentidos como un solo sentido integrado. Considera una discapacidad la insistencia de los oyentes en separar la integridad viviente: «Por algún motivo tendemos a hacer una distinción entre escuchar un sonido y sentir una vibración. Lo cierto es que son la misma cosa. Es interesante señalar que en italiano, por ejemplo, esta distinción no existe. El verbo *sentire* significa escuchar y el mismo verbo, en su forma reflexiva, *sentirsi*, significa sentir»[30].

La talentosa percusionista parte de más allá de su sordera y señala: «La sordera no significa que uno no pueda oír, sólo que hay algo en los oídos que está mal». Eso encierra mucha sabiduría, pues con toda la razón podemos decir de igual forma que la insensibilidad o la indiferencia no significan que no podamos sentir, sino que simplemente hay algo que anda mal en nuestro corazón. Y del mismo modo que los sentidos están entretejidos por mucho que nos empeñemos ridículamente en aislarlos, también lo están los músculos del cerebro-corazón: dicha, tristeza, asombro, dolor, aceptación y muchos otros.

Tal vez ese deseo nuestro de separar y distinguir aquello que no somos capaces de comprender es una discapacidad espiritual. Puede que el arte de escuchar consista en recopilar significado a partir de todos los sentidos en lugar de aislar y analizar lo que pensamos o sentimos en cada ocasión. La música de la naturaleza, a través del canto del pájaro, nos está avisando de que escuchemos el conjunto mientras que la biología de la naturaleza nos hace diseccionar los acordes vocales del pájaro para ver cómo funciona. Es evidente que la manera de funcionar de las cosas en el mundo físico nos ayuda a construir, a reparar y a sobrevivir, pero la salud, en sentido profundo, consiste en recuperar el sentido viviente único a través del cual logramos sentir la red de la vida y participar de ella.

No obstante, no aplicamos ese sentido viviente único simplemente para mejorarnos a nosotros mismos. Lo hacemos para dar vida y engrosar la red de la vida. Pese a que todas las prácticas introspectivas puedan contribuir a que comprendamos mejor quiénes somos, existe otra recompensa por estar auténticamente presentes. De alguna manera, estas virtudes de la apertura —como son la veracidad, la integridad, la amabilidad y el amor— nos brindan acceso a nuestro sitio en la Unicidad viviente del universo. Me ha costado más de cincuenta años, pero he aprendido que experimentar la Unicidad puede permitirnos conocer la dicha. Y la dicha no es únicamente algo que actúa en provecho nuestro, sino que es una señal de que el universo está funcionando. Es el murmullo de la Unicidad. Nuestro objetivo no consiste sólo en «organizarnos» como individuos, sino más bien en ser una célula integral en el corazón del mundo que hace que el universo siga avanzando. La dicha es un indicador de que todo está bien afinado. El esfuerzo de ser consiste en participar en esta armonía superior, donde escuchar y sentir son una misma cosa. El esfuerzo de ser es adentrarnos en nuestra existencia. En esos momentos nos convertimos en canalizadores de la Unicidad de la vida.

Conviene afinar el corazón

«El cielo es lo que denominamos la consecución de la armonía, y la falta de ésta es lo que denominamos infierno... La armonía de la vida puede aprenderse, igual que puede aprenderse la armonía de la música... Como ocurre con cualquier otro aspecto de la vida de una persona, con cada paso que se da en la evolución espiritual se produce un cambio de voz. [Y, por tanto] cada experiencia que vivimos en la vida es una iniciación... Cualquier dolor o sufrimiento que padecemos es una preparación; por lo que, del mismo modo que hay que afinar primero un violín para después tocarlo, conviene afinar el corazón para poder después expresar sabiduría», Hazrat Inayat Khan[31].

Demasiadas veces huimos de sentir y, no obstante, sólo a través del sentimiento es posible conocer la profundidad de la vida. Sólo a través del sentimiento logramos tener en las manos el hueso o la concha marina más minúsculos y sentir el empuje del universo. Esa crudeza vital causa dolor, ya que, como dicen los budistas, la desnudez de estar presentes es absoluta. Me despierto con esta crudeza y te veo dormir y entonces me levanto. Antes de vestirme pierdo la noción de por qué voy a cualquier parte. Y, sin embargo, el día me conduce —en la tienda, mientras el anciano mete en bolsas mi compra, o al ver a la hija de los vecinos hacer los deberes en la mesa de la cocina mientras paseo al perro, o cuando me detengo a mirar al caballito que respira exhalando vapor por encima de una empalizada— allí donde la desnudez resplandece. Y no hay otra manera de llegar a esa desnudez más que a través del sentir y del escuchar al que ese sentir nos lleva.

Hay quien dice que uno se pierde en este sentir, en este escuchar. Pero sólo si cree saber adónde va, sólo si piensa que sabe lo que pretende escuchar.

A través de esta desnudez del ser refrescamos nuestra capacidad de abrirnos y damos vida a nuestra conexión innata con el sentido único viviente. Mediante nuestra respuesta sincera y sin tapujos a la vida logramos «sincronizar nuestra persona interior con los grandes misterios», como sugería U Thant. Y en nuestro periplo diario, a través de escuchar y de sentir, logramos «afinar el corazón para poder después expresar sabiduría», como afirma Hazrat Inayat Khan. Éste es el arte con el que hemos nacido y que tratamos de aprender y reaprender durante nuestro viaje por la vida: dar estímulo a nuestra desnudez vital a través de escuchar y sentir.

Detrás de todo ese aprendizaje nos está aguardando el mundo, en silencio, y nosotros transitamos por él a través de esos senderos que llamamos siglos, desde los cuales describimos la vida bien como algo fruto de la causalidad y el caos o bien como algo armónicamente diseñado. Generación tras generación alternamos entre protegernos de esa desnudez del ser y buscar la paz en ella. Lo hacemos por turnos: nos preparamos para cuando las cosas se vengan abajo y descubrimos el misterio que se esconde detrás de esa venida abajo de todas las cosas, en el que todo lo físico no es más que la punta que asoma de un universo inefable cuyo orden escapa a nuestra comprensión. Por descontado, nadie será jamás capaz de entender la verdadera anatomía del universo, pero aun así es importante que cada uno de nosotros exploremos nuestra propia desnudez del ser. Nuestra relación fundamental con todo aquello que es mayor que nosotros o nuestra ceguera hacia ello determinan qué tipo de vida es posible. Todos debemos evaluar continuamente, sin tener nunca la total certeza, en qué dirección nos parece que se va desarrollando el universo. ¿Se está desmenuzando o se está recomponiendo? ¿O se trata de una mezcla de ambas cosas?

¿Cómo reaccionamos a la marea de experiencia que barre nuestras vidas cotidianas? ¿Respondemos a lo desconocido ausentándonos o estando presentes? ¿Acaparamos o distribuimos? ¿Circunvalamos la verdad o la atravesamos de frente? ¿Nos retraemos y nos ocultamos o nos mantenemos en campo abierto y buscamos conectar? ¿Vemos las dificultades y el sufrimiento como escollos aislados que se aprovechan de nuestra debilidad y paralizan nuestro progreso en la vida? ¿O vemos estos incidentes como oleadas de experiencia transformadoras que forman parte del continuo emerger de quienes somos? ¿Creemos que la vida nos hace trizas y que debemos sobrevivir a ello o que consiste en una recomposición y un reajuste constantes a los que debemos rendirnos? ¿Corremos hacia la desnudez del ser o huimos de ella?

Una pausa para la reflexión
Preguntas para el diario

- Relata alguna experiencia que haya afinado tu corazón y cuenta cómo ha evolucionado tu voz a partir de ese ajuste profundo.
- ¿Hay algún sentimiento que evites actualmente o del que huyas? ¿Por qué? ¿Qué ocurriría si dejas que ese sentimiento contacte contigo?

Mi propio camino

Nací con la capacidad de ver las cosas en forma de metáforas. Ésta ha sido mi manera innata de relacionarme con la Unicidad viviente de las cosas. Desde la edad más temprana el mundo me ha hablado de ese modo. La relación de analogía entre las cosas me ha llamado, no con palabras sino mediante un lenguaje silencioso que en cierto modo me ha enseñado, si bien brevemente, la red de conexiones que subyace en todo. Este don es una función de la presencia: cuando estoy muy presente aparecen las metáforas. Ellas son mis maestras. Todos mis poemas no son sino apuntes tomados de estas maestras. Lo que me sostiene es ver de qué manera se armonizan las cosas. Los momentos en los que lo percibo son como si se disparara una sinapsis y se liberara una fuerza vital. La presencia y el tiempo son servidores de la luz. Así, la iluminación es una experiencia, por muy breve que pueda ser, de cuando la luz que ustedes y yo llevamos dentro coincide con la luz del mundo. En los momentos de iluminación, como en los momentos de poesía o de amor, perdemos el sentido de quiénes somos y a la vez nos vemos sostenidos. En esos momentos regresamos iluminados a nuestro ser.

El hecho de que me haya dedicado a ser poeta es un testimonio de mi amistad con la metáfora. De camino aquí, la vida dedicada a la poesía se ha revelado como una vida espiritual. Eso, a su vez, es un testimonio de mi amistad con esa conexión entre todas las cosas, pues la razón de ser de la metáfora es loar a la Unicidad de las cosas. Al fin y al cabo, no importa que la pongamos por escrito o no. La verdadera poesía se genera en el mismo momento en que uno ve la metáfora. El resto es la bendita tarea de hacer visible lo invisible.

Como forma interior de la naturaleza, la metáfora se nos hace presente independientemente de que la veamos o no. Está ahí para que la veamos del mismo modo que unas vistas están ahí para verlas tras ascender una montaña, pero tanto la metáfora como las vistas están ahí aunque no subamos esa montaña.

Después de toda una vida ascendiendo, queda patente que la luz en su forma humana es el amor, y que sólo la presencia y el tiempo logran darle forma de ser, del mismo modo en que la luz del sol y el calor inmensos propician que la luz que se oculta en una semilla enterrada en el suelo busque su propia naturaleza y, como sea, logre abrirse camino hasta la superficie.

Mi propio camino del escuchar me ha traído hasta aquí, ya que gran parte de mi vida la he dedicado a entablar conversación con todo lo que me rodea: con el misterio, con Dios o con el Origen, con los ríos del cambio, con ustedes. A medida que envejezco, cada vez anhelo más la sabiduría y la compañía de otras cosas vivientes, conversar con todo lo que amo, con todo lo que admiro, con todo y todos aquellos que han sufrido y han dado parte de sí mismos para seguir vivos y para que la vida continúe. En gran medida nuestras historias forman parte de una única historia. Nuestro dolor forma parte de un único dolor. Nuestra sorpresa ante la belleza y la fragilidad de la vida forma parte de un coro único de fascinación. Mi pasión consiste actualmente en mantenerme lo más próximo que puedo al latido de aquello que es amable y verdadero, conversar con lo que allí ocurre y experimentar cada vez más maneras de escuchar.

Con los años la estela de estas conversaciones se ha convertido en los libros que he escrito. Cuanto más avanzo, más se convierten todos en una misma agua, como si cada libro fuera un cubo de distinta forma con el que saco del mar lo que puedo cada vez que lo lleno. Cada libro me descubre algún aprendizaje nuevo que me lleva al siguiente libro. De este modo, cada libro —como ocurre con éste— es un maestro que me conduce cada vez más profundamente por los múltiples caminos del ser, del estar presente.

Una pausa para la reflexión
Preguntas para el diario

- Haz memoria de tu historia y de tu evolución respecto a escuchar; describe tres experiencias cruciales que hayan dado forma a lo que para ti significa escuchar y aquello que has oído a lo largo del camino que te haya abierto a la vida y al lugar que ocupas en ella.

El impulso hacia la unidad

Otro estudioso de la Unicidad viviente de las cosas fue Pierre Teilhard de Chardin (1881-1955), un místico que se ordenó sacerdote con los jesuitas. Teilhard de Chardin, que se formó como paleontólogo y filósofo, entendía la vida como un tapiz indescriptible en el que se entretejen continuamente todas las formas de vida. En sus escritos describe este movimiento como parte de nuestra naturaleza fundamental. Sugiere que la evolución biológica forma parte de una evolución mayor en la que toda la vida converge hacia una unidad final. Lo que nos arrastra a esa unidad es la gravedad espiritual que conocemos por amor. «Antes o después», afirma Teilhard de Chardin, «tendremos que reconocer que el amor es el impulso fundamental de la vida»[32].

Los artistas y los bailarines son en cierto grado conscientes de esto y lo buscan a través de sus creaciones. Como le dijo la bailarina Martha Graham a Agnes de Mille en 1943: «Tu tarea es... mantener abierto el canal»[33]. A partir de esa transparencia del corazón humano se crean las cosas valiosas y a partir de ella somos creados nosotros. Esa apertura requiere dos dedicaciones constantes: el riesgo de ser, de reducir el ritmo para sincronizarlo con el de la creación, donde se juntan todas las cosas, y el coraje no sólo de dejar que pase lo que sea, sino de que cantemos mientras pasa; el coraje de expresar lo que experimentamos, del mismo modo que el coyote cuando aúlla por la alegría visceral de ser una hebra viviente de este tapiz viviente.

Dios es un secreto infinito que se oculta en campo abierto a la espera de que cada uno de nosotros reduzcamos la marcha para poder participar de nuestra existencia a través de la desnudez de nuestro ser. Cuando logramos hacerlo, nos convertimos en conductores de la espiritualidad que converge constantemente hacia una unidad final, como sugiere Teilhard de Chardin. Así es como empiezan y perduran las formas de vida: la energía se mueve a través de las partículas, reuniéndolas, pero es la misteriosa apertura de la partícula lo que permite que se ensamble la cadena de la vida. ¿Y qué es el corazón humano, sino la partícula más misteriosa y transparente del ser que conoce la humanidad?

Reflexiono acerca de todo esto mientras conduzco de vuelta a casa desde el trabajo a través de una ligera nevada; miles de copos de nieve caen agolpándose en el suelo y el coche los atraviesa entre crujidos. Cada copo es como uno de nosotros, pero juntos componemos una neblina del ser que nunca se desvanece. La nieve me lleva a fijarme en las copas de los árboles. Algunos árboles crecen y al mismo tiempo otros están muriendo. Ahora trato de imaginarme —de sentir y de escuchar— todos los árboles del mundo que no puedo ver. No son sino una vida inmóvil. Y por cada árbol trato de imaginar —de sentir y de escuchar— cada vida humana. Algunos vamos creciendo mientras que otros vamos muriendo. Ese escuchar y ese sentir nos hace acercarnos los unos a los otros, nos hace que anhelemos encontrar nuestra conexión. Ahora soy capaz de sentir toda la vida que crece y que muere al mismo tiempo y, sí, este crecer y este morir y este anhelar son la inhalación y la exhalación de un universo viviente.

Si escuchamos con atención y durante el tiempo suficiente, inhalamos y exhalamos al unísono con la inhalación y la exhalación de todo lo vivo. Como cuando el legendario intérprete de guitarra clásica Andrés Segovia oyó que su guitarra emitía un fuerte crujido durante un recital en Berlín. Salió corriendo del escenario y, acunando su instrumento, repetía sin cesar: «Mi guitarra, mi guitarra». Segovia descubrió al poco tiempo que el hombre que había fabricado su guitarra había muerto en Madrid. Si los perros son capaces de oír los terremotos cuando se producen en el centro de la Tierra y los charranes árticos son capaces de emigrar cruzando medio mundo, ¿quién dice que un corazón sincronizado con la sabiduría no será capaz de oír el sentido único viviente que nos conecta a todos?[34]

Una pausa para la reflexión
Una meditación

- Estés donde estés, concéntrate.
- Con cada respiración toma conciencia de la vida que te rodea.

- Con cada respiración deja que se asiente en tu corazón la sensación de la vida que nace y muere al mismo tiempo.
- No trates de dar sentido a esto, simplemente siéntelo.
- Respira profundamente y permite que entre y salga de ti toda la variedad de vida que se está produciendo en el mundo en este preciso momento.
- Sé consciente de cómo te hace sentir ese contacto con el universo viviente.

Preguntas para la sobremesa

Para plantearlas en la sobremesa con amigos y seres queridos. Trata de escuchar las respuestas de los demás antes de debatir:

- Mientras que uno de los dones fundamentales de la mente es analizar, el don fundamental del corazón es sentir. Comparte algún momento en el que analizaras algo en lugar de sentirlo y cuenta adónde te llevó aquello. Y comparte algún momento en el que sintieras algo en lugar de analizarlo y cuenta también adónde te llevó aquello.
- Cuenta la historia de algún momento en el que sentiste el murmullo de la Unicidad.

ESCUCHAR PROFUNDAMENTE

«Escuchar profundamente es más que oír con nuestros oídos, es recibir todo lo que se nos revela en cualquier momento dado con nuestro cuerpo entero, nuestro ser, nuestro corazón», Susan McHenry.

Si el propósito y el don de amar suponen despertar y reanimar aquello que llevamos dentro dormido, entonces, cuando estamos despiertos, es nuestra responsabilidad mantenernos despiertos y mantener vivo ese don. Esto lo hacemos por medio de la escucha profunda. No con un fin ni con un noble propósito, sino como un modo de vida, dedicados a escuchar con nuestro corazón, una y otra vez, a escucharlo todo.

Cuanto más rápido rodamos o nos hacen rodar, más nos vemos abocados a ese estado en el que se nos sube todo a la cabeza y nos abotargamos. Cuando aminoramos la marcha o algo nos hace aminorarla, las cosas se ponen a un nivel más bajo, en el corazón, en las entrañas. Como dice la anciana hawaiana Puanani Burgess: «Es en tus entrañas donde se generan tus mejores pensamientos... Pues es en el *na'au* (las entrañas, los intestinos) donde ponemos juntos la mente, el corazón, las emociones, las intuiciones y las experiencias»[35].

Escuchar profundamente supone mezclar el polvo producto de nuestra experiencia humana con el polvillo de las estrellas y obtener de esa mezcla una conexión indestructible y generadora de vida. El término sánscrito *brahma* significa literalmente «aquello de lo que todo brota, el origen de todo». Conectar con esa esencia viviente, ese Origen, es experimentar a Dios a través de todas las puertas abiertas que la vida nos ofrece. Esta práctica de conectar con el Origen de todo es participar en el alma del mundo. Éste es el propósito de escuchar profundamente.

Una pausa para la reflexión
Preguntas para el diario

- Según tu experiencia, ¿cuál es la diferencia entre escuchar y escuchar profundamente?
- Según tu experiencia, ¿qué significa para ti «participar en el alma del mundo»?

Bajo nuestras respuestas

«Puedes recorrer tres veces tu mente, cantando una vez y otra vez, y pese a todo no conseguirás librarte de tus presunciones», Nancy Evans Bush[36].

Escuchar profundamente exige abandonar nuestra discusión interna con el mundo. Antes de que podamos escuchar de verdad debemos despojarnos de nuestras presunciones. En verdad, si queremos llegar a vislumbrar el mundo más allá de la terca certeza de nuestras mentes, tendremos que dejar de lado la respuesta que tenemos para todo. Esto requiere una disciplina interna que hará que no busque el final de tu frase en mi mente, que no rebusque en mi almacén de opiniones una defensa o una refutación del mundo tal como yo lo veo. Despojarme de mi discusión interna con el mundo supone no apartar de un golpe todo lo que se cruza en mi camino. Exige que te vea como un pez que súbitamente ha emergido de las profundidades. Requiere que te lleve agua en lugar de llevarte mis juicios.

Cada vez que hablamos debemos plantearnos esta reflexión: ¿estamos hablando con franqueza o nos limitamos a ladrar desde detrás de nuestra reja a todo aquello que nos da miedo? Y cada vez que recibimos, ¿estamos oyendo realmente la verdad del otro o estamos preparando el siguiente argumento como un ladrillo más para construir nuestro muro defensivo? Muchas veces son tantas las opiniones que llevamos a cuestas que son muy escasas las posibilidades de que lleguemos a asombrarnos o a maravillarnos. Todos tenemos que lidiar con esto. Pero el valor necesario para existir empieza asumiendo el riesgo de dejar que ese instante de desconocimiento crezca entre lo que se nos dice y nuestro acto reflejo de preparar una respuesta. Gran parte de nuestro aislamiento y nuestro sentido de la diferencia procede de la incapacidad de aminorar la marcha y asimilar lo que se nos presenta. Sea cual sea el medio, ése es el principio del arte de escuchar en profundidad, sin pretensiones ni prejuicios, a la vida a medida que se nos ofrece. Escuchar no es reaccionar o responder, sino afrontar abiertamente la experiencia, del mismo modo en que un lago acepta el agua de los ríos que lo llenan.

El filósofo alemán Georg Hegel (1770-1831) describió el proceso dialéctico por el que una idea (la tesis) verdaderamente confrontada con otra (la antítesis) puede dar lugar a una tercera idea (la síntesis), que nace de ambas pero que sin embargo es nueva y autónoma. Esta manera de razonar se suele describir asépticamente como un método de pensamiento, pero en términos de considerarnos mutuamente no es más que la manera en que nuestras sinceras impresiones de estar vivos, cuando las recibimos de verdad, dan lugar a concepciones de la integridad a las que ninguno de nosotros podría haber llegado jamás por su cuenta.

La propia dialéctica de Hegel conlleva nociones elementales de la experiencia que pueden encontrarse en fuentes tan diversas como Buda o Heráclito. Esto supone para nosotros que la vida cambia de manera constante y que nosotros y todo lo que nos rodea avanzamos en función del estira y afloja de la vida, que en ocasiones parece consistir en salvar obstáculo tras obstáculo. Esto significa que esta vida de cambios sucesivos nos lleva de forma inevitable a una serie de encrucijadas que nos desafían a redefinirnos en lo que somos y en lo que hacemos. Hegel sugiere que pese a que puede parecernos que estamos persiguiendo nuestra propia cola, el camino humano del crecimiento se asemeja más a una espiral infinita, parecida pero distinta a medida que se van desarrollando nuestras vidas.

De modo que la física de ese escuchar en profundidad consiste en caer maravillosamente en los espacios que separan a nuestros sufrimientos. Por eso osamos escuchar, para poder dejarnos caer todos juntos en la verdad que nos sostiene. En un sentido espiritual sintetizar implica descubrir la integridad coherente de la vida que nos conecta a todos por el hecho de atrevernos a mezclar nuestros elementos individuales. Del mismo modo que mezclar el azul y el amarillo hace visible al verde, su corazón y el mío, mezclados gracias a la escucha profunda, harán visible el color de la tierra.

Tirar de los hilos

Quisiera hablar de una manera concreta de escuchar que el hecho de ser poeta me ha enseñado a lo largo de los años. Confieso que ya no busco un tema cuando escribo. Del mismo modo que los años erosionan los rostros de las estatuas y los emblemas de los escudos de los guerreros, a mí se me han erosionado las líneas que separan lo visible de lo invisible, lo objetivo de lo subjetivo, lo real de lo imaginario. Ya no soy capaz de diferenciar entre la vida de la poesía y la poesía de la vida. ¡Gracias a Dios!

Este ahondar en la plenitud ha alterado mi modo de afrontar la experiencia y el mundo. Ahora, más que declararme autor de lo que me parece necesario decir, me siento relacionado con ello. Voy caminando por una calle en pleno verano y me asaltan e iluminan los momentos, y cada uno de ellos contiene todo el misterio, del mismo modo en que una gota del océano contiene el océano entero, del mismo modo en que un pequeño acto de amor contiene todo el sentimiento de todos aquellos que alguna vez han amado.

La tarea que nos queda ahora es aminorar la marcha lo suficiente y estar adecuadamente presentes para adentrarnos en cada momento que nos surja. Como si cada uno de esos instantes llenos de vida —el repentino destello de luz en el pico de un cuervo cuando éste picotea el suelo, la sombra que cubre el semblante de una niña triste mientras se inclina hacia su bocadillo a medio comer— fuera un hilo del tejido del universo, cada uno de ellos empapado y rebosante de espíritu y sabiduría. Nos corresponde ahora ser suficientemente humildes y atentos para tirar de esos hilos. Y cuando uno lo hace, indefectiblemente, los hilos desenmarañan el capullo que nosotros mismos nos hemos construido y que nos envuelve y separa del misterio que está siempre presente.

¿Quién lo iba a pensar? No hay otra voluntad que nuestra voluntad. No hay más fragmentación que nosotros en nuestro aislamiento. Nada está sumido en la oscuridad absoluta más que nosotros en nuestra vacilación. Resulta, pues, que el universo —el infinito tejido del presente, la urdimbre de toda vida que es intemporal— constituye el sujeto único e inigualable. Y si estamos atentos, lo escuchamos y lo acompañamos, tendremos el privilegio de convertirnos nosotros también en hilos resplandecientes. Todos nosotros, si Dios quiere, estamos aquí para desenmarañarnos unos a otros y para amar y devolver amor juntos a todo aquello que encontremos.

Esto nos brinda la hermosa ocasión de derramar nuestra presencia en el mundo. De ese modo podremos regarnos unos a otros, ya que cada uno de nosotros alberga una porción concreta de sabiduría que podemos convencernos unos a otros de compartir. Cada uno de nosotros lleva consigo un pedazo de eternidad que si no sacamos a la luz se perderá para siempre o, al menos, permanecerá callado lo que dure nuestro paso por este mundo. Esta porción de sabiduría interior que está en todo y que, sin embargo, sólo lleva consigo cada uno, carece de nombre. Podríamos llamarla nuestra alma. Así pues, del mismo modo en que honras a tu abuelo o a tu maestro, ¿cómo honrarías a aquello que llevas dentro y que no tiene nombre? ¿Qué tipo de relación mantendrás con lo más antiguo de tu vida de modo tal que pueda hablarte?

La nota única

A aquello de donde surge todo podríamos llamarlo la «nota única» que reside en el centro de todo. Hay quien dice que ésta es la nota que oímos al nacer y que después nos pasamos la vida entera buscando. Tal vez cuando los niños lloran al nacer intentan contarnos los secretos de la vida por medio del único lenguaje que conocen. Tal vez este primer llanto se convierte en el canto de la nota única que nos pasamos la vida entera tratando de redescubrir.

El pianista Michael Jones nos recuerda que los músicos y los compositores[37] empezaron sintiendo la necesidad de dar con la nota única y tocarla. Antiguamente, los compositores se internaban en la campiña y escuchaban a granjeros y campesinos cantar en los campos. Después basaban sus sinfonías y sus sonatas en los sonidos cotidianos que habían oído emitir a los humanos mientras trabajaban la tierra.

En 1916 Antonin Dvorak dijo que un aspecto esencial de la música había muerto porque, en la edad moderna, los granjeros habían dejado de cantar y los músicos habían dejado de escuchar. Dvorak y Michael Jones plantean dos cuestiones que explican de manera crucial cómo el arte ha servido siempre a la vida. En primer lugar, ¿qué tiene el ciclo de la experiencia —sobre todo en la vida moderna— que nos abotarga y nos impide cantar mientras trabajamos y oírnos los unos a los otros? Y, lo que es más importante, ¿qué tenemos que volver a aprender para ser capaces de recordar cómo tocar la tierra y cantar, para recordar cómo escucharnos mutuamente y cómo convertir ese escuchar en música? El arte siempre nos ha ayudado a tocar la tierra y cantar. Siempre nos ha ayudado a redescubrir esa nota única. El arte, ese gran puente interior que permite que la canción de la interioridad nos cante. El arte, en todas sus formas, siempre nos ha brindado un modo de recuperarnos del abotargamiento de la experiencia.

En uno de sus viajes por la antigua Yugoslavia, una amiga deambulaba una noche por entre las ruinas todavía humeantes de una ciudad eslava después de haber sufrido su última batalla étnica. Para su sorpresa se topó con un triste y deshecho juglar que tocaba un instrumento de una sola cuerda entre las ruinas. Se enteró de que tanto el cantante como el instrumento recibían el nombre de *guzla*, cantor de historias. Se quedó escuchando cómo una cuerda y una voz se trenzaban y flotaban a la deriva a través del humo de aquella noche. Una única cuerda que siempre toca la nota única. Una sola voz que siempre cuenta la historia única. Muchas veces y de maneras muy diversas. ¿No nos reconocemos unos a otros cuando escuchamos esa nota? ¿No es esa la historia de la existencia? ¿No es el espíritu la música interminable cuyas notas resuenan en cada alma durante el tiempo que dura su existencia en este mundo? ¿No nos vemos reducidos por el dolor y la belleza a convertirnos en un *guzla*, un cantor de historias? ¿No nos hemos visto forzados a detenernos, desde tiempos inmemoriales y lo admitamos o no, y a decirnos a nosotros mismos o unos a otros: «Te he encontrado. Me has encontrado. Te conozco desde hace mucho tiempo»?

Una pausa para la reflexión
Preguntas para el diario

- Observa a alguien que hace lo que le gusta. Escucha el movimiento y los ritmos de su trabajo. Pon nombre a esa canción de su trabajo y descríbela.

En relación directa

Como en la ley de la gravedad de Newton, por la que cada acción tiene una reacción igual y opuesta, podemos comprender los grados del escuchar de forma parecida. En esencia, escuchamos en relación directa con aquello con lo que escuchamos. Cuando escuchamos con la mente, comprendemos más la vida. Cuando escuchamos con el corazón, sentimos más la vida. Cuando escuchamos con todo nuestro ser y nuestro espíritu, nos transformamos y nos unimos a la vida misma.

De ese modo, la vida nos aguarda en su máxima expresión en los momentos de nuestra existencia. El modo en que encontramos y escuchamos esos momentos traza el camino de nuestra propia transformación. Podemos dar con uno de esos momentos en nuestra juventud o en la treintena y llevarlo en nuestro interior como una semilla hasta que la experiencia la riegue y la semilla se abra muchos años más tarde. Entonces, con fortuna, la apertura de ese momento desde el interior puede hacer que florezcan nuestros ojos y que todo cambie.

Sea como sea la manera en que nos topemos con uno de esos momentos, reconocer y ver ese momento puede permitirnos comprender. Eso ya es valioso por sí solo. Identificarnos con ese momento y sentirlo puede fortalecer nuestro corazón a través de la compasión y la humildad. También esto es ya valioso por sí solo. Pero cuando logramos adentrarnos en ese momento el mundo nos cubre con su inquebrantable iluminación. Escuchar a un nivel tan íntimo y completo nos otorga el privilegio de ser tocados de manera permanente por lo que nos encontramos. Cuando logramos tratar aquello que nos encontramos no como un objeto sino como un encuentro con lo vivo, entonces escuchar profundamente nos despierta una devoción que nos dice: «Mantente relacionado con todo».

Destino

Si la vida es como un río, entonces el destino es la corriente invisible que ha pasado antes que nosotros y que seguirá pasando después. Lo único que nos queda es encontrar esa corriente y dejarnos llevar por ella. Esto cambia mi manera de entender la ambición. Mi ambición es ahora escuchar al agua del tiempo que pasa por mis pequeñas branquias, sentir el viento de la verdad que mece mi hierba humana, y recibir sobre mí la antigua lluvia del conocimiento que suaviza mi mente. Para crear con todo ello un estanque de amor en el centro de mi corazón, donde tanto amigos como desconocidos puedan flotar y contemplar las estrellas.

Una pausa para la reflexión
Una meditación

- Cierra los ojos y concéntrate.
- Inspira limpiamente y siente la corriente de toda vida, que es intemporal.
- Espira limpiamente y sé consciente de que esta corriente pasaba antes y seguirá pasando después de ti.
- Respira profundamente y reflexiona sobre cómo sumergirte en la corriente y moverte con ella es tu destino.
- Abre los ojos y regresa a tu momento, listo para encontrar esa corriente, para que tus planes se desenmarañen, para amar aquello que encuentres.

Preguntas para la sobremesa

Para plantearlas en la sobremesa con amigos y seres queridos.
Trata de escuchar las respuestas de los demás antes de debatir:

- ¿Estás internamente en discusión con el mundo? ¿Cómo
  es esa discusión, de dónde viene y qué te supone llevarla en tu interior?
- Cuenta una historia reciente de algún momento en el
  que hayas sacado conscientemente una opinión de tu
  almacén de opiniones y la hayas compartido con los
  demás. ¿En qué alteró la conversación?
- Describe algún momento en el que la verdad de tu corazón se mezclara con la verdad de otro corazón. Cuenta
  qué generó vuestra franqueza combinada.
- Cuenta la historia de un hilo de atención del que hayas
  tirado y adónde te condujo.
- Se nos recuerda que hay «Una única cuerda que siempre
  toca la nota única. Una sola voz que siempre cuenta la
  historia única. Muchas veces y de maneras muy diversas».
  Relata alguna ocasión en la que sintieras la presencia de
  la cuerda única, de la voz única o de la historia única.
- Relata algún momento en el que escucharas con la mente
  y cuenta qué oíste.
- Relata algún momento en el que escucharas con el corazón
  y cuenta qué oíste.
- Relata algún momento en el que escucharas con el espíritu y cuenta qué oíste.
- Después de escuchar a todos discutan las diferencias entre
  las distintas historias.

En estos últimos seis capítulos hemos visto que aceptar las
cosas —escuchar e interiorizar aquello que oímos con el cuerpo y la mente— resulta esencial para vivir. El esfuerzo de ser
reafirma nuestra capacidad de entendimiento, que depende

de nuestra disposición para saborear la vida de manera directa. Hemos visto que el corazón va asumiendo diversos rostros con el tiempo. Y que lo hace sin seguir ningún orden concreto: tamiza lo mejor de la vida, cuela y filtra las lecciones arduas, renuncia a tratar de obtener cosas para sí mismo, vive a modo de instrumento cuyo fin es nutrir a los demás. En ocasiones, el corazón vivirá como una esponja y lo absorberá todo sin discriminar y devolverá todo lo absorbido sin retener nada.

La otra cara de la experiencia es que el corazón halla su propia sabiduría cuando queda ya poco que decir. Es en ese punto cuando por fin escuchamos el silencio. Pero al tener que habitar en este mundo entramos y salimos dando vueltas del sosiego a medida que nuestro afán de luchar se difumina una y otra vez en una antigua necesidad de tranquilidad. Lo que nos sostiene son los momentos en los que no hay obstáculos, cuando la luz del mundo besa a la luz del corazón y cada respiración resplandece. Ése es el arte con el que hemos nacido, nuestro viajar a lo largo de la vida tratando de aprender y reaprender: dar vida a nuestra desnudez del ser a través de escuchar y sentir.

En la primera parte de este libro hemos explorado nuestra amistad con todo aquello que es superior a nosotros, con lo que alberga la sabiduría del Origen. Cuidar esta amistad es el esfuerzo de ser, algo que es a la vez personal y universal y perpetuo. Llegados a este punto, dediquen un rato a describir cómo es su amistad con todo aquello que es superior a ustedes. ¿De qué manera te habla el Origen? ¿Qué es lo que oyes? ¿Qué te ha dicho últimamente la presencia viviente del universo? Si esa presencia parece estar lejana, ¿cómo puedes acercarte a ella? ¿Cuán cómodo te sientes al asimilar cosas, al interiorizar aquello que experimentas? ¿Cómo puedes afrontar ese dolor de quedarte atorado que te hace temer ahondar más? ¿Has conseguido librarte de tu discusión interna con el mundo? ¿Eres capaz de confiar en que la plenitud de la vida te aguarda más allá de tus discusiones y de tus rupturas? ¿Puedes confiar en que no estás solo?

Todas éstas son importantes tareas interiores que no somos capaces de ver por nuestra cuenta. ¿Tienes compañeros o amigos interiores con quienes puedas hablar sobre el camino hasta ser auténtico? Si no es así, ¿qué pasos puedes dar para encontrar unos cuantos amigos de verdad? ¿Eres capaz de revitalizar tu ética del asombro escuchando a la tierra? ¿Puedes repetir aquello que importa hasta que se convierta en una canción?

Todo esto forma parte del esfuerzo de ser. Todo esto es una invitación a mantener una relación más cercana con la vida. Todo esto está aguardando en el desarrollo cotidiano de nuestra experiencia. Todo esto habita en la apertura de nuestros ojos, en la apertura de nuestra respiración, en la apertura de nuestro corazón. Aguarda en cada cosa que vemos, cada vez que respiramos, en cada sentimiento.

A continuación nos preguntaremos sobre nuestra amistad con la experiencia, que alberga la sabiduría de la vida en el mundo. Ése es el esfuerzo de ser humanos.

El esfuerzo de ser humanos

He perdido a tantos, he perdido tanto, y cada vez ha sido una separación, un desasimiento, como cuando un río hace que se desprendan de la orilla terrones de arcilla de la tierra que lo encauza. Del mismo modo, el río de la experiencia horada cada vez más profundamente ese pequeño contenedor que es nuestra vida.

En la mitología japonesa la grulla se vuelve inmortal a la edad de dos mil años, cuando deja de ser grulla. Y la tortuga se vuelve inmortal a los diez mil, cuando empieza a ser una ola. Así que tal vez el propósito de la experiencia sea acabar despojándonos de nuestros nombres. Tal vez, más allá de todas las diferencias que podamos imaginar, todos los caminos espirituales sean uno, todas las filosofías sean una y todas las pasiones y las ocupaciones sean una. Tal vez todas nuestras ambiciones y nuestros anhelos sean como diferentes copas que van goteando el líquido que contienen en un mismo pozo situado en el centro. Y que cada nombre —cada elogio y cada culpa— sea una de esas copas, que contienen todas la misma agua dulce. Tal vez no importe qué es lo que nos lleva y nos aleja de ese pozo sino sólo lo que bebemos. ¿Es posible que la experiencia sea para los humanos lo que la erosión es para los elementos? ¿Y si el propósito de la experiencia de toda una vida es llevarnos hasta lo que importa y después alejarnos de ello hasta que pasemos a ser parte del agua dulce que beberá la siguiente generación? Si todo eso es así, ¿cuál es entonces el esfuerzo de ser humanos? No existe una respuesta tangible, del mismo modo que tampoco podemos preguntar al fuego por qué quema. Pero al igual que una grulla que vuela sin cesar hasta que sus alas desaparecen o que una tortuga que nada majestuosamente hasta que se desvanece su concha, nosotros podemos vivir nuestro camino hacia el conocimiento.

Cómo aprendemos

El gran maestro budista Pema Chödrön cuenta la siguiente historia[1]: «Durante las enseñanzas conocidas como *El sutra del corazón* Buda no pronunció en realidad ni una palabra. Entró en un estado de meditación profunda y dejó que hablara el *bodhisattva* de la compasión, Avalokiteshvara. Este valeroso guerrero, también conocido como Kuan-yin, expresó su experiencia del *prajñā-pā-ramitā* (la perfección de la sabiduría)[2] en representación de Buda. Su conocimiento no estaba basado en el intelecto, sino que le llegó por medio de la práctica de escuchar profundamente. Entonces, uno de los principales discípulos de Buda, un monje llamado Shariputra, empezó a cuestionar a Avalokiteshvara. Inspirado por el cuestionamiento de Shariputra, Avalokiteshvara prosiguió. Cuando el gran *bodhisattva* concluyó sus enseñanzas, Buda salió de su meditación y dijo: "¡Bien, bien! ¡Lo has expresado a la perfección!"».

El cómo de esta historia —cómo se relaciona cada persona con la totalidad de la vida y con los demás— es un *kõ-an* sobre la educación y la búsqueda de la verdad, sobre cómo aprendemos y cómo enseñamos, sobre la relación sagrada entre maestro y alumno y lo delicado que resulta saber en cada momento quién es el maestro y quién el alumno.

Al principio Buda se sumió en una meditación profunda para experimentar la corriente interna de la vida. En ese caso la inmersión y la absorción en silencio son los principales medios de aprendizaje y la presencia es el principal medio de enseñanza. Luego Avalokiteshvara también se sumerge en el espacio vital que se extiende entre él y Buda, donde rescata lo que puede de todo lo susceptible de ser expresado y lo descifra hasta convertirlo en lenguaje oral comprensible para los vivos. Esto nos sugiere la existencia de una forma devota de traducción como medio principal para aprender y enseñar. Por último, el monje Shariputra no imita a Buda, que es santo, ni obedece ciegamente a Avalokiteshvara, que es compasivo. De una manera más profunda, lo que hace Shariputra es recibir lo que puede y confrontarlo por medio de sus preguntas hasta que es capaz de asimilarlo de forma más personal.

Me gusta pensar que cuando Buda sale de su meditación y exclama «¡Bien, bien! ¡Lo has expresado a la perfección!», se está refiriendo a Avalokiteshvara y a Shariputra y al intercambio sincero entre ambos que aparta la piedra a un lado para que la semilla recuperada por Buda pueda ser plantada.

Se insinúa que ese aprendizaje fluye en todas direcciones: el cuestionamiento respetuoso de Shariputra inspira al compasivo y el profundo intento de traducir la presencia de la verdad inspira al santo, cuya honda meditación inspiró a todos en primer lugar. Aquí están presentes todas las formas de educación duradera: escuchar en silencio al Origen, escuchar con el corazón a aquellos que experimentan ese Origen y traducir esa presencia en forma de lenguaje provisto de significado, escuchar las enseñanzas, no importa quién o qué las transmita, y difundirlas al mundo a través de un cuestionamiento profundo y un diálogo sincero.

En esencia, la parábola de cómo aparece el *sutra* del corazón sugiere que el silencio, la conversación y el cuestionamiento profundos nos conducen a una profundidad del corazón que existe más allá de la ilusión. Cada uno de nosotros llevamos dentro un «escuchador profundo» o un Buda, un «hablador profundo» o un Avalokiteshvara y un «cuestionador profundo» o Shariputra, y vivir más allá de la ilusión, en la maravillosa y mundana naturaleza de las cosas tal como son, se convierte en nuestra práctica cotidiana a través de escuchar, traducir y cuestionar nuestra experiencia.

Todos vamos experimentando unas veces, otras traduciendo y algunas más cuestionando. Incluso intercambiamos estos papeles en nuestras propias vidas. Así es como el espíritu incrementa su presencia en el mundo, momento tras momento e intercambio tras intercambio.

Una pausa para la reflexión
Preguntas para el diario

- ¿Qué parte de ti —la que escucha, la que habla o la que cuestiona profundamente— es la más experimentada y cuál de ellas requiere más tu atención? Si cada una es un maestro, ¿qué te han enseñado?

Escuchar profundamente

¿Cómo escuchar profundamente? Escuchando al Origen a través de la inmersión, la absorción y la presencia. Del modo en que Beethoven escuchó en el silencio supremo de su sordera hasta que brotó como una cascada la música de las esferas en forma de la *Novena sinfonía*. Del modo en que Einstein mantuvo las cosas en movimiento durante el tiempo suficiente para oír los susurros de la relatividad. Del modo en que el clarividente escucha las corrientes que discurren entre los vivos y los muertos, sin saber muy bien las señales que recibe. Del modo en que un corazón es capaz de sentir el dolor de otro que está al otro lado del mundo, sin saber bien a qué responde esa tristeza. Del modo en que supe que mi abuela de 94 años estaba esperando a que acudiera a su lado para poder morirse.

¿Cómo practicar este escuchar profundo? Siempre podemos empezar por dejarnos hundir en la profundidad del momento en el que nos encontramos, pues la profundidad es omnipresente. No nos hace falta viajar para encontrar profundidad. Sólo tenemos que relajar nuestra mente en el terreno en el que nos encontremos, del modo en el que las raíces se desenredan en la tierra después de una larga y anegadora lluvia.

Una pausa para la reflexión
Una meditación

- Te invito a adentrarte en algún espacio que te atraiga, un bosque o un campo abierto, a caminar por la orilla de un río o a subir a un monte.
- Una vez en ese espacio, reduce el ritmo de tu respiración hasta que todo tu ser sea un gran oído.
- Deja que al inhalar asimiles todo lo que oigas.
- Percibe lo que te rodea y lo que te toca, aunque eso desafíe al sentido del oído.
- Si puedes, haz que tu inhalación sea un gran acto de escucha.
- Que tu exhalación sea una manera de devolver al espacio lo que has oído.
- Cuando te encuentres con otros, durante los días venideros, trata de emitir lo que has oído sin emplear palabras. Ya habrá tiempo para hablar.

Hablar profundamente

¿Cómo hablar profundamente? Escuchando con el corazón al Origen, sin importar qué o quién lo transmita, y traduciendo esa presencia en forma de lenguaje dotado de sentido. Hay ejemplos míticos de esto, como el de Moisés cuando bajó del monte Sinaí y su hermano Aarón tradujo los balbuceos del profeta a los demás en el desierto. O el de Jesús cuando contó sus parábolas a los que escribirían después los Evangelios. O el de Sócrates, que nunca escribió nada aunque su alumno Platón logró captar y elaborar la sabiduría de su maestro. O el del místico Rumi, que giraba sin parar para escuchar más allá de los prejuicios de su mente mientras los que lo amaban iban anotando sus poemas. Éstos son todos arquetipos de gran magnitud del viaje humano.

De un modo más discreto, todos nos vemos alguna vez abocados a subir la montaña. O somos tentados en el desierto. O nos cuestionamos las promesas ciegas de la sociedad en la que hemos nacido. O, dando vueltas sin parar, tratamos de librarnos de nuestros prejuicios para ver la vida con ojos nuevos.

En nuestra vida diaria puede consistir en algo tan simple y profundo como escuchar una pieza para piano de manera tan absoluta que te permite hablar desde un lugar interior que ha permanecido enterrado en ti desde que eras un niño y te enfrentabas solo a la maravilla. Esto me ocurrió a mí cuando empecé a hablar de Dios como algo más grande de lo que era capaz de comprender. Puede surgir después de haber sobrevivido a una enfermedad grave, cuando regresas de nuevo a la vida y ya no eres capaz de fingir que las expectativas y los prejuicios importan. O puede que las palabras te broten repentinamente de la boca como un enjambre de abejas embriagadas por el néctar que liban. Y algunos de quienes tengas cerca huirán pensando que les van a picar, mientras que otros se quedarán ahí pensando que les están dando algo increíblemente dulce.

¿Cómo practicar este hablar profundo? Lo primero que hay que hacer es aceptar lo que oyes y trabajar sobre ello. De ese modo filtramos lo que oímos, por medio de creer que limitamos aquello que asimilamos, hasta que nos queda sólo lo familiar. Esto limita nuestra comprensión de las cosas tal como son. Puedo oír un trueno y no ser ese trueno, del mismo modo que puedo oír el dolor y no ser ese dolor. Y puedo oír el conflicto y no creer en ese conflicto. Hablar profundamente tiene algo que ver con dejar que las cosas atraviesen nuestro corazón tal como son, del mismo modo en que se presiona la tinta a través de una seda para estampar un diseño duradero que podamos llevar puesto en la ropa.

Una pausa para la reflexión
Preguntas para la sobremesa

Para plantearlas en la sobremesa con amigos y seres queridos. Trata de escuchar las respuestas de los demás antes de debatir:

- Te invito a que, durante la próxima semana, te detengas y escuches sin prejuicios a otra persona, a que escuches sus palabras, lo que hay más allá de ellas, el espacio que las rodea y la presencia que sientes cuando ya no están. ¿Puedes escuchar el silencio que se extiende más allá de su presencia?
- No hables de esto que has escuchado durante unos días. Deja que infusione en ti como el té verde.
- Una vez infusionados el significado y la presencia de esas palabras, siéntate con alguien a quien quieras, un amigo, y transmítele lo que has obtenido. ¿Qué puede enseñarte ese experimento?

Cuestionar profundamente

¿Cómo cuestionar profundamente? Escuchando lo que se nos ofrece y haciendo que broten a la superficie su significado y su utilidad a través del cuestionamiento profundo y el diálogo sincero. Del modo en que Audubon cuestionó el vuelo de las aves a través de sus interminables dibujos. Del modo en que Gandhi cuestionó la autoridad de un siglo caminando descalzo hasta el mar. Del modo en que la sirvienta Janabai se convirtió en una gran maestra y poetisa mientras molía trigo en Pandharpur en el siglo XIII. Del modo en que los grandes sanadores afinan el braille del cuerpo con sus dedos. Del modo en que el hijo pequeño de mi amigo quiere saber por qué los colores de las hojas caídas no se mezclan unos con otros cuando están esparcidas por el suelo. Del modo en que ese mismo niño, cuando sea adolescente, me preguntará lo mismo acerca de todos nuestros sentimientos. Del modo en que la anciana que sobrevivió a la guerra escucha a quienes fueron en su busca y al llegar la noche suspira y arguye: «Lo que dices es cierto, pero todo problema quiere sacar lo mejor de ustedes y darlo al mundo».

¿Cómo practicar este cuestionamiento profundo? Consideremos un cuestionamiento profundo como una puerta que se abre entre nosotros y lo que experimentamos, no como una manera velada de criticar o de desbaratar las cosas, o como una estrategia para ganar algo de tiempo hasta que logremos aclararnos. ¿Qué podemos preguntar que nos abra esa puerta? ¿Qué podemos preguntar que nos permita entrar en lo que se nos ha abierto? Un indicio de que se trata de una buena pregunta es que quien la plantea está más vivo después de haber preguntado.

Una pausa para la reflexión
Preguntas para el diario

• Te invito a escuchar con el corazón hasta que admitas tener una pregunta que llevas en tu interior. Llama a esa pregunta, como si fuera una puerta en tu vida, hasta que se abra. ¿De qué manera puedes usar tu sinceridad para que se abra más aún? ¿Qué se siente al entrar por esa puerta? ¿A qué te abre?

Parte del misterio de la Unicidad reside en que, como el sol, su luz está en todas partes y sin embargo debemos crecer hacia esa Unicidad para conocer su luz. Para abrir nuestra experiencia debemos dar vida a ese que escucha, habla y cuestiona profundamente que llevamos dentro. Éstas son habilidades tan esenciales como despertar, respirar y comer.

Una pausa para la reflexión
Una meditación

• Espera una semana y vuelve a contar la historia de cómo surgió el *sutra* del corazón a alguien a quien quieras.

RECUPERAR LA CONFIANZA

Ayúdame a resistir el impulso
de cuestionar si las cosas
son verdaderas o falsas,
que es lo mismo
que discutir si
es de día o es de noche.
Siempre es
una cosa o la otra
en algún lugar del mundo.
Juntos podemos adentrarnos
en una verdad más elevada que,
como el sol, siempre
se está transmitiendo.

Este poema se me ocurrió durante una época confusa en la que dejé de lado a Dios como fuerza directriz y empecé a descubrirlo, bajo nombres diversos, como la atmósfera en la que todos vivimos. Mi incapacidad de ver con claridad me llevó más allá de mis opiniones encontradas, hasta el mar que alberga todos los pensamientos. Durante esa época me llegó este poema una mañana en forma de susurro. Me ha ayudado enormemente. Al llevarlo conmigo, recitarlo y darle vueltas, he descubierto que perder la confianza tiene que ver con ser arrastrado a escuchar superficialmente, lo que me lleva a pensamientos dualistas, mientras que recuperar la confianza tiene que ver con resistirme a ser arrastrado hasta que logro escuchar más profundamente el camino que me lleva al reino donde las cosas se unen para formar parte de una Unicidad viviente.

Esto me condujo a interesarme más por la palabra «confianza». La raíz indoeuropea de confianza es *bheid*, que significa fiarse y acatar, y que proviene del alemán *bīdan*, esperar confiadamente. La palabra «recuperar» significa devolver la vida a algo. Recuperar la confianza, así pues, tiene algo que ver con devolver la vida a nuestra confianza. Eso supone que perderemos nuestra confianza y, por tanto, tendremos que aprender a poner en práctica esa recuperación. Eso supone que derivar hacia la confusión y retomar el rumbo hacia una claridad adecuada constituyen parte de nuestro crecimiento, parte de nuestra encarnación como seres humanos: gloriosa, dolorosa, misteriosa, frustrante e inevitable.

La práctica del no saber

«Las más hondas palabras
del sabio nos enseñan
lo mismo que el silbar del viento cuando sopla,
o el sonar de las aguas cuando ruedan».
Antonio Machado[3]

Devolver la vida a nuestra confianza exige la forma más profunda de escuchar. Yo estoy todavía aprendiendo a escuchar de ese modo. A pesar de mis sesenta años sigue haciéndoseme difícil, como si los maestros más importantes susurraran tras el viento para asegurarse de que nos entregamos del todo con el fin de descubrir sus secretos. Dos de esos maestros son el no saber y la paradoja. Básicamente he aprendido que el verdadero conocimiento que puede ayudarnos aguarda al otro lado de nuestra capacidad para sostener dos cosas a la vez que sean verdad. Un aspecto del verdadero conocimiento al que llegué a través de mi experiencia con el cáncer es la paradoja de que para vivir hemos de morir. Todavía sigo tratando de entender el significado de esto en el día a día.

Pero hablemos un poco de la paradoja. Mientras que el conflicto es la tensión creada entre dos opciones mutuamente excluyentes (no puedes estar en dos sitios al mismo tiempo), la paradoja es la tensión de dos cosas en apariencia opuestas que hemos de tolerar hasta que logramos ir más allá de la ilusión de su disparidad y llegamos a la verdad viviente de que se complementan la una a la otra (en nuestro corazón sí que podemos estar en dos sitios al mismo tiempo).

La palabra «paradoja» significa idea opuesta o extraña a la opinión; viene del griego *para* (fuera de) y *doxa* (opinión). Ese significado de «más allá de la opinión» lo entiendo como algo más que simplemente «increíble», más bien como algo que está más allá de nuestra comprensión de las cosas[4]. Esto no es sólo información abstracta. Afrontar la paradoja resulta crucial porque sin el valor y la paciencia necesarios para escuchar más allá de la superficie de las cosas —sin la capacidad de esperar confiadamente— nunca pasaremos la prueba exigida para penetrar profundamente en la vida. De este modo, el cáncer me arrastró más allá de la creencia, más allá de mi comprensión de las cosas, por el doloroso y liberador camino del morir para vivir en plenitud.

Una pausa para la reflexión
Preguntas para el diario

• Relata una historia sobre cómo algún aspecto de ti ha ido alejándose hasta desaparecer y qué nueva forma del ser lo ha reemplazado.

Parece que nuestra capacidad de soportar la tensión de los opuestos es clave para penetrar en la paradoja y para ello es esencial que nos sintamos cómodos en el espacio del no saber. Es comprensible que muchos nos encontremos incómodos cuando las cosas no están definidas, cuando las cosas no son claramente de una manera o de otra, cuando no son blanco o negro, arriba o abajo, verdad o mentira. Pero siempre cuesta tiempo que las verdades más profundas nos lleguen y es tarea nuestra aplicarnos a la práctica de esperar abiertamente, lo que implica soportar las tensiones del no saber. Esto exige un esfuerzo esencial y constante para no dar nombre o definir prematuramente aquello que encontramos en la vida. Las verdades que importan requieren que no nos formemos una opinión o una creencia de manera apresurada. Más bien al contrario, nos piden que dejemos que el tiempo nos rodee con la plenitud de la vida, que nos tomemos el tiempo necesario para que la paradoja de la verdad salga a la luz.

Todas las tradiciones confirman que la paradoja no es el final sino el principio. Es el umbral de la transformación. Cuando logramos adentrarnos en el reino en el que todas las cosas son ciertas y permanecer en él, por brevemente que sea, nos sumimos en esa verdad más elevada en la que siempre es de día o de noche en alguna parte del mundo. Mi propia experiencia ha hecho que me dé cuenta de que no basta con ver la paradoja: en cierto modo tenemos que habitar en ella e incluso abrazarla. Pese a mis esfuerzos por resistirme a ese no saber, he acabado por rendirme de manera alarmante aunque definitivamente hermosa a la experiencia de la paradoja. Y entablar una relación con la paradoja es lo que nos conduce a la transformación.

Así que ¿por dónde empezamos? Parece ser que la práctica del no saber empieza por tener confianza en el espacio innombrable que nos alberga, en la misteriosa atmósfera en la que todos habitamos. Ése parece ser el verdadero espacio de la escucha y el aprendizaje, donde nuestras breves experiencias de la vida en su totalidad, ya sean arduas o plácidas, no encajarán en nuestros pequeños y ordenados mapas de la percepción. Hasta que tuve cáncer, hasta que me encontré a la muerte de cerca, había pensado, de manera muy típica, que la vida y la muerte eran dos continentes distintos y que uno conducía al otro. Pero estar al borde de la muerte me llevó más allá de estas distinciones, más allá del mapa de los nombres. Y en esa marea de experiencia pura e innombrable la vida y la muerte se mezclaron de manera indiferenciable, complementándose mutuamente. Tras haber sido escupido de nuevo a la vida diaria, como Jonás al salir de la boca de la ballena, ¿cómo puedo ahora regresar al mapa que me habían dado y en el que se asume que son cosas distintas?

Después de todo este periplo no puedo sino afirmar que esta confianza en el no saber siempre ha sido esencial. Pero

¿dónde podemos educarnos en eso? ¿Dónde nos enseñan a soportar el oleaje y la resaca de la ambigüedad y la confusión hasta lograr navegar por las majestuosas aguas que sabios y poetas de todas las tradiciones han llamado la unidad de la vida?

Una pausa para la reflexión
Una meditación

• Siéntate en un sitio cómodo donde te sientas seguro.
• Inspira a fondo y olvida por el momento de dónde vienes.
• Exhala todo el aire y olvida por ahora lo que te espera cuando termines esta meditación.
• Sigue cualquier luz que tengas cerca y recuerda que no saber no siempre conduce al miedo.
• Da las gracias por la luz que tienes delante.
• Respira a tu ritmo y trata de no definir o dar nombre a lo que tienes delante.
• Respira despacio y practica el no saber mediante la recepción de las muchas verdades que existen a la vez, del mismo modo en que un desagüe recibe el agua que le llega de cualquier dirección.
• Cuando te levantes, deja tus opiniones en la luz.
• Regresa a tu momento con el compromiso de profundizar en tu confianza en la vida.

Preguntas para la sobremesa

Para plantearlas en la sobremesa con amigos y seres queridos. Trata de escuchar las respuestas de los demás antes de debatir:
• Comenta alguna situación que hayas vivido en la que la verdad implicara más puntos de vista que el tuyo. ¿Cómo crees que ocurrió eso?

Panales y cuerdas de pensamiento

«Mi cuerpo necesita fortaleza para que pueda oír las cuerdas de mi pensamiento», dijo el Abuelo Mantis mientras devoraba panales de miel[5].

Esta declaración está extraída de un cuento sudafricano en el que el Abuelo Mantis necesita oír las cuerdas de su pensamiento para averiguar cómo mantener en el cielo al sol, que se hace viejo. Esta anécdota encierra toda una filosofía de la vida y una descripción de cómo una forma de vida renueva a otra en esa cadena mística del ser que hace que el mundo gire. Honrar estas conexiones puede renovarnos cuando nos sintamos demasiado cansados para continuar.

El relato trata de que los animales empiezan a echar de menos el calor del sol y descubren que el sol está envejeciendo y se está cansando de hacer su recorrido diario por el cielo. Acuden al Abuelo Mantis para hallar una solución, ya que él posee el don de la supervivencia. Pero el Abuelo Mantis se da cuenta de que para pensar con claridad su cuerpo necesita fortaleza y que para obtenerla necesita alimentarse. De modo que se quita la sandalia y la arroja contra el suelo, con lo que la sandalia se convierte en un perro que sale corriendo a buscar panales de miel para que el Abuelo Mantis se alimente. Comer los panales fortalece su cuerpo, lo que le permite oír sus cuerdas de pensamiento.

El hecho de que los pensamientos acudan a él en forma de cuerdas de pensamiento significa que las ideas le van viniendo en lugar de que él las cree. El Abuelo Mantis, ya recuperado y fuerte, escucha; y después manda a todas las criaturas a que levanten el sol al amanecer, justo antes de que se despierte, y que le den impulso hasta lanzarlo de nuevo a la corriente que hay en lo más alto del cielo. Los animales lo hacen y, una vez arriba, la elevada corriente arrastra al sol con menos esfuerzo por todo el cielo y de ese modo su calor vuelve a alcanzar a todos.

La moraleja inmediata de esta fábula sobre la fuerza vital menguante reside en que cada parte de la vida afecta a cada una de las demás y que cada parte desempeña su papel a la hora de mantener a las demás en buen estado y funcionando. El secreto que subyace aquí parece ser la comprensión de que nada vivo es autor único de su vitalidad, que la fuerza vital fluye de una cosa viva a otra. De modo que, cuando nos sintamos cansados y mustios, lo primero que podemos hacer es buscar por dónde se han descoyuntado nuestros puntos de conexión con la vida. No es muy distinto de comprobar si el enchufe está bien introducido en la pared cuando una lámpara empieza a fallar.

Una pausa para la reflexión
Preguntas para el diario

- Describe las dos últimas veces que estuviste cansado y mustio. Averigua si las cosas que te dejaron tan cansado tienen algo en común. ¿Qué fue lo que logró que te recuperaras en cada ocasión?
- Averigua si las cosas que te restablecieron tienen algo en común. ¿Cómo llamarías y describirías a la fuente de tu energía y vitalidad y qué haces para conectar con ella?

La fábula nos descubre y nos hace comprender algunos hechos fundamentales en relación con qué nos alimenta, cómo pensamos y cómo logramos permanecer calientes e iluminados. Para poder pensar con claridad el Abuelo Mantis come panales de miel. La miel es el dulce y espeso producto que las abejas obtienen del néctar de las flores. Miles de abejas de un mismo enjambre recolectan el néctar de las miles de flores que brotan en primavera y llevan ese néctar a la colmena, en cuyo interior lo convierten en miel. En el centro de la colmena almacenan la miel que han elaborado en un panal de paredes sorprendentemente delgadas que han fabricado con cera. El panal es también donde se incuban las larvas de las abejas que nacerán en el futuro.

Así pues, cuando el Abuelo Mantis necesita comer panales de miel para fortalecer su cuerpo, lo que hace es comerse el proceso entero. Se come las flores que brotan de la tierra tras el invierno y el néctar que se forma en las corolas de cada una de esas flores. Se está comiendo la búsqueda de miles de abejas que van tras el aroma del néctar y su regreso con éste al centro de la colmena. Se está comiendo la misteriosa manera que tienen de convertir el néctar en miel y su industriosa manera de convertir la cera en un panal. Se rinde al hecho de que, para estar fuerte y tener la mente clara, debemos interiorizar el infinito camino que recorre la variedad de la vida, donde ésta se reúne y donde logra elaborar una materia espesa y dulce.

Es la fuerza obtenida por asimilar todo eso en su conjunto lo que permite al Abuelo Mantis oír sus cuerdas de pensamiento. Como el arpa eólica griega que se colocaba en la cima de una montaña para que sonara la música al pasar el viento a través de sus cuerdas, este cuento sudafricano nos sugiere que la mente no origina en realidad los pensamientos, sino que nos ponemos en disposición de recibir el efecto de fuerzas mayores que tocan las cuerdas de nuestra mente. Como hace el Abuelo Mantis, es tarea nuestra escuchar las ideas y las revelaciones que se puntean en las cuerdas de nuestro pensamiento.

En este cuento se insinúa un modo de vida que implica aceptar cómo funciona el mundo con el fin de tener la fortaleza necesaria para oír cómo las fuerzas de la vida puntean las cuerdas de nuestro pensamiento y hacen sonar la música en nuestras mentes. ¿Y todo eso con qué propósito? Nada menos que para mantener el curso del sol en el cielo. Necesitamos de todo y de todos para que lo existente siga su curso. Ayudándonos unos a otros podemos volver a sumirnos en las corrientes más poderosas de la vida y ser arrastrados por éstas. Así es como las partes mantienen entero al universo y como todo en su conjunto hace que las partes sigan siendo vitales.

Que todo esto esté englobado en esas dos líneas de un cuento sudafricano resulta a la vez sorprendente y edificante. Sugiere que aquello que alimenta, que nos fortalece y nos calienta no procede de nosotros, sino que pasa a través de nosotros. La manera en que vivimos nuestra vida evoluciona de modo muy diferente si aceptamos esta premisa. Todo esto repercute en cómo escuchamos, amamos y vivimos.

Claro que en nuestra vida cotidiana las cosas no son tan sencillas. A diferencia de lo que le ocurre al Abuelo Mantis, no podemos dejar que sea otro quien se enfrente a todos los procesos de la vida y limitarnos a disfrutar del resultado. Hemos de experimentar nosotros mismos esos procesos. ¡Eso es lo que en realidad significa comerse los panales de miel! Y si es así como funciona el mundo, entonces escuchar es más cuestión de dejar que las cosas entren y se combinen que clasificarlas y analizarlas. Y amar es más un tema de convertirse en conductor que en espejo. Y vivir tiene más que ver con mantener las cosas conectadas que con ahuyentar a la vida a base de voluntad.

Teniendo esto en cuenta, la historia nos revela una serie de preguntas para la reflexión: ¿hemos soportado y afrontado nuestro dolor?, ¿hemos ablandado ese dolor hasta convertirlo en un néctar en nuestro corazón?, ¿lo hemos ofrecido?, ¿lo hemos compartido con otros o nos lo hemos reservado para nosotros?, ¿hemos convertido lo que se nos ha dado a través de la amistad y el amor en miel?, ¿hemos transformado nuestra experiencia en un panal que aloje el fruto dulce que hemos destilado?, ¿nos hemos comido el fruto obtenido o nos hemos limitado a contemplarlo?, ¿hemos empleado la fuerza obtenida de todo esto para ponernos al alcance del contacto de las fuerzas mayores?, ¿logramos oír aquello que se desliza atravesando las cuerdas de nuestro pensamiento?, ¿hemos interpretado bien esa música?

No son tareas sencillas. No es de extrañar que nos necesitemos unos a otros para conseguir todo eso. De modo que, si les parece, puede que acuda a ustedes cuando me encuentre atorado o avance a trompicones para ver si me he quedado tercamente en la idea de que somos los únicos autores de aquello que necesitamos. Si les parece, podemos arrojar las sandalias al suelo hasta que se conviertan en perros que nos vayan a buscar la dulzura que hemos extraviado. Si les parece, podemos ayudarnos unos a otros con el fin de volver a poner el sol en lo alto del cielo.

Una pausa para la reflexión
Una meditación

- Pon un poco de miel en un plato y siéntate al sol si es posible.
- Respira a fondo y concéntrate.
- Inspira despacio y recuerda que cuando el Abuelo Mantis se come la miel del panal está asimilando todo aquello que creó ese panal.
- Espira completamente y úntate un poco de miel en un dedo.
- Cierra los ojos y cómete la miel del dedo.
- Mientras degustas la miel, recuerda que la palabra «sabio» viene de «sabor».
- Mientras saboreas la miel, sé consciente de que estás ingiriendo el néctar que se formó en el corazón de cada flor.
- Mientras el sabor dulce inunda tu boca, sé consciente de que estás ingiriendo la búsqueda de miles de abejas que fueron tras el aroma del néctar y lo transportaron al interior de su colmena.
- Inspira a fondo y sé consciente de que estás asimilando el misterioso modo en que ese néctar se transforma en miel.
- Abre los ojos y sé consciente de que llevas contigo una dulzura intemporal.
- Cuando regreses a tu momento, prepárate para besar dulcemente a alguien o algo que encuentres en tu camino.

Preguntas para el diario

- Cuenta la historia de una experiencia dolorosa que hayas convertido en miel y cómo esa dulzura, una vez ingerida, te condujo a encontrar más luz.

Preguntas para la sobremesa

Para plantearlas en la sobremesa con amigos y seres queridos. Trata de escuchar las respuestas de los demás antes de debatir:

• Cuenta la historia del Abuelo Mantis a algún niño que tengas cerca y, sin interpretarla de ninguna manera, pídele a tu joven amigo que te la cuente luego a ti.
• Relata la historia de alguna idea o revelación que hayas tenido y que te haya sido útil pero que la hayas descubierto más que haberla originado. ¿Cómo apareció esa idea en tu vida?

REGRESAR AL FUEGO

Que los dones zurzan o rasguen la red,
que lo que tiene que unirse o separarse
se una o se separe. Que los milagros,
incluso los que no queremos o no vemos, ocurran.

Cuando tenía nueve años Lesia sufrió graves quemaduras[6] en un incendio provocado por una explosión de gas. El pavor traumático que sintió hacia el fuego llegó a dominar su vida. Si alguien dejaba una hornilla de la cocina encendida a la hora de comer, empezaba a sudar. Más de treinta años después se levantó un día con la idea de que debía regresar al fuego para sustituir ese espantoso momento que le cambió la vida por otro.

Se puso de acuerdo con los bomberos y le prepararon un incendio controlado. Se puso un traje ignífugo, se adentró caminando entre las llamas y se quedó allí, al principio alarmada por aquel miedo que hacía tanto tiempo la envolvía. Poco a poco su miedo empezó a fundirse y comenzó a ver a través del intenso calor. El mundo la esperaba más allá de las llamas. Abrió las palmas de las manos y dejó que las altas llamas se le enroscaran en los dedos sin que pudieran quemarla. Cuando salió del fuego, sintió que el muro de fuego se abría y volvía a cerrarse a su paso. Cuando el frescor del aire volvió a rodearla, sintió que su corazón —tan profundamente retraído durante más de treinta años— empezaba a relajarse, incluso a expandirse.

Para Lesia el fuego era real. Para muchos de nosotros el dolor que sentimos es también real, aunque el fuego sea muchas veces una herida o un temor que no deja de quemarnos por dentro. Por eso necesitamos un incendio controlado al que regresar sin resultar lastimados. Es difícil escuchar a la vida, a los demás o a la voz del espíritu cuando todo está ahogado y distorsionado por las constantes llamaradas del dolor o el miedo.

Don y su mujer, ambos de treinta años, iban camino a casa en el coche con una barra de pan y una botella de leche en el asiento trasero. Atardecía en aquel día de otoño. La luz ribeteaba las hojas de los árboles, casi haciéndolas brillar, cuando un camionero que andaba buscando una emisora de música *country* dio un bandazo y trató de frenar pero los embistió de lleno contra el asiento del pasajero. El coche se incendió. Don sufrió graves quemaduras y su mujer murió. Ahora, a los setenta años, Don hace ya mucho tiempo que volvió a casarse y tiene cuatro nietos.

Unos años atrás, iba conduciendo a comprar tomates a una granja cercana y la luz de finales de verano le volvió a traer aquello a la mente: la presencia de su primera mujer, la luz casi milagrosa, el repentino impacto y la explosión. Detuvo el coche y se echó a llorar. Y, por algún motivo, se propuso encontrar a aquel camionero. Le costó un tiempo, pero consiguió dar con él.

Fueron a tomar un café y el viejo camionero no dejaba de retorcer la servilleta. Era obvio que él tampoco se había recuperado de aquello. Al final Don le cogió la mano, la mano con la que retorcía la servilleta, y murmuró: «Te perdono». El viejo camionero se desmoronó y confesó que nunca había vuelto a conducir un camión desde entonces. Salieron a dar una vuelta en el coche de Don. Contemplaron en silencio cómo el sol cubría los campos y sintieron que la corriente de la vida seguía sosteniéndolos y que sus corazones se iban abriendo mutuamente poco a poco. Al terminar de contar la historia Don se queda con la mirada fija. Al poco rato pone fin a su silencio y confiesa: «Tenía que librarlo de la culpa antes de morirme».

Lesia y Don son unos maestros llenos de grandeza y humildad, tanto en lo que tienen que decir como en la manera en que llegaron a ello. ¿Hay algo más valiente o considerado que podamos hacer por nosotros o por el mundo que regresar al fuego y librarnos unos a otros de las culpas antes de morirnos?

Pero cómo

> Se dice que el afán de las almas
> por vivir alcanzará lo más profundo
> de su herida, de donde extraerá el
> fuego que allí arde y que al salir
> al exterior se convierte en luz.
> Se dice que quienes se afanan por
> mejorar las cosas llegarán a lo más hondo
> de sus mentes, de donde extraerán el fuego
> que allí arde y que al salir al exterior
> se convierte en la verdad.
> Se dice que quienes aman como
> la lluvia sofocan cualquier fuego.

Todavía hay fuegos a los que temo regresar y personas con quienes sigo peleando, incapaz de librarlos de la culpa. Por muy importantes que sean estos umbrales, no sé cómo traspasarlos. Es el miedo a sufrir un daño indecible, cada vez peor, lo que está en la raíz de mi incapacidad para restablecer las partes lastimadas de mi alma. Tengo miedo a que cualquier fuego al que deba regresar me devore vivo esta vez y miedo a que tal vez, para poder perdonar, no logre sobrevivir a volver a sentir la agresión original.

Lo cierto es que la vida nos quebrará y nos quemará en algún momento del trayecto. Esto no es ni pesimismo ni cinismo, sino una descripción de la geografía propia de estar vivos. Forma parte de la transformación que sufrimos por el camino. Pero cuando nos quebrantan o nos queman los acontecimientos, nos sentimos traicionados por Dios. Cuando nos quebranta o nos quema la gente, nos sentimos traicionados por otras almas. Para mí el cáncer fue el acontecimiento que me quebró y me quemó y, pese a haberme transformado, sigo temiendo regresar a ese fuego. Y también me he llevado lo mío en cuanto a ser quebrantado o quemado por otros. Son muchas las historias para contarlas todas aquí, pero ha habido promesas rotas, sorprendentes actos de egoísmo, la sustracción de algo amado entre nosotros y el rechazo en público de nuestra cercanía. Sin embargo, habiendo vivido ya lo mío, me he visto yo también traicionando a otros sin quererlo. De modo que, en lo más íntimo de mi corazón, me he ablandado y he dejado que aquellos que me hicieron daño rebroten como la primavera, aunque me dé miedo atravesar la dolorosa tormenta que me supone mirarlos a la cara.

Entonces ¿qué significa para ustedes «regresar al fuego»? ¿Y qué significa «librar de toda culpa a alguien antes de morir»? Ésta es una cuestión tan personal como universal. Y, sin embargo, una paradoja fundamental subraya estos esfuerzos que cada uno de nosotros hemos de hacer, pues aunque regresar al fuego y librar de culpa a alguien parezcan destinos, lugares hacia los que hay que avanzar para encontrar soluciones, en su fuero interno son más como formas de ejercitar el alma capaces de abrir camino al espíritu para que podamos respirar con más facilidad.

Así que no tenemos manera de saber cómo es el destino, qué se sentirá allí ni cuándo sentiremos tal resolución. Como en una meditación en la que nos liberamos de absolutamente todo, podemos centrarnos deliberadamente en ese propósito cuando nos topamos por el camino con un momento de desnudez que lo cambie todo. De modo que, aunque haya algún fuego concreto al que tengamos que regresar, podemos entrar en él, como hizo Lesia. Y aunque pueda haber alguien concreto a quien tengamos que librar de culpa, podemos hablar con esa persona, como hizo Don, o no. Siempre nos será posible lograr una sensación de plenitud, ya que la gracia sigue esa misteriosa lógica suya que nos roza sin dejarse ver.

Una pausa para la reflexión
Preguntas para el diario

Estas preguntas dan que pensar, así que tómate tu tiempo y afróntalas cuando estés preparado. Decide cuál de los dos grupos de preguntas te apetece hacerte primero y reserva el otro para otro momento del año próximo:
- ¿Qué significa «regresar al fuego»?
- Cuenta la historia de alguien a quien admires y cómo esa persona regresó al fuego.
- Describe algún fuego al que tengas que regresar.
- ¿Qué significa «librar de culpa a alguien antes de morir»?
- Cuenta la historia de alguien a quien admires y cómo esa persona libró de culpa a alguien antes de que ambos murieran.
- Nombra a alguien a quien tengas que librar de culpa antes de morirte.

E daí? ¿Y luego?

Aunque el misterio tolera nuestra planificación, está esperando que nos adentremos en él. Muchas veces planificar es un modo de adivinar qué hace que nos sintamos mejor cuando nos sumimos en lo desconocido. Lo cierto es que siempre ayuda ver qué es lo que tenemos delante, alrededor y en nuestro interior. Pero el miedo nos hace componer con esta información una imagen de lo que sucederá que a menudo acaba convirtiéndose en una expectativa. Y las expectativas tienden a hacer que nos sintamos mejor cuando nos encaminamos hacia ellas y no tanto cuando nos topamos con lo que de verdad va sucediendo a medida que avanzamos en su dirección. Así que tal vez lo único que podamos hacer es mirar alrededor y dar el siguiente paso.

Estando en Brasil, mi amigo David se tropezó con la expresión portuguesa «*E daí?*», que significa «¿Y luego?». Sea cual sea la historia o la penuria que uno cuente, es costumbre arraigada que el interlocutor le pregunte a uno al cabo de un rato: «*E daí?*», con un tono como diciendo: ¿y qué?, ¿y luego qué? Literalmente, «e» es «y» y «daí» significa «desde ahí, a partir de ahí», algo como: ¿qué hay después de eso?, o ¿cuál es el siguiente paso?

La frase «*E daí?*» implica tres significados sucesivos, que son muchas veces lo que te pregunta el interlocutor: Primero, he escuchado lo que la vida te ha dado. *E daí? ¿Y* qué? ¿Qué importancia tiene eso? Segundo, veo dónde te encuentras. *E daí?* Entonces, a partir de ahí, ¿qué es lo que tienes delante? ¿Qué hay más allá de donde estás ahora? Y tercero, *e daí? ¿Y* ahora qué? ¿Cuál es tu siguiente paso?

De un modo sumamente práctico, esta costumbre nos invita a ubicarnos en cualquier situación dada de dentro hacia fuera y partiendo del mayor marco de referencia posible para llegar a la circunstancia más inmediata. Antes de reaccionar en exceso o de manera prematura a cualquier situación en la que nos hallemos conviene preguntarse: *E daí?* ¿Qué supone esto en el viaje de una vida durante su paso por el mundo si se compara con el ingente viaje que toda la vida recorre a lo largo de todo el tiempo? Ese planteamiento determinará si contestamos o de qué modo lo hacemos. Una vez localizado el acontecimiento en su marco general, ayuda detenerse en la situación concreta y preguntarse: *E daí?* ¿Qué tenemos ante nosotros? ¿Soportará el terreno que tenemos delante nuestro peso? ¿Deberíamos retroceder? ¿Deberíamos esquivar esa situación? ¿O deberíamos mantenernos firmes donde estamos? Tanto el contexto general como el particular nos ayudan a preguntarnos y a saber *E daí?* ¿Cuál es nuestro siguiente paso?

En muchas ocasiones no es una cuestión urgente. En muchos casos tenemos tiempo para afrontar este inventario situacional, que con la práctica se convierte en algo tan automático como respirar. Y aquellas raras situaciones en las que debamos actuar con celeridad nos desafían a que confiemos en nuestra intuición, a que nos adentremos en el momento sin dudar. Desde el interior de esos momentos el tiempo muchas veces se ralentiza y se despliega, y se convierte en algo intemporal. Eso es lo que en muchas ocasiones declara la gente que ha atravesado alguna crisis física, que la situación parecía haberse desarrollado en cámara lenta.

Para cada uno de nosotros, regresar al fuego, librarnos mutuamente de las culpas antes de morir y ayudarnos mutuamente a dar el siguiente paso, de manera profunda, son todos ellos actos de amor que exigen coraje y compasión. Son gestos profundos que transforman a quien da y a quien recibe. Pueden cambiar el paisaje de una vida. El gran analista Erich Fromm hablaba del amor de esa magnitud como «el poder activo que atraviesa los muros que separan a un humano de otro... que nos une a unos con otros»[7]. Escuchar con el corazón lo cambiará todo, independientemente de lo que te hayan contado.

Una pausa para la reflexión
Preguntas para la sobremesa

Para explorarlas con algún amigo o ser querido. Uno plantea la pregunta y escucha al otro y, más adelante, se vulven a encontrar y cambian los papeles:

- Describe un puente, un muro, una separación o una frontera que tengas delante.
- Pide a tu compañero que te plantee y te pregunte lo siguiente, dándote tiempo para responder a cada cuestión:
  —He escuchado lo que la vida te ha dado. *E daí?* ¿Qué importa eso? ¿Qué significa eso en el contexto de tu vida entera?

—Veo dónde te encuentras. *E daí?* Entonces, a partir de ahí, ¿qué tienes delante? ¿Qué hay más allá de donde estás ahora? ¿Dónde está el terreno firme? —*E daí?* ¿Y ahora qué? ¿Cuál es tu siguiente paso?

QUÉ OCURRE CUANDO ESCUCHAS DE VERDAD

«Una mente que se ha ensanchado debido a una nueva experiencia nunca podrá volver a sus antiguas dimensiones», Oliver Wendell Holmes.

Es mucho lo que depende de si consideramos inerte o viviente todo aquello que encontramos. Cuando encontramos cosas, si buscamos la vida que albergan, tendemos a escuchar y a recibir. Tendemos a implicarnos y a disfrutar. El modo en que nos movemos por el mundo depende de si vemos todo aquello que nos encontramos como algo autocontenido o bien como algo que contiene toda la vida. Si veo una piedra como un mero objeto que hallo en el camino o como un simple peso que puede serme de utilidad, me veo abocado a un solo plano de la vida que está regido por la resolución de problemas: esta pieza encaja aquí, ésta no, esta pieza me ayudará allí, esta otra me obstaculiza el camino. Aunque con esto puedo ir avanzando, no me abre. Si no siento la manera en que están conectadas las cosas, puedo ir avanzando a ciegas sin llegar jamás a ser tocado por la vida.

Pero si soy capaz de sostener esa piedra con la presencia y la atención suficientes para asimilar su viaje a través de los siglos, el hecho de que no siempre fue sólida, de qué manera se fusionaron sus minerales, cómo soportó el peso y la presión de todos los caballos, autos y carreteras que pasaron por encima de ella, es posible que sienta una conexión más profunda con la tierra que podría ensanchar mi perspectiva más allá de los confines de mi vida como individuo. Uno de los propósitos de escuchar es romper con esa autorreferenciación nuestra.

Si escuchamos más allá de los límites que nos marca nuestra propia silueta, todo aquello que encontramos estará vivo, ya sea una piedra, una libélula, una sinfonía o un melocotón. Y todas las cosas, en su cualidad de vivas, codifican y reflejan a su manera la totalidad de la vida. Cuando logramos escuchar, cada partícula del ser, por muy pequeña que sea, invita a nuestra presencia y a nuestra atención; de ese modo, podemos oír y sentir el universo a través de ellas. Pese a nuestras explicaciones físicas, es eso lo que nos permite oír el océano cuando acercamos una concha marina al oído o a toda la humanidad cuando abrazamos a alguien que tiene el corazón roto. Como escribió el visionario William Blake: «Ver un mundo en un grano de arena... Sostener el infinito en la palma de la mano»[8].

Cuando nos vinculamos con aquello que encontramos, nos hacemos a nosotros mismos más posibles, capaces de crecer a partir de lo que otras cosas ven y sienten. Pero ¿cómo ve y siente una piedra? Bueno, ése es el esfuerzo de abrirse, ¿no es cierto? Descubrir y sumirse en las muchas formas de escuchar, no sólo aquellas que llamamos humanas.

El tiempo ha hecho que acepte que seguramente no podré conocer o absorber la Unicidad de las cosas por mi cuenta. De modo que escuchar se convierte en una asociación mediante la cual escuchamos todo y conversamos con todo. Y esta conversación con todo —sí, de palabras, pero más de presencia y atención— se convierte en la asociación mediante la cual mantenemos todo unido. Así que los invito a sumergirse —mediante las palabras y también más allá de ellas— en esas maneras de escuchar más profundas, frescas y eternas que nos mantienen vivos.

Una pausa para la reflexión
Preguntas para el diario

- Relata una historia que te haya sucedido sobre tropezarte con una parte de la vida que, al darle tu atención, te abriera a un sentido más amplio de ella.

¿Qué te lo pide?

Ser auténticos nos abre. No hay manera de evitarlo. Y al ser auténticos muchas veces nos acercamos a aquello que importa, llegamos incluso a tenerlo en la mano, y con la misma frecuencia lo volvemos a soltar. Esto no ocurre porque seamos obtusos, sino porque es difícil mantener nuestra propia presencia. A menudo no escuchamos o no prestamos atención durante el tiempo suficiente para ser conscientes del secreto que tenemos en las manos. Otras veces nos refugiamos tan deprisa en nuestra costumbre de ver que nos pasan inadvertidos los recursos que nos salen al paso.

Organicé un seminario conjuntamente con la gran narradora Margo McLoughlin en la Columbia Británica. Después de que Margo leyera el cuento popular hindú *Qué ocurre cuando escuchas de verdad* pedimos a nuestros compañeros que escribieran sobre lo que estaban oyendo en aquel momento de su vida. Al cabo de un rato una mujer dijo que empezó por preguntarse «¿Qué me lo impide?», pero que cuando fue a escribirlo lo que acabó poniendo en el papel fue «¿Qué me lo pide?».

A primera vista pareció tratarse de un simple desliz ortográfico, un breve lapsus mental. Lo achacó a una pequeña falta de atención más por su parte. Pero la aparición de «pide» en lugar de «impide» no era sino una respuesta a su pregunta, siempre y cuando lograra mantenerse abierta a la posibilidad de que alguna voz profunda —tal vez su maestro interior, tal vez su misma alma, tal vez el Gran Espíritu, como dirían los indígenas americanos— le estuviera pidiendo que cambiara su manera de ver las cosas.

Al escuchar ese lapsus entre «pide» e «impide» empezó a darse cuenta de que se le pedía que dejara de sumirse en la autorrecriminación y que parara de resolver problemas. En lugar de ello se le preguntaba: ¿qué te lo pide?, ¿qué se te ofrece?, ¿qué es lo que te hace visible? Parece algo peligrosamente sencillo: si nos atribuimos la procedencia de todo lo que oímos, será muy poco lo que oiremos. Cuando permitamos que nos lleguen otras voces de la vida, empezaremos a oír de verdad.

Cuando escuchamos con el corazón, dejamos que la realidad de las cosas nos toque más allá de nuestra identidad. Cuando escuchamos más allá de nuestra identidad, las cosas en su profundidad y en su amplitud totales nos in-forman (nos forman desde dentro) en quienes somos. Esta formación desde el interior hace que se abra la profundidad del corazón con la cual escuchamos. Y así sigue el proceso. Entonces ¿qué efecto tiene escuchar de verdad en nuestra relación con el mundo? ¿Cuánto de tu dolor tendré que oír antes de abrazarte? ¿Cuándo me parecen algo real las noticias de la tele? ¿Cómo escuchar con la profundidad suficiente para actuar en este mundo?

Una pausa para la reflexión
Preguntas para el diario

Ésta es una pregunta para el diario que lleva a una pregunta para la sobremesa. Invita a algún amigo o ser querido a acompañarte.

- Inicia un diálogo con tu ser interior. Empieza preguntándole a tu alma: ¿qué me lo impide? Sin pensar en ninguna respuesta escribe libremente tu respuesta interior. Luego, en una nueva página, pregunta a tu alma: ¿qué me lo pide?, ¿qué se me ofrece?, ¿qué es lo que me hace visible? Vuelve a escribir libremente tu respuesta interior.
- Aparta estas respuestas durante un día entero. Cuando vuelvas a leerlas, subraya las frases y las reflexiones que te inspiren o te preocupen. Cópialas en otra página y trata de desentrañar su significado, como harías con un pasaje de un libro antiguo que hubieras encontrado en el desván.

Preguntas para la sobremesa

- Lleva las respuestas de tu alma a «¿Qué me lo impide?» y «¿Qué me lo pide?» y el trabajo que has elaborado a partir de ese material a tu amigo de confianza o ser querido. Discutan esta experiencia y sobre las reflexiones o las preguntas que te ha suscitado.

Escuchar por primera vez

En el cuento popular hindú[9] que Margo contó aquel día en la Columbia Británica, un marido vago y desatento es enviado por su cultivada esposa a presenciar una representación del *Ramayana*[10] de una semana de duración. Al comenzar la representación se queda dormido y antes de que despierte alguien le ha puesto un dulce en la boca. Le cuenta a su mujer que es dulce contemplar el *Ramayana*. La noche siguiente vuelve a quedarse dormido y un niño se le sienta sobre los hombros para ver la representación y se baja antes de que despierte. Esta vez le cuenta a su esposa que resulta pesado aguantar el *Ramayana*. La tercera noche se duerme en el suelo y un perro se le orina encima antes de que despierte. Le dice a su mujer que el *Ramayana* huele a orines. Ella percibe la verdad. Queda patente la somnolencia del hombre y la cuarta noche acuden ambos a la representación de la historia épica.

Ahora él se sienta en la primera fila, sin nada que se interponga entre él y la historia de cómo se dio vida a Rama. Pone por primera vez toda su atención en la historia y olvida que se halla en un teatro, olvida que se trata de una representación. Se siente dentro de la historia. En ese momento el narrador habla en boca de Hanuman, el dios mono, que acaba de regresar de saltar al otro lado del océano para llevar el anillo de Rama a Sita. Mientras salta sobre las olas, el anillo se le cae de la mano y va a parar al océano. Hanuman está afligido, no sabe qué hacer. Mientras el narrador se retuerce las manos sin cesar, el marido, que está escuchando por primera vez con todo su corazón, exclama: «¡Hanuman, no te preocupes! ¡Yo iré a buscarlo!». Salta al escenario y se arroja al océano, encuentra el anillo en el fondo del

mar y se lo lleva a Hanuman. El narrador se queda estupe-
facto al tener un anillo en la mano y todo el mundo, incluida
la esposa del hombre, se queda embelesado al ver a aquel
hombre que escuchaba por primera vez allí en el escenario,
chorreando agua.

Esto es lo que sucede cuando uno escucha de verdad. No
hay que darle más vueltas. Se produce la magia. Y la propia
escucha nos lleva más allá de la lógica conocida hasta el reino de la milagrosa recuperación que llevamos dentro de nuestro corazón. He aquí otra historia. Conozco a un hombre,
alto y amable, que lleva toda la vida siendo maestro. Después
de una cirugía cardiaca se decidió a empezar a tocar la flauta
de los indios norteamericanos. Quedó fascinado por la fluidez
de su sonido y se dispuso a aprender a tocarla y a intentar
tocarla con otros. Un año más tarde volvió a visitar a su car-
diólogo para una revisión. Su médico descubrió atónito que
su corazón se había fortalecido y que se había incrementado
su capacidad pulmonar. Tenía la presión sanguínea baja y el
pulso fuerte. Le preguntó: «¿Qué has estado haciendo? ¿Has
hecho ejercicio? ¿Vas a correr?». Al hombre amable le costó
un rato relacionar las cosas, pero luego sonrió, se fue a casa
y siguió tocando su flauta.

El misterio y el poder de la vida están siempre ante nuestros ojos aunque muchas veces los pasemos por alto. En 2004
estuve en Barcelona y deambulé por La Rambla, una avenida
arbolada que atraviesa el centro de la ciudad. Está plagada de
puestos, vendedores ambulantes y de un sinfín de mimos,
unos mimos impecables[11]. A poca distancia de la Plaça Cata-
lunya me detuve frente a dos ángeles pintados, inmóviles
como estatuas. Tenían hasta los párpados pintados de un gris
metalizado. El más pequeño tenía una mano extendida. Si le
ponías una moneda en la mano, los dos ángeles empezaban
a moverse con gracia y majestuosidad, y el ángel más pequeño te daba la bendición por el dinero. A todos nos gustó
aquello, nos pareció que estaba bien. Alrededor se reunió una
pequeña multitud y una niña pasó entre nuestras piernas con
una moneda que le había dado su madre. Estaba emociona-

dísima de acercarse a aquellos ángeles. Puso la moneda en la mano del ángel más pequeño con tal expectación que el joven mimo pensó que debía ofrecerle algo a cambio. Y con una gentil reverencia bendijo a la niña que, sonrojándose, salió disparada de allí. Los ángeles volvieron a su pétrea inmovilidad. La multitud siguió su camino. Y yo hurgué en mi bolsillo en busca de alguna moneda, desesperado por ser bendecido.

Una pausa para la reflexión
Una meditación

Ésta es una meditación andante para llevarla a cabo mientras se va por el mundo.
- Durante tus trayectos —al trabajo y de regreso, a comprar, a recoger el correo— concéntrate en una cosa o una persona durante más tiempo de lo habitual.
- Respira a fondo y con esa respiración trata de inhalar su punto de vista.
- Sin reaccionar ni interactuar con esa cosa o esa persona limítate a abrir tu corazón en su dirección.
- Escucha de este modo hasta que sientas que algo se remueve en tu interior.
- Regresa a tu momento.
- Más adelante, por la tarde, sírvete una taza de té y con cada sorbo extrae de tu corazón la presencia de esa cosa o esa persona y ponla ante tus ojos.

Preguntas para la sobremesa

Para explorarlas con algún amigo o ser querido. Uno plantea la pregunta y escucha al otro y, más adelante, se vuelven a encontrar y cambian los papeles:
- Plantea la historia de alguna persona, idea o pieza musical que hayas tenido que escuchar más de una vez an-

tes de sentirte tocado por su presencia y su significado íntegros. ¿Qué te permitió sentir verdaderamente su presencia? ¿Qué ocurrió cuando escuchaste de verdad? ¿Qué te hizo sentir aquello?

SER ELOCUENTE

Un buen amigo me preguntó: «¿Siempre has sido tan elocuente?». Aquello me dejó sorprendido como una abeja obrera ensimismada en sus tareas que se queda perpleja al darse cuenta de que ha estado todo aquel tiempo elaborando miel. Lo primero que pensé fue que me había pasado la vida entera trabajando en la articulación de palabras para alcanzar todo aquello que no se puede decir. Ésa es la naturaleza del arte. Las únicas cosas que vale la pena decir son aquellas indecibles. Pero antes de que mi cerebro pudiera contestar saltó mi corazón y dijo: «Sólo desde que he hallado el valor de decir lo que veo».

Esta maravillosa pregunta, planteada un fresco día de primavera en medio de un camino muy trillado, me hizo verbalizar algo que creo que siempre he tenido calladamente por cierto: que ser elocuente, tener la facilidad de articular un discurso, no es una facilidad del lenguaje, sino una fidelidad a la visión. Y por eso somos todos elocuentes cuando encontramos el valor de decir lo que vemos.

Esto implica algunas cosas más: que todo el mundo tiene una visión, una perspectiva, una manera de ver la realidad y la eternidad, y que corresponde a nuestro ser descubrir mediante la experiencia el lenguaje particular con el que cada uno hemos nacido, para de ese modo poder encontrar y habitar nuestro sitio común en el universo viviente. Esto lo hacemos articulando en forma de palabras lo que vemos en nuestro lenguaje de nacimiento.

Una pausa para la reflexión
Preguntas para el diario

Ésta es una pregunta para el diario que lleva a una pregunta para la sobremesa. Invita a algún amigo o ser querido a acompañarte.

* ¿Qué significa para ti tener «un lenguaje de nacimiento»?
* Durante un día pon en práctica «decirte a ti mismo lo que ves»; es decir, tómate el tiempo necesario para escribir y constatar tu experiencia directa de la vida y los sentimientos y los pensamientos que vivir te genera.

Preguntas para la sobremesa

* Comparte con tu amigo de confianza o ser querido qué crees que es tu «lenguaje de nacimiento». Después hablen sobre los frutos de tu día de «decir lo que ves», incluyendo aquellas reflexiones o preguntas que te hayan surgido.

Los orígenes latinos del término «articular» tienen una historia divergente. En latín *articulas* significa unir mediante juntas o uniones. Pero el término en el que derivó, *articulare*, significa separar por juntas. Una historia bastante distinta. A lo largo de la historia de la humanidad nos hemos dedicado a separar cuando nuestra intención inicial era unir. Otros ámbitos del conocimiento nos ofrecen definiciones más dinámicas. En anatomía la articulación se refiere al punto en el que dos o más huesos entran en contacto. En sociología se refiere al proceso por el que determinadas comunidades personalizan formas y prácticas culturales y las aplican para su uso propio. Y en música por articulación nos referimos a la continuidad entre diversas voces, notas o sonidos.

Según nuestros sofisticados modos de separar, la tarea y el regocijo de la articulación consisten en avanzar cada vez hacia ese punto siempre presente en el que dos o más corazones entran en contacto, en el que unos aprendemos de otros para mantener viva la canción. En nuestra cultura aplicamos un sesgo conceptual y verbal por el cual reservamos la expresión «articular bien el discurso» para describir lo bien que escribimos y hablamos. Pero hay tantos lenguajes como vocaciones existen y de todas ellas podemos aprender. No es que ninguno sea superior a otro: el ebanista, el jardinero, el domador de caballos, el enterrador, todos ellos tienen su lenguaje por descubrir, experiencia tras experiencia. El pájaro articula bien la confección de su nido, el viento lo hace al sacudir las ramas de un sauce, la marea en cómo suaviza todo lo que toca sin llevarse nada. El acantilado articula bien la erosión que lo suaviza a lo largo de los años. Y, bajo nuestros pies, el planeta articula bien su rotación alrededor de su eje sin que ninguno de nosotros la sintamos.

La manera que tiene el mar de articular su lenguaje consiste en ser recio y amable a la vez, de alternar entre reflejar y transparentar, de aceptar y abrazar todo aquello que en él se interna, de darse por completo sin perder nada de su ser día tras día. Mi primer maestro en cómo escuchar fue el mar. Y yo sigo queriendo escuchar como lo hace el mar.

Hace años, antes de comprender nada de todo esto, me sobrevino un poema que contenía parte de mi lenguaje de nacimiento. En él ponía en práctica decir lo que veo. Éste es:

Habitar la maravilla[12]

> Si el sol piensa
> irradiando luz,
> su lenguaje es el calor.
> Si el océano piensa
> ondulando su masa de olas,
> su lenguaje es la humedad.
> Si un árbol piensa
> convirtiendo la luz en néctar,
> su lenguaje es el brotar de sus hojas.
> Si el viento piensa

> moviéndose invisible
> a través de todo,
> su manera de doblegarnos
> es su lenguaje.
> Estoy cansado
> de pensar sólo como un hombre
> y ruego tener el coraje
> de irradiar, ondular, brotar
> y moverme invisible
> a través de todo.

Resulta indispensable decir lo que vemos, de manera abierta y sin juzgar, si pretendemos crecer a partir de elementos de la vida ajenos a nosotros. Paradójicamente, decir lo que vemos es una manera nueva de escuchar. Consiste en que el alma saca al aire libre las cosas para que empecemos a encontrarles el sentido. Es el primer paso para que demos testimonio.

Una pausa para la reflexión
Una meditación

Ésta es una meditación por fases, puedes tardar varios días en llevarla a cabo.

- Siéntate en silencio y concéntrate. Al inhalar piensa en todas las distintas formas en las que habla la vida en la tierra. Al exhalar trata de no imponer tu lenguaje humano a todo aquello que encuentres.
- A lo largo del día detente al sol y siente su calor y trata tú mismo de irradiar calor.
- Al día siguiente concéntrate al dar inicio a tu jornada. Detente en algún lugar donde haya agua, sumerge la mano en ella y siente su humedad ondulándose en forma de olas. Trata de emitir tú mismo suaves ondulaciones de afecto.

- Al día siguiente concéntrate al dar inicio a tu jornada. Detente junto a algún árbol o arbusto, apoya en él la mano e imagina cómo convierte en su interior la luz en néctar. Trata de que tu dolor brote en forma de dulzura.
- Al día siguiente concéntrate al dar inicio a tu jornada. Detente a escuchar alguna ráfaga de viento que roce al pasar y trata de moverte en silencio como el viento al regresar a tu momento.
- El último día inspira despacio y deja que todas esas otras formas de hablar se mezclen con la tuya.

Al tratar de comprender lo que significa vivir en este mundo hemos visto que la experiencia puede ser para los seres humanos como la erosión para los elementos. Por mucho que intentemos resistirnos, nos vamos desgastando estación tras estación hasta que queda sólo la belleza. Como humanos que somos, nos vemos dañados y perdemos nuestra fe en la vida y, por consiguiente, necesitamos aprender alguna práctica que nos haga recuperar esa fe. Esto requiere que hagamos un esfuerzo decisivo para no denominar o definir de manera prematura aquello con lo que nos topamos, para no formarnos opiniones o creencias demasiado rápido. En lugar de eso, debemos permitir que el tiempo nos rodee con la plenitud de la vida, para que así se nos revele la paradoja de la verdad. Con el tiempo es posible que necesitemos regresar al fuego para rescatar la plenitud de nuestro corazón. Con el tiempo es posible que tengamos que librar de culpa a los demás antes de morir. Para aceptar lo que se nos ha dado podemos servirnos de prácticas duraderas que nos devuelvan a aquello que de verdad importa. Entre éstas están escuchar profundamente, hablar profundamente y cuestionar profundamente: escuchar en silencio al Origen, escuchar con el corazón a nuestra experiencia y traducir esas enseñanzas en forma de discurso dotado de significado y echar raíces más profundas en nuestro mundo mediante un diálogo sincero. Con el tiempo se pondrá de manifiesto que necesitamos todo y a todos para que todo siga avanzando. Al ayudarnos mutuamente encontraremos las corrientes más poderosas de la vida y podremos dejarnos llevar por ellas.

Éste es un buen momento para plantearse unas cuantas preguntas. ¿Qué haces cuando estás agotado? ¿Qué haces cuando sientes cercana la belleza pero estás abotargado? Si cada componente de la vida contribuye a mantener con vida al resto, ¿cómo puedes hacer para que escuchar, hablar y cuestionar contribuyan a mantenerte con vida? Si tu confianza flaquea, ¿qué puedes hacer para recuperar esa fe? ¿Están descoyuntados tus puntos de conexión con la vida? ¿Te ves arrastrado o, por el contrario, te ves abierto? ¿Has mitigado tu dolor hasta convertirlo en un néctar en tu corazón? ¿Has bebido de ese néctar? ¿Has buscado el dolor mitigado en otros? ¿Has bebido de su néctar? ¿Estás abierto a las nuevas experiencias y permites que se combinen o estás obsesionado con clasificar y analizar todo aquello que te sale al paso? ¿Eres capaz de escuchar y recibir o te dedicas a observar y manipular? Todos hacemos ambas cosas. Mientras subimos y bajamos, todos asumimos el riesgo de colocarnos en campo abierto para que las fuerzas superiores puedan hablar a través de nuestras mentes, para preguntarnos, día tras día: desde donde estoy ahora ¿dónde queda el suelo firme?

Antes o después se nos muestra que la vida es una conversación perpetua. Y que nada de lo que importa sale a la luz a menos que nos detengamos a escuchar. De ese modo, escuchar se convierte en un compañero mediante el cual logramos conversar con todo. Así que los invito a explorar esa conversación única. Cada vez que no se sientan capaces de seguir escuchando, suelten alguna cosa. Cuando sientan que ya no puede seguir dando, suelten alguna cosa. Todo esto es el esfuerzo de ser humanos, del que nadie está exento.

A partir de aquí exploraremos la llamada del alma, que es esa llamada de nuestra condición de seres vivos que nunca descansa. A partir de aquí exploraremos las numerosas estaciones del escuchar que atravesamos en nuestro paso por este mundo.

La llamada del alma

«*Ufunde uze ufe!*», en zulú, «aprende hasta que mueras».

Cuando cumplí los cincuenta y nueve, estaba pasando por un periodo difícil —pérdidas, dolor, transiciones exigentes— y una buena amiga me preguntó: «¿De verdad sientes esa transitoriedad y esa incertidumbre que parece que estás sintiendo?». Me encantó que me preguntase aquello, que no me viese sólo a mí, sino la perspectiva general. Observé por encima de su hombro las resplandecientes hojas que caían de los árboles, reclamadas por el invierno incipiente, y pensé que sí, que lo sentía mucho más. Me había cansado ya de intentar sortear mi dosis de catástrofes, de tratar de entender los reveses y los giros inesperados, de trazar planes y otros planes alternativos. Por puro agotamiento había acabado por abrirme a todo, no ya a tratar de sacar conclusiones, sino de recibirlo todo del mismo modo en que la desembocadura de un río recibe todo lo que el río arrastra, lo que permite que todo deje marcas y muescas en el lecho de mi cauce. Me parece una manera mejor de afrontar la experiencia. No con ignorancia o rechazo, sino aceptando el hecho de que eso también serviría para darme forma.

Fue entonces cuando tuve la ocasión de aprender que la raíz griega del término «rapsoda» significa «aquel que ensambla canciones». Eso me pareció asombroso y pensé: ¿no es ese el arte de ser humanos, ese continuo acto de ensamblar historias? ¿No es una rapsodia el momento en el que nos hallamos cuando estamos suficientemente presentes y somos suficientemente sinceros para reensamblarnos de nuevo? ¿Y no es cierto que esa sensación de volver a ensamblarnos libera nuestra canción común?

Todo eso hizo que me diera cuenta de que existe una diferencia entre la vocación del alma y la llamada del alma. Ambas son necesarias. Ambas son inestimables. Ambas están siempre presentes y son a la vez esquivas. Ahora sé que el momento difícil por el que todavía estoy pasando es en cierto modo un tránsito de la vocación de mi alma a la llamada de mi alma. Permitidme que insista en la diferencia. Mientras que la vocación del alma nos ayuda a descubrir cuál es la tarea de nuestra vida, la llamada del alma es un emplazamiento continuo a percatarnos de que estamos vivos. Al igual que ser y hacer, que dar y recibir, estas dos profundas llamadas forman parte de la inextricable energía de la Unicidad, una forma espiritual de viento y calma.

Todo esto me lleva a recordar una historia de amistad y árboles. A lo largo de este último año no he dejado de cruzar este umbral, no estoy muy seguro de hacia qué. Siento una necesidad de acercarme al Origen, de abrirme a otras formas. Como William Edmonson, el conserje sureño escultor, me atrae ponerme a esculpir, aunque tampoco sé nada de escultura. En mi caso me atrae tallar la madera. Alguna parte de mí desea trabajar un pedazo de madera más vieja que yo hasta que transmita parte de la sensación de lo que el viento y la lluvia le han venido diciendo durante años. Alguna parte de mí desea labrarla para poder ver lo que hay en su interior.

Mi buen amigo George sabe un montón sobre la madera y sobre la tierra. Él y su mujer Pam vivieron en Nueva Escocia, donde se construyeron su propia casa y trabajaron la tierra con la ayuda de caballos. Ahora viven cerca de casa, en Riverview Drive, donde poseen un frondoso y fructífero jardín en el que George tiene un taller para trabajar la madera y donde su terreno se adentra en un bosque. La semana pasada, mientras paseaba por su terreno como suele hacer, se dio de bruces con un viejo cerezo de cerca de sesenta metros: uno de sus brazos se había venido abajo hacía alrededor de un año en una tormenta.

Así que un día de otoño salimos desde su jardín y nos fuimos los dos bosque adentro, pisando los brezos y apartando ramas rotas hasta que llegamos al cerezo caído. Recorrimos el tronco en su majestuosa extensión y cortamos unos cuantos tarugos. Después volvimos a adentrarnos en el bosque. Me dolían los músculos, pero era un dolor agradable. No podía dejar de sonreír. Oí decir a George mientras las ramitas crujían bajo nuestras pisadas: «Cuando un árbol es muy joven, está cubierto de ramas, pero a medida que envejece la mayoría de esas ramitas mueren y se desprenden». Nos detuvimos junto a un roble centenario y puse las manos en la corteza de aquel árbol recto y anciano, cuyo tronco estaba iluminado en toda su extensión, y sentí la sabiduría de sus años. Me quedé de piedra: los árboles del bosque empiezan buscando la luz y acaban alzándose bajo ella. Cuando se alzan bajo la luz, desaparece esa necesidad de buscarla. Tengo la sensación de que eso es lo que me pasa a mí. Mis maneras de buscar en el mundo están muriendo y desprendiéndose. Estoy perdiendo ramas. No es triste, es evolución. Después de todos estos años busco menos y soy más. ¿Es posible que cuanto más nos alcemos en nuestro ser más se nos presente el misterio?

Esta búsqueda de la luz es el centro de la vocación del alma. Es el modo en que nos alzamos para cumplir nuestro propósito y en que encontramos nuestro sitio en el mundo. Pero cuando encontramos la luz y crecemos en su presencia, sólo nos queda la llamada del alma para que vivamos de manera sencilla esa condición nuestra de estar vivos. Por descontado, esas dos llamadas gemelas se producen de manera continua y se complementan constantemente la una a la otra. Una puede llevar a la otra, aunque tarde una hora, un día o una vida entera.

Después de todo el camino recorrido sólo sé que ese lugar interior que no cambia sirve para conducirnos a una Presencia Original que no deja de llamarnos. Ésa es la luz del espíritu. Su iluminación llama a nuestra alma. ¿Y qué es lo que nos pide? Que cada uno a nuestro modo particular sigamos buscando esa Presencia Original que no cambia y, bendecidos por ella, nos alcemos allí a campo abierto bajo su luz y, sencillamente, seamos.

Una pausa para la reflexión
Preguntas para el diario

- Si la vocación del alma tiene que ver con la tarea que nos vemos llamados a desempeñar en el mundo y la llamada del

alma consiste en tener presente nuestra sensación de estar vivos, escribe sobre qué tipo de trabajo te atrae ahora mismo y sobre algo que te dé vida. ¿Cómo se complementan?
• Para conservar nuestra sensación de estar vivos no debemos dejar de preguntarnos qué es real y sagrado. Relata de manera detallada una historia propia acerca de preguntarte qué es real y sagrado.

Cinco promesas

¿Cómo hacemos pues para buscar la luz y para alzarnos bajo ella? Enfrentados al ingente e impenetrable poder de la vida, ¿cómo es que no nos desvanecemos? ¿Cómo no dejar que la existencia nos aplaste? ¿Cómo vivir juntos a plena luz? ¿Cómo hacer para tratar hoy, ahora, con cada respiración y siendo reales, de encontrar nuestra pertenencia a esa comunidad cósmica y global que es mayor que cualquier ser individual? ¿De qué manera podemos escuchar y seguir esa vocación del alma y esa llamada del alma? Nuestra relación con todo ello es un proceso perpetuo.

Sugiero que no alcancemos o lleguemos a estos estados, sino que no dejemos de alentar la presencia de nuestra alma manteniéndonos en relación con nosotros mismos, con los demás y con todo. Todos entramos y salimos de esa corriente de presencia, aunque yo trato de cumplir unas cuantas promesas que parecen serme de ayuda en la vida de cada día. Los invito a personalizarlas a su gusto y a ponerlas en práctica.

En primer lugar trato de permanecer visible. No me refiero a tratar de llamar la atención, sino a que intento no enmudecer ni ocultar mi presencia y mi preocupación. Esto implica una práctica estricta de la sinceridad conmigo mismo, pues puedo estar en una sala llena de amigos o de desconocidos y nadie sabrá si me hallo presente o no. También consideramos nuestra visibilidad como ser capaces de ser vistos, pero es igual de importante el hecho muchas veces descuidado de que a menos que seamos visibles, que estemos a plena luz, no podemos ver. Ser invisibles limita nuestra visión. De modo que trato de vivir a plena luz y de enfrentarme a todo con la fuerza que da la vulnerabilidad, con el mismo ímpetu con el que el salmón remonta los ríos.

Además, trato de comprometerme constantemente a mirar. Esto consiste en afrontar la vida y aceptar las cosas como son. Muchas veces las turbulencias de la experiencia nos harán abandonar, tratarán de cegarnos o de ponernos trabas, pero nuestro papel en esta danza eterna es seguir levantándonos y avanzando, apartar de nuestros ojos todo rastro de miedo y mantener la relación con nuestros obstáculos hasta que éstos nos digan por qué han surgido.

También trato de estar siempre comprometido con el momento. El momento es nuestra guía constante. Es el umbral de todo aquello que importa. Y ralentizar nuestra presencia para afrontar el corazón de cada momento nos abre al misterio y al poder de la vida. Como dice Russell Means, de la tribu Lakota, «sólo porque alguien inventara el reloj no significa que tengamos que vivir la vida con prisas»[13]. Cuando vivimos el momento de manera apresurada, cualquier momento, nos perdemos esa vitalidad que está siempre esperando salir a la luz. Son muchas las veces en las que, cuando nos sentimos desamparados o vacíos, vamos en busca de algo que creemos especial sin caer en que esa vitalidad interior está esperando en ese mismo momento en el que nos hallamos.

Y trato de mantener mi relación con todo aquello que es eterno. Todos nos hemos empeñado en desenmarañar los cables enredados de las luces navideñas y hemos encontrado que una de las viejas bombillas no funciona. Entonces la desenroscamos, la examinamos y volvemos a enroscarla para descubrir que ahora se enciende. Quitarla y ponerla a veces restablece la conexión. Restablecer de ese modo nuestras conexiones para seguir encendidos es lo que significa mantener nuestra amistad con lo eterno. Eso implica todas esas cosas que nos ralentizan lo suficiente para poder ser tocados directamente por la vida. En su libro *The Dream of the Earth* el estudioso de la Tierra Thomas Berry se refiere a esta conexión limpia y abierta entre las cosas vivientes como «la llamada por la presencia mutua».

Por último, intento dejar de ensayar mi camino a través de la vida. Esto es algo tan importante como esquivo. Mediante nuestras mentes hiperactivas consultamos nuestra experiencia y nos preparamos para todo. Aunque es esta una herramienta de supervivencia extremadamente eficaz, también puede, si le otorgamos demasiada relevancia, impedirnos ser tocados por nada nuevo. Anticiparnos siempre a lo que va a llegar nos incita a tener siempre una respuesta preparada. Si nos anticipamos demasiado, podemos vernos gritando de dolor antes incluso de recibir el golpe. Con el tiempo esto acaba por no dejar lugar a la sorpresa. Estar siempre hipervigilantes en nuestra predisposición a reaccionar convierte al corazón en una portería de futbol y a la mente en un portero, con lo que cualquier cosa que nos salga al paso se ve rechazada, ya sea buena o mala.

Sólo ustedes pueden imaginar cómo viven en sí mismos estas cosas. Los animo a crear sus propias prácticas para lograr entender lo que la Presencia Original de la vida les está diciendo. ¿De qué manera pueden abrirse como el cauce de un río a todo aquello que la vida quiera arrastrar a lo largo de ustedes? ¿Estan buscando la luz o se alzan bajo la luz? ¿Qué les han aportado ambas cosas? ¿Quiénes son y qué es lo que creen que estan llamados a hacer con quienes son? ¿De qué manera pueden conocer su tarea en el mundo y su sitio en la vida? Y lo que es más importante, ¿cómo pueden aprender el arte de la rapsodia, de ensamblar todo aquello que se ha desarmado para que podamos así entretejer nuestra experiencia para entonar una canción común?

Una pausa para la reflexión
Preguntas para la sobremesa

Para plantearlas en la sobremesa con amigos y seres queridos. Trata de escuchar las respuestas de los demás antes de debatir:

- Cuenta la historia de algún momento reciente en el que te hayas esforzado en mantener visible tu propio ser.
- Describe una situación reciente en la que tuvieras que levantarte, limpiarte los ojos y seguir avanzando.
- Cuenta la historia de algún momento en el que fueras en busca de algo sólo para descubrir que lo que estabas buscando se encontraba muy cerca de ti.
- Describe una conexión con el Origen que tengas que restablecer. ¿Cómo piensas hacerlo?
- Describe una situación en la que tu preparación y tu anticipación se convirtieran en una respuesta ensayada. ¿De qué manera te benefició? ¿De qué manera te causó daño?

ESTACIONES DEL ESCUCHAR

«Cuando tu mente no se ve nublada por cosas innecesarias, ésta es la mejor estación de tu vida», Wumen[14].

¿Cuántas clases de estaciones podemos experimentar? Hoy hace veinticuatro años que el tumor desapareció de mi cabeza. ¿Qué clase de estación es ésta? ¿Qué es lo que he oído durante un cuarto de siglo de escuchar? Han pasado y quedado atrás muchas cosas, incluidos familia, amores y amigos que tomaron direcciones distintas. Hasta el aspecto de mi rostro y el de mi mente han cambiado, igual que un acantilado va desgastándose con el tiempo por efecto del mar. Tal vez ésta sea la forma más devota de escuchar: cuando con el paso del tiempo lo que oímos nos va dando forma.

Sólo sé que hay un momento para escuchar al todo y otro para escuchar a la parte, un momento para escuchar cómo las cosas marchan juntas y otro para cerrarnos del todo y poder así oír aquello que vive bajo nuestras máscaras. No escuchamos de igual modo cuando estamos en un bosque apacible o en la calle de una ciudad, cuando ansiamos que amanezca o deseamos que caiga la noche. Escuchamos de un modo a aquello que hemos perdido y de otro a aquello que hemos hallado. Soy consciente de que los días pueden ser una verdadera montaña rusa de emociones y pensamientos y quiero dejar claro que no hay un único pensamiento o emoción que albergue el futuro, aunque cada uno de ellos trate de convencernos de que lo hace. Nuestra alma —con su insistencia en hallar el punto de inmovilidad a partir del cual va ascendiendo— nos lleva a través de las estaciones de la vida que vivimos.

Ese punto de quietud que se halla bajo todo aquello que no deja de moverse está aguardando tras cualquier estación que podamos imaginar. Es el centro de silencio que nos mantiene cuerdos. Nos ayuda a recordar que la Tierra es el punto alrededor del cual giran las estaciones. De forma parecida, las estaciones de nuestras vidas presentan un terreno inamovible común alrededor del cual se desarrolla el clima de nuestras vidas. Todos damos nombres distintos a este terreno inamovible, pero yo lo llamo espíritu. Cada año que pasa tenemos que regresar al terreno de nuestro espíritu para poder seguir adelante. Cada año que pasa nos vemos en la necesidad de escuchar como la semilla para atinar con nuestro resquicio de luz en primavera, a escuchar como el arroyo para dar con el dulce borboteo del verano, a escuchar como la hoja para encontrar nuestro color anaranjado del otoño, a escuchar como el copo de nieve para hallar un lugar apacible donde posarnos.

La quinta estación

Aunque me encuentro bien y espero vivir muchos años más, tengo ya sesenta y estoy entrando en lo que los chinos llaman «la quinta estación». En la tradición china, la quinta estación es el final del verano, cuando el fulgor ha pasado y ya sólo nos llega el color de las cosas tal como son. Hace falta pasar por todas las demás estaciones para llegar a esta desnudez, pasar por toda la confusión para que se nos limen las aristas, pasar por todas las pérdidas para no aferrarnos a nada, pasar por todas las estaciones para andar con las manos abiertas. Una vez llegado aquí, ya no deseo cosas. Sólo quiero momentos: al sol, bajo la lluvia, contigo. Cuando me hallo confundido o triste sólo deseo mirar a lo que hay y sumirme en la dicha. Juntos o solo. Quiero deshacerme de todo lo que he venido acarreando.

Todos, igual que la ardilla que no sabe qué hacer con todo lo que ha recolectado, acumulamos ese conocimiento[15]. ¿Y qué hacemos con él? ¿Qué clase de escuchar nos devuelve de nuevo a lo que importa?

La quinta estación de la última luz señala lo que los chinos denominan «el pivote celestial», un punto de inflexión de la vida en el que el conocimiento se reduce a saber, observar se reduce a participar, buscar se reduce a ser y luchar con la verdad se reduce a vivir con la verdad de la lucha. El pivote celestial es un momento de transformación que nos ayuda a sentir nuestra experiencia. Todas las estaciones llevan a ésta, todas las experiencias conducen a esta comprensión de la experiencia. Así, sea cual sea el ciclo de estaciones en que nos hallemos —de una identidad a otra, de la inocencia a la madurez, de la arrogancia a la humildad, de la dependencia a la autonomía, de la insensibilidad a la compasión, del aprendizaje a la maestría, de la maestría al aprendizaje—, no dejamos de prepararnos para la quinta estación, de ser poco a poco despojados de nuestra resistencia al pivote celestial.

Una pausa para la reflexión
Preguntas para el diario

- Toda vida tiene sus estaciones. Describe en qué ciclo estacional te encuentras ahora y qué efecto tienen en ti las estaciones.
- Según la tradición china, la quinta estación es el final del verano, cuando el fulgor ha pasado y ya sólo queda el color de las cosas tal como son. Esta quinta estación es conocida

también como «el pivote celestial», un punto de inflexión en la vida. Relata cómo ha sido hasta ahora tu concepción y tu experiencia de la quinta estación y del pivote celestial. Describe el punto de inflexión al que te diriges próximamente.

El punto de quietud

Era uno de esos talentos irreprimibles, como un relámpago metido en una botella cuyo único afán es romper aquello que lo contiene. Dones tan inmensos como ésos transcurren por estaciones propias y muchas veces resultan duros para quienes no saben qué es lo que está explotando en su interior. Su padre, alcohólico, era un músico pasable. Cuando descubrió el talento de su hijo lo animó sin tregua, pese a que el niño tenía sólo cinco años. Su padre llegaba tarde a casa, borracho y como poseído por una tormenta, y le hacía practicar al piano hasta el amanecer. Buscaba el don que hubiera querido para sí y presionaba al niño para que lo encontrase, empujándolo sin piedad cada vez que cometía un error.

El niño talentoso carecía de punto de quietud alguno. El único sosiego que obtenía procedía de su cariñosa madre, a la que más tarde describiría como su mejor amiga. Él era la perla escondida de siete hermanos, salvo cuando su padre, borracho y hundido, se servía del don de su hijo para paliar su falta de valía. Al niño se le hacía difícil escuchar a su propia mente. A los siete años el niño actuó por primera vez en público[16]. Antes de cumplir los doce publicó su primera obra musical[17]. Antes de transcurrido un año ya mantenía a toda su familia tocando el órgano y componiendo.

A edad muy temprana, aquel niño tan inmensamente dotado escuchaba la cascada de música que se precipitaba desde el silencio eterno mientras capeaba el temporal del mundo. Siguió ahondando en su don y éste lo fue moldeando. Siguió buscando el punto de quietud, no para retirarse de la vida, sino para afrontar de manera más directa desde allí la música de la vida.

Todos podemos identificarnos con la tensión de esa postura vital, pues pese a la naturaleza o la dimensión de nuestros talentos siempre estamos capeando el temporal del mundo para oír la música que fluye a través de todo. Como el niño, siempre nos resistimos a las voces de los demás para oír nuestra propia voz. Siempre nos resistimos a ser como el padre, a buscar airados en los demás aquello de lo que carecemos. Todos nos enfrentamos a esta tensión acerca de qué escuchar: si la tempestad o la música, si al don que aguarda en nuestro interior o a nuestra aparente falta de valía. Ésas son estaciones que rivalizan por captar nuestra atención: la estación del ruido, la de la armonía, la estación de la propia aceptación y la de compararnos perpetuamente con los demás.

El niño no tardó en abandonar el hogar y empezar a estudiar a gigantes de su época[18]. El relámpago que llevaba dentro pugnaba por salir. Creció a marchas forzadas y, a los diecisiete años, lo mandaron a buscar porque su madre se estaba muriendo. Ahora tenía un pesar con el que contrarrestar su don, con el que alimentarlo. Al principio trató de no escuchar a su tristeza, sino sólo a su don. Pero no tardó en darse cuenta de que ése es el propósito de todo don: que llevemos con nosotros nuestra pena, nuestra alegría, nuestra humanidad y nuestra confusión y que nos maravillemos ante todo aquello que nos es desconocido.

La tempestad

El dotado hijo de aquel músico alcohólico no era otro que Ludwig van Beethoven (1770-1827), uno de los mayores compositores musicales de la historia, cuyo don ardía con tal fierza que sus prolíficas creaciones inspiraron —e incluso intimidaron— a generaciones de compositores y músicos. Pocos de nosotros nacemos con dones tan inconmensurables, pero todos nacemos al mismo viaje por la vida. Todos nos vemos sometidos a las mismas tensiones entre la tempestad y la música de la vida, entre el pesar inherente a vivir y el descubrimiento de la utilidad de los dones que poseemos.

De todos los males que pueden acechar a un músico de talento, a Beethoven le tocó perder gradualmente el oído. Ya seamos famosos o anónimos y nos vengan las cosas con facilidad o pasando apuros, todos hemos de afrontar pasos arduos en nuestro viaje en los que peligra aquello que necesitamos para ser quienes somos. Si eres un montañista, puede tratarse de una lesión grave que te obligue a dejar el alpinismo. Si construyes cosas, puede consistir en que sufras artritis en las manos. Si eres pintor, que se te formen cataratas en los ojos que te impidan la visión. Si eres poeta, la amenaza de una intervención quirúrgica cerebral que ponga en peligro tu memoria y tu habla. Pero no dejamos de experimentar una y otra vez el inesperado resurgir de la fuerza vital que nace de la fricción de nuestros dones con todo aquello que nos vamos encontrando.

Beethoven es un ejemplo heroico de ello. A punto de cumplir la treintena empezó a quejarse de un zumbido en sus oídos que le dificultaba escuchar la música de cualquier instrumento. Le costaba distinguir entre un instrumento y otro. La música se le agolpaba en la cabeza pero sus oídos ya no eran el instrumento mediante el cual era capaz de escuchar al mundo. También se le hacía difícil seguir lo que decían los demás y empezó a rehuir la conversación. Tras haber experimentado yo también el lento deterioro de mi oído, no puedo sino imaginarme lo doloroso que debió de haber sido para alguien que había nacido para comunicarse con el mundo a través de la música.

Lo que el joven compositor experimentó eran los primeros síntomas de acúfenos, que suele definirse como un ruido zumbante pero que también puede adoptar la forma de pitidos, siseos, silbidos o murmullos. Algunos han manifestado escuchar un sonido como de tictac, un campanilleo o un rugido. A otros les ha parecido oír como si tuvieran grillos o cigarras en el interior del cráneo. Incluso hay quien lo ha descrito como un susurro, como el del viento o las olas. Es necesaria una gran dosis de paciencia y habituación para impedir que ese ruido constante nos haga la vida imposible.

En este mundo moderno, nuestra posibilidad de escuchar profundamente la música de la vida, de escuchar la llamada del alma, se ve muy amenazada por el constante zumbido en nuestros oídos ocasionado por el interminable bombardeo de voces e imágenes procedentes de todas partes. Sin el contexto humano para interiorizarlas, experimentamos una modalidad psíquica de esos acúfenos que nos atonta el corazón y le impide funcionar correctamente como el maravilloso órgano perceptivo que es. Pero a diferencia de los acúfenos físicos, podemos volver a hallar el punto de quietud desde el cual seguir ascendiendo y recuperar nuestro paso firme por ese terreno inamovible del espíritu que de algún modo nos permite volver a empezar.

Beethoven no podía volver a empezar. Tenía que seguir avanzando. El relámpago de su don no tenía ningún interés en su creciente incapacidad auditiva. Como le ocurrió a Van Gogh, que llegaría a su precipicio casi noventa años después, aquel don se valdría del compositor para hacerse conocido en el mundo entero. Imaginen la presión interna que debió de crecer en el joven músico al descubrir el alcance de su inmenso talento y al mismo tiempo darse cuenta de que su principal acceso a aquel talento, su oído, se estaba derrumbando.

En 1801 Beethoven confesó en Bonn a sus amigos que le aterraba volverse sordo. Cada vez más, aquella música que brotaba a borbotones del silencio eterno tenía la claridad suficiente para rasgar el alma. Y, también cada vez más, cualquier intento de tocarla o de compartirla se veía entorpecido por las imprecisas interferencias de su sordera inminente. Durante los años que siguieron se fue deprimiendo. Le parecía imposible seguir adelante. Abandonó Viena una temporada y se retiró a la pequeña localidad austriaca de Heiligenstadt, donde empezó a pensar en el suicidio. ¿Cómo podía vivir con aquella constante broma de mal gusto: ser el canalizador de una música sin precedentes y no poder ya jamás escucharla en el mundo?

Pero algo sucedió en su cabaña de Heiligenstadt. Tal vez el relámpago que llevaba dentro no lo dejó hacerlo. El 6 de octubre de 1802, Beethoven escribió su *Testamento de Heiligenstadt*, una carta dirigida a sus hermanos Carl y Johann en la que confesaba la desesperación que sentía a causa de la injusticia de la vida y del incesante avance de su sordera, un viaje que no deseaba experimentar. Pero la carta adquiere entonces el tono de un testamento sobre la música que fluye a través de él y, rendido de manera inexplicable a la obstinación, se compromete a superarlo todo y a perseverar, a llevar adelante aquel don suyo hasta donde el tiempo se lo permitiese. Beethoven no llegó nunca a enviar aquella carta, pero la guardó y la mantuvo oculta hasta el final de su vida. Fue descubierta en 1827, poco después de su muerte.

La sensacional música de Beethoven surgió de la aceptación de su don y de su condición humana, de aquella caótica mezcla de voluntad y claudicación. Se decidió a vivir por y a través de su don. Accedió a hundirse en la sordera mientras producía toda la música que podía desde aquel punto de quietud que iba propagando el silencio por su vida entera. Se metió de lleno en su tarea durante los veinte años siguientes y creó casi un centenar de composiciones sin precedentes[19], desde la sonata *La Tempestad* (Sonata para piano n.º 17 en Re menor, Opus 31/2) hasta la inigualable *Novena Sinfonía* con su *Himno a la alegría* (Opus 125 en Re menor), que compuso íntegramente desde el abismo del silencio.

La Tempestad fue compuesta durante su turbulenta etapa en Heiligenstadt y, aunque se dijo que la sonata estaba inspirada en la obra homónima de Shakespeare, Beethoven nunca hizo mención alguna al respecto. La tormenta alrededor de la cual gira esta música parece más interna. Le pregunté a mi buen amigo el bajista clásico y profesor Anders Dahlberg sobre *La Tempestad* y salimos a dar una vuelta en coche para escucharla en medio de una tormenta de nieve[20]. Anders habló apasionadamente entre movimiento y movimiento: «Es como si empezara tratando de resolver alguna oscura pregunta interior. Quién sabe cuál sería... Trata de resolverla haciendo que suene más fuerte, luego más suave, volviendo a subir, bajándola otra vez... Pero el problema sigue volviendo a aparecer. Es un problema que no desaparece, un problema con el que hay que vivir. Tal vez se trataba de su problema de oído. Tal vez de la incesante fragilidad de la vida... Sea lo que sea, es un problema con el que hay que vivir. Por momentos parece posible, pero el problema no deja de aparecer. Aunque la vida sigue siendo posible. Sí, la vida sigue. Todos seguimos». Esto constituye un himno para todos nosotros. Esta pieza tan profundamente humana y positiva termina con un regreso, tranquilo como la nieve, al silencio eterno que nos lleva a través de la tormenta.

La *Novena Sinfonía* se estrenó el 7 de mayo de 1824 en el Kärntnertor Theater de Viena. Todo Viena acudió en tropel al teatro para asistir a aquella primera aparición de Beethoven en escena en doce años. Mientras Beethoven dirigía desde el centro del escenario, a un lado Michael Umlauf, maestro de capilla del teatro, compartió la labor de dirección. Umlauf advirtió a las cantantes y los músicos de que ignorasen a Beethoven, que estaba ya completamente sordo y pasaba a toda velocidad las páginas de sus partituras, marcando el ritmo a una orquesta a la que no era capaz de oír.

El violinista Josef Böhm, que tocó ese día, nos brinda esta crónica: «Beethoven dirigió él mismo la pieza... se plantó ante el atril y se puso a gesticular con furia. A veces se alzaba, otras se hundía casi hasta el suelo. Se movía como si quisiera tocar él solo todos los instrumentos y cantar por todo el coro».

Al final de la sinfonía, cuando el público se levantó para dar una gran ovación, Beethoven iba con varios compases de retraso y seguía dirigiendo. Fue entonces cuando la contralto Caroline Unger se adelantó y, cariñosamente, hizo que el desorientado compositor se volviese de cara al público. Al percibir la acogida y no ser capaz de oír nada, Beethoven se echó a llorar[21].

Cuadernos de conversaciones

Beethoven usaba unos cuadernos de conversaciones en los que pedía a sus visitantes que escribiesen lo que querían que oyese. Se acabaron convirtiendo en una especie de Talmud en el que se sucedían la conversación y las preguntas de toda una vida; rara vez tenían respuesta, se trataba simplemente de debates abiertos de música y voces, salpicados aquí y allá de reflexiones sobre la vida.

Cuanto más aceptamos nuestras fragilidades humanas, más necesitamos mantener la conversación con todos los agentes de la vida. Necesitamos nuestros cuadernos de conversaciones para investigar sobre nuestra relación verdadera con la vida y sumirnos en ella. Paradójicamente, necesitamos un espacio en el que hablar las cosas, solos y con otros, mientras vamos a la busca del punto de quietud donde no hay palabras. Hay más cosas en juego de lo que creemos. Los invito a empezar a escribir en su cuaderno de conversaciones sobre lo que escuchan al penetrar en lo que no se dice, una crónica de sus estaciones del escuchar, un diario de este espacio de conversación que es suyo y es también de todos los demás.

Y en aquel espacio privado pero a la vez universal, ¿qué escuchaba Beethoven mientras iba adentrándose en el silencio? ¿Qué oía que le hizo perseverar y de qué manera puede ayudarnos hoy su ejemplo? Aunque a todos nos maravilla —con razón— su música, es el instrumento puesto de manifiesto por su vida lo que ocupa el centro de nuestro discurso. No importa con qué fin nos han puesto aquí, no importa qué escollos debamos sortear, el compromiso de Beethoven de no abandonar su vida, su compromiso de seguir trabajando pese a su creciente experimentación de la pérdida, puede transferirse directamente a las vidas de cualquiera de nosotros.

Ése es el desafío al que nos enfrentamos en la vida: recibir aquello que oímos, pese a nuestras mermas, y crear la música que podamos durante el tiempo que podamos. Nuestro desafío es seguir escuchando, seguir afrontando la vida. Como el salmón que regresa para remontar el arroyo o las gaviotas que se vuelven para volar contra el viento, es afrontar la vida lo que nos brinda nuestro momento de vuelo. Son nuestro valor y nuestra resolución a escuchar a pesar y a través de nuestras limitaciones lo que nos descubre las verdades que nos merecemos, del mismo modo que el hueco de un árbol revela el canto que construye el viento. Y es el precipitarse el espíritu por el hueco de nuestra humanidad lo que revela el canto de la vida.

He citado antes a Evelyn Glennie, la percusionista prácticamente sorda, a U Thant, el secretario general birmano de las Naciones Unidas, y al gran maestro sufí Hazrat Inayat Khan. Los tres describieron aquello que se abre al fondo de cada experiencia, cuando logramos encontrar el punto de quietud. Por medio de ese encuentro logramos adentrarnos en una desnudez del ser que renueva nuestra conexión innata con el sentido viviente único que albergan todas las cosas. Por medio de nuestra respuesta sincera y sin tapujos a la vida podemos «sincronizar nuestro yo interior con los grandes misterios», como decía U Thant. Y, en nuestro día a día, por medio de escuchar y sentir, podemos «afinar el corazón para expresar sabiduría», como sugería Hazrat Inayat Khan.

Esta desnudez del ser se nos hace visible a todos cuando nos vemos obligados a apartar los filtros y a sentir aquello que encontramos y oímos. Beethoven constituye un ejemplo conmovedor de una persona corriente con un don extraordinario cuya experiencia lo obligó a vivir muy de cerca esa desnudez del ser. Eso puede ser a la vez doloroso y gratificante. Que el talentoso niño en el cuerpo de un hombre destrozado pudiera engendrar, después de todos sus sufrimientos, una pieza musical como el *Himno a la alegría* es la prueba de que en todo ser viviente de este mundo aguarda un átomo de resistencia y adaptación.

Llevamos nuestro filamento luminoso en la más frágil de las formas humanas, hasta que la aceptación de la tempestad y el silencio nos conducen a la quinta estación, en la que el fulgor ya ha desaparecido y sólo queda el color de las cosas como son. Tal vez sea este el esfuerzo central de ser humanos. No estoy seguro. Sólo sé que me inspira a adentrarme más en la vida, a escuchar un poco más, a recibir de buen grado la desnudez de la vida cuando me topo con ella. Pero creo que si logramos adentrarnos unos en otros de vez en cuando, podremos despojarnos de todo aquello que acarreamos y ayudarnos mutuamente a prepararnos para el pivote celestial.

Una pausa para la reflexión
Una meditación

- Sal al exterior si es posible o siéntate junto a una ventana. Respira despacio y contempla cómo se despliega a tu alrededor la estación del año en la que te hallas.
- Cierra los ojos y mira hacia tu interior. Respira despacio y contempla cómo se despliega ante ti la estación interior en la que te hallas.
- Inspira y escucha el punto de quietud que está en todas las estaciones.
- Respira a fondo y escucha el filamento luminoso que vive en ti. Siente cómo se enciende más a medida que te acercas al punto de quietud.
- Respira a fondo y siente cómo tu forma humana encierra la luz que vive en ti.
- Relájate y escucha a las estaciones en las que te hallas, al cuerpo en el que te hallas y a la luz que crece en ti.
- Ahora abre los ojos, acude al cuaderno de conversaciones y empieza escribiendo la entrada del día con esta línea: «Mi don y mi humanidad se encuentran en mi interior. Lo sé porque...».

Preguntas para la sobremesa

Para plantearlas en la sobremesa con amigos y seres queridos. Trata de escuchar las respuestas de los demás antes de debatir:
- Cuenta la historia de algún momento en el que sintieras la tensión entre capear la tempestad del mundo y escuchar la música profunda de la vida. ¿Cómo lo resolviste? ¿Qué te enseñó esa experiencia?
- Cuenta la historia de algún momento en el que sintieras la tensión entre tu pesar y tu don, y la de algún momento en la que tu pesar te sirviese para ahondar en tu don.

- Los esfuerzos de Beethoven por escuchar y por crear música a pesar de su sordera ilustran la paradoja de las limitaciones, el modo en que una restricción en un sentido puede intensificar algún don en otro. Cuenta la historia de algún momento en el que algo que limitase tu vida acabase abriéndote a una forma más profunda de escuchar. ¿Qué oíste?
- El coraje de Beethoven al aceptar tanto su don como su condición humana es tan inspirador como conmovedora es su música. Cuenta la historia de alguien a quien admires y que haya demostrado un valor similar en esa aceptación. Describe un ámbito de tu vida en el que podrías recurrir a una aceptación semejante.

ESPERAR A QUE PASEN LAS NUBES

«El papel de la práctica espiritual es básicamente agotar a quien busca. Si la práctica funciona como es debido, agotará nuestra energía buscadora y de ese modo la realidad tendrá ocasión de presentársenos», Adyashanti[22].

Mi entrar y salir de la vigilia a lo largo de los años me ha hecho aprender mucho. Al principio solía hacer muchas cosas —escribir, tocar música, dibujar, cuidar el jardín— una tras otra. Pero por el camino la cuestión dejó de consistir en crear cosas y empezó a tener más que ver con el espacio que se abre mediante el acto de creación. Ahora la experiencia de crear cosas me brinda mucha felicidad, porque de algún modo he llegado a darme cuenta de que es el espacio que abre la creación lo que me salva, no aquello que la creación produce. Ahora ya no importa si no termino nada. Sólo necesito estar en ese espacio. En ese interludio sagrado me siento cimentado, con los pies en la tierra. Sólo cuando entablo conversación con aquello que es eterno logro un conocimiento fundamental que resulta inquebrantable. Cuando estoy allí, me siento en calma. Cuando estoy allí, me siento en sintonía con un clima distinto.

Sea cual sea nuestra devoción, y a causa de esa devoción, la práctica acaba finalmente por ser usada como leña para alimentar el fuego. Incluso el fuego se emplea en la creación de calor y luz. ¿Y qué son el cuidado y el afecto sino leña humana? Sigo aprendiendo una y otra vez que pese a todos mis esfuerzos por dar forma y crear, soy yo el que se ve reformado y creado por mi compromiso con la vida.

Una pausa para la reflexión
Preguntas para el diario

• Cuenta la historia de alguna lección que te estuviera esperando al final del agotamiento de tu voluntad.
• ¿Cómo ha afectado esa experiencia a tu comprensión de esa voluntad?

Hace poco estaba en Sausalito, desayunando en el valle mientras contemplaba los montes esculpidos contra el cielo matutino y, como suele ocurrir, las cosas empezaron a hablarme. Esto es lo que oí:

En la cresta de la montaña

Podemos crecer por el simple hecho
de escuchar, igual que el árbol de la cresta
de la montaña escucha el cielo con sus ramas,
igual que la sangre escucha su fluir
hasta el lugar de la herida, igual que tú
escuchas como una cuenca fluvial cuando
mi cabeza está tan llena de aflicción
que no puedo mirarte a los ojos.
Podemos salir escuchando de nuestro aullar,
igual que el corazón logra acallar al lobo

174

que llevamos dentro. Podemos perdurar escuchando
profundamente, igual que las raíces escuchan
el siguiente centímetro de tierra, igual que la vieja
tortuga escucha todo aquello que se oye dentro
del mosaico de su caparazón.

Aquella mañana se expandió el concepto que yo tenía acerca
de escuchar y volví a cambiar de forma. Suena simple y obvio,
pero escuchar lleva su tiempo. Tiempo para que las cosas más
profundas salgan a la luz. Así como no podemos ver todas las
fases de la luna en una sola noche, tampoco podemos oír
las fases de la verdad o del corazón a menos que escuchemos
cómo crece la verdad hasta ser completa y vuelve a oscurecer-
se y a llenarse de nuevo con el paso del tiempo. La paciencia,
el arte de esperar, es la habilidad del corazón que hace que se
abra el mundo, del mismo modo en que es necesario que abramos los ojos para poder ver.

Escuchar en profundidad también lleva su tiempo porque
aparecen obstáculos en el camino que debemos sortear. Cuando esperamos hasta que pasan las nubes, conseguimos sentir
el calor del sol y divisar las perlitas de agua en las hojas de las
plantas. Cuando esperamos hasta que pasan las nubes, salen
los pájaros que habitan nuestro corazón y se hacen visibles las
telas de araña de nuestra mente.

Aquella mañana en Sausalito aprendí que escuchar con tal
profundidad es un acto de creación que altera nuestra forma
más allá de nuestra voluntad. Siempre me han enseñado que
primero hay que escuchar y después actuar. Por supuesto, eso
da tiempo a que brote la compasión en el corazón. Pero estoy descubriendo también, después de todos estos años, que ir
escuchando en profundidad es un crecimiento ininterrumpido,
un acto continuado. De este modo, el árbol de la cresta de la
montaña que se dobla por el viento crece doblándose y así es
como vive su tiempo escuchando. Y mediante el acto de recibir
nuestros gritos más oscuros el corazón empieza a acallar el
aullido de nuestra herida. La vieja tortuga es dominada por
el tiempo, hasta que moverse al ritmo del ser se convierte en

su modo de escuchar. Amándote gradualmente te asimilo, hasta que verte dormir en la hamaca basta para hacer que mi corazón estalle y florezca.

Siempre en contra de este escuchar profundo discurre el ruido del mundo moderno, donde no dejan de multiplicarse las tareas y las contraseñas. La lista parece no tener fin y todo el mundo tiene la suya. Primero va lavar los platos y a hacer el desayuno, luego el gas y la electricidad, ahora la placa madre se ha estropeado y alguien nos ha pirateado la página de Facebook, y el ingreso automático dejó de ser automático, y la transferencia no se transfirió. Y la ropa por lavar sigue amontonándose. Y en la oficina se agolpan las hojas de cálculo que tanto tiempo cuesta calcular.

A medida que me hago viejo me da miedo que estas listas me aparten de lo que de verdad importa. Quiero que mi principal energía se destine a estar vivo, a seguir vivo. Fue el otro día temprano, antes de ir a trabajar y después de repasar mi lista, cuando me topé con este poema:

Salir a la luz

Aunque hay mucho por hacer
no estamos aquí para hacer.
Bajo el deseo de resolver problemas
está la necesidad de resolver el ser.
Muchas veces la plenitud del ser
hace desaparecer el problema.
La semilla resuelve el ser
de su oscuridad brotando.
El corazón resuelve el ser de su soledad
amando aquello que encuentra.
El té resuelve el ser del agua
convirtiéndose en té.

Aunque hay mucho por hacer, no estamos aquí para hacer. Siempre me olvido de esto. Y al recordarlo de algún modo me recoloco en un punto desde donde logro ver. Lo cierto es que esto no tiene que ver con rehuir hacer cosas o con no vivir en el mundo. Eso sería como decir: «No voy a respirar». Así pues, dado que hay infinidad de cosas por hacer, ¿cómo sostenemos esto? ¿Acaso la vida no es sino una pausa brevísima entre la conclusión de una lista y el inicio de la siguiente?

Es como lo de vivir en un cuerpo. No podemos ignorar aquello que nos alberga o moriremos. Pero si el cuerpo es un templo, ¿a qué dedicamos nuestra devoción mientras lo habitamos? Esto nos lleva al esfuerzo de la reverencia: a resolver nuestra oscuridad brotando y a resolver nuestra soledad amando todo lo que encontramos.

En primavera estuve dando clases en la zona del Pacífico noroeste de Estados Unidos. En aquel agradable grupo una mujer que vive en una islita me enseñó que «sereno» significa apacible, brillante y despejado. En un sentido profundo practicar la serenidad es esperar a que pasen las nubes. Así que digamos que esperar a que pasen las nubes es ese proceso de despertar paciente y lento que por naturaleza lleva su tiempo y que no puede apresurarse, mientras que descorrer el velo es el esfuerzo de avanzar a través de la ilusión. Somos perpetuos aprendices de ambas cosas.

Una pausa para la reflexión
Una meditación

- En un sentido profundo practicar la serenidad es esperar a que pasen las nubes.
- Practiquemos la serenidad.
- Siéntate en un lugar desde donde veas el cielo, bajo techo o a la intemperie.
- Respira despacio y concéntrate.
- Mientras respiras, contempla el paso de las nubes.

- Imagina el sol que ilumina infinitamente esas nubes por encima.
- Imagina la verdad de estar infinitamente por encima de todos tus problemas.
- Inspira a fondo y practica esperar a que pasen las nubes.
- Exhala completamente y sé consciente de que eres capaz de esperar a que pasen muchos de tus problemas.

Preguntas para la sobremesa

Para plantearlas en la sobremesa con amigos y seres queridos. Trata de escuchar las respuestas de los demás antes de debatir:
- El poema «Salir a la luz» incluye este verso:
      Aunque hay mucho por hacer
      no estamos aquí para hacer.
  Habla sobre qué significa esto para ti.
- Explica un ejemplo reciente en el que, al abordar un problema, te haya sido más útil alguna forma del ser que un acto de hacer.
- ¿Qué relación tienes con las listas?

ACERCARSE A LA HECTÁREA OSCURA

Todo el mundo tiene una hectárea oscura que se extiende entre su existencia y el Origen. No oscura como algo malvado o intimidatorio, sino oscura de la manera en que el follaje de un bosque filtra la luz. Cruzar esta hectárea oscura es saber quién eres. Algunos llaman a ese tránsito introspección o enfrentamiento con uno mismo. La mayoría de nosotros nos vemos obligados a cruzar esa hectárea oscura a causa de alguna pérdida o penuria. Otros atraviesan ese bosque interior yendo en pos de su creatividad. Los escritores lo atraviesan escribiendo y los pintores, pintando. Pero ese tránsito no está reservado a los artistas. Es un viaje para todo el mundo y cruzar esa hectárea oscura, independientemente de cómo se haga, es la única manera de hallar un hogar duradero.

Otra manera de hablar de ese tránsito es lo que los hindúes llaman «descorrer el velo de la ilusión». En el hinduismo Maya es la diosa de la ilusión. La palabra Maya significa ilusión. Se cree que cualquier cosa añadida a la realidad, a la verdad de las cosas como son, es ilusión. Este poder velador de la ilusión es lo que crea las diferencias conocidas como «yo» y «mío». Maya, el poder de la ilusión, es lo que causa la ignorancia del ser individual que se cree separado del resto de la vida. La unidad de la vida se fragmenta en el pensamiento egocéntrico debido a los ropajes de la ilusión.

Podemos mirar el mundo a través de los velos de la ilusión, con toda su posesividad y su aislamiento, como la historia predominante del conflicto a lo largo del tiempo. Y podemos mirar a esa unidad interrelacionada de toda la vida que aguarda más allá de nuestras ilusiones como la historia perpetua y cambiante del espíritu y el amor.

Encontrarnos con la ilusión

¿Qué hacer cuando nos encontramos con la ilusión? Todos los caminos espirituales han tratado de abordar esta cuestión. Nadie la ha resuelto, pero eso no quiere decir que el experimento humano haya fracasado. Encontrarse con la ilusión es parte del viaje humano, parte de nuestra geografía espiritual, y que lo que hacemos con la ilusión resulta crucial para ser transformados o no durante el tiempo que pasamos en este mundo.

Si vemos la ilusión como una niebla persistente, ¿qué hacer cuando nos encontramos con la niebla? Lo primero es quedarnos quietos hasta que logramos orientarnos. Luego tratamos de discernir si la niebla es algo temporal o algo con lo que tendremos que vivir. Si es permanente, ¿vivimos con ella o nos vamos a vivir a otro sitio? Si debemos empezar de nuevo,

¿cuál es el peregrinaje que nos ayudará a salir de la niebla? Y si la niebla es algo localizado, ¿cómo esperamos a que pase? ¿Y qué ocurre si ésta es algo que nos nubla la mirada, la mente o el corazón? ¿Qué pasa si nos la llevamos con nosotros?

Aunque son varios los nombres que se dan a las prácticas que responden a estas preguntas, quedarnos quietos hasta que logramos ver es la clave de toda meditación y de toda oración. Y discernir con qué hemos de vivir es la clave de lograr aceptar las cosas como son. Basándonos en la verdad de las cosas nos adentramos en la práctica de discernir cuál es la acción adecuada: ¿vivimos con aquello que tenemos frente a nosotros, tratamos de cambiarlo o nos vamos a vivir a otro sitio?

El peregrinaje de vivir con las cosas como son, de cambiar lo que hay o de volver a empezar es la clave de la humildad y de la Mente del Principiante. Cuando la niebla de la ilusión se asienta alrededor, la práctica de la serenidad nos hace esperar a que pasen las nubes mientras que la práctica del amor y la compasión hace que se desvanezca la niebla. Pero cuando nos nubla la visión, la mente o el corazón, debemos reconstruir nuestra manera de ver, de pensar y de sentir. Debemos renacer nuevamente a través de un proceso de autotransformación. Esto no ha sido nunca algo que pueda enseñarse. Sólo podemos creer en una vida sin nubes y acompañarnos mutuamente a lo largo del camino neblinoso.

Una pausa para la reflexión
Preguntas para el diario

- Rememora algún momento de tu vida en el que experimentaras alguna forma de ilusión que te distanció de alguna manera de la verdad de las cosas. ¿Cómo ocurrió? ¿Qué te hizo sentir? ¿Cómo lograste por fin descorrer el velo de la ilusión? Tal vez sigas intentándolo. Si es así, ¿qué es lo que tienes que hacer ahora?

Prepararnos para escuchar

Si la meditación es la práctica de abrir los ojos, la contemplación es la práctica de ver cuando tenemos los ojos abiertos. Juntas, la meditación y la contemplación nos ofrecen una vía perpetua para disipar las nubes. De este modo, la meditación y la práctica contemplativa no sólo tienen que ver con la reducción del estrés, sino más con una iniciación a un compromiso más llevadero, claro y duradero con el hecho de estar vivos. Una vez que nos adentramos en ellas, nos proporcionan recursos que pueden ayudarnos a esperar a que pasen las nubes en nuestra vida y a que se disipe la niebla de la ilusión que podamos encontrarnos.

Las tradiciones meditativas —dentro del budismo, el zen y el cristianismo, por nombrar unas pocas— fomentan una práctica disciplinada que nos ayuda a crear puntos de inmovilidad desde los que vivir en el mundo de manera más sosegada. Cualquier práctica, si se vive en profundidad, acaba por utilizarse y por incorporarse a un modo auténtico de vivir en el que la práctica y la vida son inseparables. A pesar de ir con la mejor de las intenciones, mis esfuerzos por practicar cualquier cosa —meditar, escribir, leer, nadar o incluso escuchar música— han acabado muchas veces empujando a la vida a un lado por su propio ímpetu. Así que necesito recordarme repetidas veces que el objetivo de toda práctica es ayudarnos a vivir.

Actuar según lo que oímos

Ya proceda ese velo nublado de otros o sea obra nuestra, tenemos que practicar la serenidad por cualesquiera que sean los medios hasta que logremos dispersar la niebla de la ilusión. Pero por muy poderosos que sean la vista y el oído, no bastan y nos enfrentamos a la necesidad de actuar según lo que vemos y oímos. Después la vida nos pide, incluso nos exige, que vivamos de acuerdo con lo que hemos llegado a considerar verdadero.

Éste siempre ha resultado ser un punto decisivo en el viaje humano. Todas las vidas míticas inmortalizadas en la leyenda y el desarrollo interior de sabios y santos a lo largo del tiempo han experimentado este momento decisivo. Cuando era un joven muy prometedor, el príncipe Siddharta tuvo que abandonar el mundo que habían preparado para él, su familia y su posición, para ir en busca de la verdadera naturaleza de la existencia. Su coraje al actuar según lo que había oído y considerado verdadero lo llevó a convertirse en Buda. Moisés tuvo que abandonar su vida como hijo del faraón para adentrarse en el desierto, donde por fin halló a Dios. Y muchos otros tuvieron que quedarse y reconstruirse a sí mismos en el lugar donde se hallaban. Rosa Parks sintió la necesidad de permanecer en su asiento en aquel autobús de Alabama. Y Nelson Mandela sintió la necesidad de quedarse en aquella tierra natal suya que lo tuvo encarcelado durante veintisiete años.

Pero ese punto decisivo no sólo es para héroes. Esas personalidades legendarias están tan encumbradas que perdemos de vista la dificultosa parte humana de su viaje y cómo se asemeja a la nuestra. Dudo que Buda supiera que iba a convertirse en Buda o que Nelson Mandela supiera que iba a convertirse en el primer presidente de la historia de la Sudáfrica postapartheid. Este crucial punto de inflexión que se da en toda vida exige tener ingentes dosis de corazón y coraje cuando nadie nos está observando.

En definitiva, no se trata de marcharse o quedarse, sino de abrir la puerta que aguarda entre nuestra alma y el mundo, la puerta que las tempestades, humanas y naturales, siempre cierran y que la verdad y el amor siempre vuelven a abrir. Abrir esa puerta, sin importar cuántas veces se cierre, nos estimula a vivir la única vida que se nos ha dado.

Una pausa para la reflexión
Una meditación

- La práctica de la acción adecuada implica discernir cuándo vivir con lo que tenemos delante, cuándo tratar de cambiarlo o de cambiarnos a nosotros mismos o cuándo irnos a vivir a otro sitio.
- Lávate la cara despacio y sécate también despacio.
- Siéntate y siente el frescor en el rostro.
- Inspira a fondo y concéntrate.
- Mientras espiras deja que algún punto de confusión o dificultad que tengas en tu vida se alce frente a ti.
- Inspira a fondo y rodea esa dificultad con la mente abierta.
- Al espirar, limítate a sentir la densidad de esa dificultad.
- Inspira a fondo y trata de discernir si esa densidad está ubicada en ti, en la situación o en el tiempo.
- Al espirar, limítate a sentir qué es lo que más atrae tu atención.
- Levántate y regresa a tu momento sin hacer nada más que asimilar esta información intuitiva.
- Rememora al día siguiente la dificultad con la intención de discernir por ti mismo cuál es la acción adecuada.

Preguntas para la sobremesa

Para plantearlas en la sobremesa con amigos y seres queridos. Trata de escuchar las respuestas de los demás antes de debatir:
- Comparte la historia de algún amigo o ser querido que, en tu opinión, esté sumido en la niebla, ya sea emocional, mental o espiritualmente. Desde tu punto de vista ventajoso, ¿qué peregrinaje crees que podría ayudarlo a salir de la niebla? Asumiendo que tú no puedes hacerlo por él, ¿puedes serle de alguna utilidad, siempre de manera respetuosa?

> • Comparte la historia de alguna práctica o afición a la que
> te hayas comprometido para que te ayude a vivir más
> plenamente y cómo te acercó y te alejó de la vida.

DESENMARAÑAR LA RED

El prominente mediador de conflictos John Paul Lederach, en los inicios de su trabajo en México[23], preguntó a todo un pueblo habitado por gente corriente qué palabras empleaban para decir que tenían un conflicto. Tras unos cuarenta minutos de animada conversación propusieron casi doscientas frases distintas. En español destacan dos palabras para decir conflicto: el término «desmadre», que significa ausencia de madre, y el término «enredo», que significa que la red está enmarañada.

John Paul describe así la larga historia del pescador que desenmaraña la red para explicar la expresión española: «enredo», maraña o trabazón de las cosas, figura entre los sinónimos más habituales de «conflicto» en español. El término del que deriva la palabra enredo, «red», está relacionado literalmente con el aparejo que utilizan los pescadores. Aquí la gente ve el conflicto como una red de pesca rota y completamente enmarañada, tal como queda al sacarla del mar tras una sesión de pesca especialmente dura. Resulta interesante que las tareas de reparación de la red requieran de la paciencia de las manos del pescador. Si alguna vez han visto a un pescador, concluida ya su faena matutina en el mar y tras extraer de la red sus capturas, sentarse sobre algún bote al final de la mañana o a primera hora de la tarde a recomponer sus redes, podrán hacerse con la imagen clave. Con paciencia deshace los enredos, cose las zonas desgarradas y vuelve a dejar el aparejo como nuevo. Y una vez entera la red, miles de nudos, puntos de contacto y conexiones vuelven a mantener unidos los cientos de hilos.

El «enredo» como visión (para la sanación) empieza y acaba centrado en el contexto y la calidad relacionales del todo colectivo. Un pescador no «resuelve» un enredo, restaura las conexiones y las relaciones, devolviendo la vida al tejido y a la función de la comunidad[24].

Pensemos en las implicaciones que se dan aquí. Uno no corta una red enmarañada, la desenreda. Pues si careces de red te quedas sin comer. Uno sólo la corta cuando está demasiado embrollada, pero entonces tiene que tejer una nueva. De forma parecida, estar desmadrado, carecer de madre, implica estar perdido, haber perdido nuestra conexión con el centro, y lo importante es recuperar esa conexión central. De modo que resolver el conflicto depende de desenmarañar la red gracias a la cual nos alimentamos unos a otros y hacerlo recuperando nuestra conexión central. Ambos esfuerzos se centran en las relaciones que subyacen más allá de las circunstancias de cualquier conflicto inmediato.

Cuando, en nuestro mundo moderno, decimos que «tenemos un conflicto», ponemos toda la atención en el punto muerto. El énfasis se pone en la ruptura, no en la Unicidad que se ha roto. Pero si, como los pescadores, podemos decir que estamos desmadrados y enredados, estaremos apuntando al estado de plenitud del que nos hemos apartado. El énfasis no está en culpar a nadie del conflicto, ya que cualquier red que se deje mucho tiempo en el mar acabará por enmarañarse. Eso forma parte de lo que hacen las redes. Y, como humanos, lo que nosotros hacemos es desenredar los nudos, una vez hayamos superado ese juego de la culpabilidad.

John Paul continúa diciendo que, en zonas de conflicto de todo el mundo, muchas veces pregunta: «¿Cuándo empezó su conflicto?». Y suele obtener tres niveles de respuesta. La primera remite típicamente al inicio de la violencia o el trastorno. La segunda empieza por describir los patrones que condujeron a la violencia o al trastorno. Y la tercera y más profunda de las respuestas empieza por examinar la larga historia de quiénes somos. Señala que a menudo se tarda el mismo tiempo en salir de un conflicto que el que se tardó en entrar en él. Por ese motivo, cuanto más profundamente se indague en la cuestión, mayor será la posibilidad de transformar la relación.

El objeto de la práctica espiritual, sea cual sea su modalidad, es desenmarañar las redes en las que nos atrapa la vida. Pero aunque podamos aprender a desenredar situaciones específicas, e incluso que se nos dé bien hacerlo, la vida en la tierra es una urdimbre eterna que consiste en enredarnos y tratar una y otra vez de desenredarnos. Y más profunda que cualquiera de las habilidades para sobrellevar esto que podamos aprender es nuestra aceptación de esa urdimbre de enredos que tan estrechamente vinculada está con el ritmo de ser decididos o mostrar poco entusiasmo. Como la dilatación y la contracción o la inhalación y la exhalación, esta apertura y cierre de nuestro ánimo es necesaria para seguir vivos. Ninguno de estos estados —estar enredado o desenredado, ser decidido o desganado, estar abierto o cerrado— constituye un lugar en el que podamos instalarnos de manera permanente. Cuando estamos desganados, enmarañamos la red. Cuando vamos adelante con todo, la desenmarañamos. Pero la urdimbre del enredo nunca termina. Dicho esto, lo que saben los pescadores mexicanos resulta increíblemente útil si se aplica a las relaciones personales, así como a cualquier conflicto interior o dilema con el que estemos bregando.

Una pausa para la reflexión
Una meditación

- Siéntate cerca del agua o junto a algún árbol grande y frondoso.
- Respira a fondo y contempla el movimiento del agua o el de las hojas. Date cuenta de que no están enmarañadas.
- Respira completamente y siente en qué te has enredado. Éste es el sentimiento de estar desganado.
- Respira ahora despacio y siente que fluyes como el agua y te elevas con la liviandad de las hojas. Éste es el sentimiento de estar decidido.

- Regresa a tu momento y detente cuando sientas que te enredas, sabedor de que tu respiración lenta es capaz de deshacer el nudo de tu corazón.

Preguntas para el diario

- Comparte alguna historia sobre tu relación con el conflicto. ¿Cómo abordas un conflicto? ¿Cómo lo llevas contigo? ¿Qué te ocasiona internamente el conflicto? ¿Qué te gustaría aprender sobre el conflicto?

Como todo el mundo, tiendo a eludir el conflicto. Aunque he aprendido a afrontarlo y a ver más allá de él, siempre se me hace difícil. Es fácil culpar de esta tendencia a nuestro instinto de luchar o huir, pero la fuerza que tiene su presencia en nuestras vidas puede achacarse a nuestra reafirmación silenciosa de que esta elusión es una estrategia de supervivencia o incluso un principio por el cual vivir. Eludir el conflicto se considera incluso algo educado o decoroso en algunas partes del mundo.

No sé por qué, pero pensamos que si evitamos el conflicto evitamos el enredo. Ahí está la raíz de la negación. Imaginemos al bebé que rompe su cuenco de cereales y después se tapa los ojos para hacer que aquello desaparezca. Pensar que podemos evitar el enredo es igual de infantil. Y, sin embargo, todos lo hacemos.

El verano pasado una persona hizo algo que me dolió. Nuestra relación se enmarañó de inmediato. Me tomó con la guardia baja y me dejé arrastrar por el dolor. Cada vez que nos veíamos sentía el tirón del nudo enredado que había entre nosotros. Más que eso, noté su capacidad de ser cruel. Nuestra relación cambió. Claro que esto pasa y a veces es necesario que pase, pero pese a que me aparté de aquella relación tan dolorosa nunca llegué a afrontar el conflicto que había entre nosotros. Más instructivo resulta todavía el hecho de que al no afrontar aquel conflicto dejé que mi autoestima se enredara en su crueldad. Ahora que ya han pasado meses siento el tirón de ese nudito en mi autoestima que, para ser sinceros, se remonta a la ilegitimidad del dolor que había recibido y que dejé que se instalara en mi interior. Ahora intento pasar tiempo a solas con mis pequeñas pinzas de introspección, tratando de desenredar este pequeño pero irritante nudo que tengo en el corazón y que está ocupando más espacio y acaparando más atención de lo que en realidad merece.

Cuanto más tiempo ignoramos la red enmarañada más difícil se hace desenredarla. Todos nos hemos peleado alguna vez con una manguera o con un cable eléctrico que se nos ha enredado y se ha enroscado sobre sí mismo. Mi frustración al tratar de deshacer el embrollo no tarda mucho en hacerme dar un golpetazo a la manguera o al cable contra el suelo, como si eso pudiera servir para desenredar el lío. Es importante también reconocer que eludir el conflicto incrementa nuestra capacidad de usar la violencia, generada por la frustración y la impaciencia, en una situación que hemos ignorado durante demasiado tiempo.

Cuando los pescadores extienden sus redes cada uno agarra un extremo de la red y retrocede hasta que ésta queda completamente extendida. Así consiguen ver los nudos y los enredos con más facilidad. Una vez reparada la red vuelven a meterla juntos en el agua. Lo que esto nos dice es que incluso cuando tenemos el coraje y el compromiso de enfrentarnos al conflicto debemos mantener la distancia suficiente entre nosotros para que la red de la relación pueda desenredarse y extenderse del todo. Una vez desenmarañada, la red se emplea para conseguir alimento de las profundidades marinas. De forma parecida, la red de la relación se desenmaraña para que pueda alimentarnos.

Estoy tratando de aprender la paciencia de un pescador, tratando de ver dónde está el enredo —dentro de mí y entre nosotros— y de deshacer despacio y con suavidad los nudos, uno por uno. Todo para volver a tejer una red intacta. Así, cuando encuentro dificultades para estar con otra persona, intento, no importa cuántas veces lo evite, acercarme a aquel con quien tengo el conflicto. Intento, si resulta seguro hacerlo, tomar su mano, mirarlo a los ojos y, como si invitara a alguien a un espacio que rara vez comparto, mi intención es decirle con dulzura: «Nuestra red está enmarañada. ¿Lo percibes?».

Una pausa para la reflexión
Preguntas para la sobremesa

Para plantearlas en la sobremesa con amigos y seres queridos. Trata de escuchar las respuestas de los demás antes de debatir. Esta pregunta te brinda la posibilidad de hablar sobre un conflicto en el que estés implicado actualmente, como preparación para una invitación a abordar ese conflicto de manera directa con la otra persona implicada cuando llegue el momento.

- Comparte la historia de un conflicto en el que estés sumido ahora mismo.
- ¿De qué modo está enmarañada y descentrada tu relación? ¿Qué partes de ella se han roto?
- Identifica unos cuantos pasos que podrías dar para deshacer el embrollo, reparar las zonas rotas y volver a tener una red intacta.
- Invita a quienes te escuchan a que den su opinión sincera.
- Cuando llegue el momento adecuado y te sientas lo bastante fuerte y valiente, acércate a la persona con la que tienes el conflicto.
- Empieza por compartir la reflexión de los pescadores mexicanos sobre el conflicto.
- Entonces, si puedes, dile con dulzura: «Nuestra red está enmarañada. ¿Lo percibes?».
- Invita a esa persona a que dé su visión sobre el enredo, los rotos y el descentre de su relación.
- Con la paciencia propia de las manos del pescador deja que tu corazón te diga qué es lo que debes hacer después.

Jugar unas manos con Dios

«No puedo seguir. Sigo», Samuel Beckett[25].

Truman Capote dijo: «Más lágrimas se han derramado sobre las plegarias atendidas que sobre las no atendidas». Sugiere que no sabemos en realidad qué pedir, y que creemos saber que lo que queremos es lo que necesitamos, sólo para descubrir que deseo y necesidad no son sino dos amos distintos. Yo añadiría que la plegaria, más allá de cualquier palabra, es escuchar de verdad, no resolver los problemas cuando nos vemos acorralados.

La palabra «plegaria» procede del latín *precaria*, que significa «conseguido mediante preguntas suplicantes». Así que la plegaria está vinculada con la formulación de preguntas y sólo en nuestra desesperación se convierte en la petición de algo. Cuando nos rompemos, algunos corren y otros se quedan observando, pero quienes se han roto saben que eso es el principio de la más profunda de las preguntas, la que mi buen amigo Wayne Muller plantea de este modo: «¿Cómo hemos de vivir entonces sabiendo que vamos a morir?»[26]. Formulada a modo de súplica, esta cuestión se convierte en una plegaria y si la vivimos en profundidad se convierte en un modo de vida. En estos términos vivir en forma de pregunta no respondida es una plegaria que más que rescatarnos en tiempos de necesidad nos acerca más a la vida. Ahora lo comprendo. Cuando uno de nosotros sufre una herida o deja volar una canción de verdad, todos sangramos el rostro sin rostro de Dios.

> ## Una pausa para la reflexión
> Una meditación
>
> • Siéntate en silencio y empieza tu plegaria, sea lo que sea lo que eso signifique para ti.

- Tan pronto como te des cuenta de que estás pidiendo algo detente.
- Inspira a fondo y empieza de nuevo.
- Empieza tantas veces como sea necesario hasta que te sumerjas más allá de tu problema, tu miedo, tu ansia de ser rescatado, y limítate a entonar tu plegaria escuchando.
- Resístete al impulso de pedir algo. Dedícate a escuchar el camino que te acerca a la vida.
- No supliques nada hasta que te sientas seguro en ese milagro que llevas contigo por el hecho de estar vivo.

Reconciliarnos con nuestra humanidad

Cuando logramos vivir preguntándonos de corazón, se nos presentan numerosos indicios o portales abiertos a la plenitud: a través de las heridas, del asombro, de la revelación, del silencio, de los sueños, de la paradoja, del amor de los demás. Nuestra relación con todos estos indicios o portales tiene mucho que ver con si seremos capaces de reconciliarnos con nuestra humanidad en este mundo.

Como Carl Jung deja claro en su *Respuesta a Job:* «La misión de la conciencia está en entender las indicaciones de la naturaleza inconsciente. Pero aunque esto no ocurra, el proceso de individuación sigue su marcha; sólo que en este caso sucumbimos a este proceso y somos arrastrados por el destino hacia aquel fin inevitable al que habríamos podido llegar por nuestros propios pasos si hubiésemos tenido paciencia y nos hubiéramos esforzado a tiempo por comprender los "numina" del destino»[27].

De modo que la misión de irnos refinando mientras vivimos seguirá adelante por sí sola, queramos o no. Lo que está en juego es nuestra paz. Reconciliar significa reunir, atraer los ánimos desunidos, aceptar y armonizar. Como humanos, nos vemos continuamente separados por la experiencia. Reconciliarnos con nuestra humanidad significa que siempre estamos aprendiendo cómo aceptar nuestro sufrimiento y cómo recuperar nuestra integridad. Muchas veces nos distraemos pensando que podemos enrocarnos para evitar ser separados o que podemos esquivar el sufrimiento. Ambas cosas son imposibles. Estamos predestinados por esta encarnación a separarnos y a recomponernos de nuevo. Los secretos residen en el hecho de abrirnos y cerrarnos a lo largo del camino y no hay otro hacia esa sabiduría que ser plenamente humanos y aceptar el destino al que ello nos lleva.

Una pausa para la reflexión
Preguntas para el diario

- Cuando logramos vivir preguntándonos de corazón, se nos presentan numerosos indicios o portales abiertos a la plenitud: a través de las heridas, del asombro, de la revelación, del silencio, de los sueños, de la paradoja, del amor de los demás. Comparte una historia acerca de alguna experiencia con algo de esto que te ayudara a recomponerte de nuevo y a reconciliarte con tu condición humana.

Ahora todo el mundo tiene razón

Mi buen amigo Bob fue a ver a su madre de ochenta y nueve años al hospital. A ella le encantaba jugar al póquer. Era el día de Acción de Gracias y, emocionada, lo saludó de manera apresurada: «¡Estoy jugando unas manos con Dios! ¿Qué te parece? ¡Yo no quiero jugar a las cartas con Dios, pero aquí está! ¡Y ahora todo el mundo tiene razón!». Aquél fue para ella un encuentro chocante aunque profundo y no podía dejar de repetirlo. Al final de sus días había pasado a una realidad más profunda en la que el punto de vista de cada persona contribuye con su razón a nuestra comprensión fundamental de la vida, del mismo modo con que cada ola contribuye a nuestra compresión del océano.

Bastantes veces, al acercarse a la muerte, nuestros mayores se ven empujados por la tensión de los opuestos, como si estuvieran al borde de un acantilado, y entonces las interminables fronteras entre lo correcto y lo incorrecto y lo bueno y lo malo palidecen en comparación con la gran unidad de las cosas que todos podemos sentir pero que no siempre comprendemos. Ese brusco despertar no está reservado sólo a los ancianos. Muy a menudo, en las crisis, la enfermedad, el amor o en algún momento de inesperada alegría, nos tropezamos con ello.

Cuando se nos ha enseñado a verlo todo como una elección entre un camino cuesta arriba y estrecho hacia el éxito y un camino cuesta abajo y lleno de errores hacia el fracaso, ese despertar en el que todo es sagrado, en el que todo camino es correcto, puede dejarnos desorientados. Nos demos cuenta o no, siempre estamos jugando a las cartas con Dios y todo el mundo tiene razón.

En cuanto a mi vida, me estaba esmerando por cambiar el mundo cuando el cáncer me detuvo y me desperté para darme cuenta con humildad de que el mundo me estaba cambiando a mí. En aquel estado de dolor miré a los demás pacientes que sobrevivían bajo sus pesos invisibles y a aquellas enfermeras de facciones dulces o cinceladas que se afanaban por librarlos de sus pesos. En aquel estado de dolor me di cuenta de que, en realidad, todo el mundo tiene razón y que todos esperan que la carta dada la vuelta que Dios nos reparta sea un as. Pero cuando estamos abiertos por el sufrimiento, una mezcla de humildad y desesperación hace que cualquier carta que tengamos brille con tal fulgor que los rostros de los reyes y las reinas se conviertan en nuestros rostros y que, milagrosamente, cada rostro lo albergue todo. Y ya vivamos o muramos, se nos hace evidente que cada uno de nosotros es un regalo y que cada carta es un as.

La grandeza de ser humanos

El milagro de la vida, frágil y a la vez resistente, es algo irrepetible. Todos lo sabemos en cierto grado. El hecho de que simplemente existamos es más de lo que nadie podría esperar cuando uno comprende cuántos intentos ha necesitado la naturaleza para crear una simple gota de néctar. Y aun así tendemos a dormirnos ante el hermoso hecho de estar vivos.

En la actualidad una mirada desnuda a los incontables modos que tiene el mar de erosionar las orillas, que los sueños tienen de alimentar los fuegos de la eternidad o que la experiencia tiene de desgastar el orgullo humano hasta dejarnos suaves y preciosos, o una mirada abierta al modo en que las cosas son separadas de un golpe para ser acto seguido reunidas casi a presión, todo ello hace que vivir constituya una aventura humilde y espectacular.

Más que la conciencia, lo que hace verdaderamente heroico al espíritu humano es el instinto irreprimible de afrontar todas las mareas de la vida con el corazón abierto. El hecho heroico de que podemos ser arrastrados por esas corrientes imponentes y tremendas y aun así fruncir los labios y hallar la manera de entonar una canción: ésa es la grandeza de ser humanos.

Una pausa para la reflexión
Preguntas para la sobremesa

Para plantearlas en la sobremesa con amigos y seres queridos. Trata de escuchar las respuestas de los demás antes de debatir sobre ellas:
• Cuenta algún encuentro que hayas tenido con alguien que pareciera haber pasado a una realidad más profunda. Aunque su comportamiento pudiera parecer ilógico en la superficie, explora aquello que te dijo o que hizo como si de un acertijo se tratara. Parte de que sus

hechos o sus palabras contenían sabiduría y trata de comprenderla.
- Describid por turnos la grandeza de ser humanos tal como la experimenta cada uno.
- Después toma una frase o una imagen de las compartidas por cada persona y escríbelas en un papel sin especificar quién las ha dicho.
- Lee en voz alta tu poema colectivo sobre la grandeza de ser humanos.

SABER DÓNDE ESTAMOS

Hace veinticuatro años, a principios de primavera, fui conduciendo desde Albany, Nueva York, por la carretera Taconic hacia el Kingsbrook Medical Center de Brooklyn, resiguiendo las curvas de la calle mientras me preguntaba si aquélla sería la última vez que viera a la abuela. Cuando llegué estaba sentada en el borde de la cama, con los talones vendados, llagados por la inmovilidad de estar acostada, e imaginé que sus talones de inmigrante estaban llagados a causa de noventa y cuatro años. Estábamos contentos de vernos y cuando me di cuenta de que hacía meses que no había salido a la calle la saqué en una silla de ruedas hasta el patio donde el sol se esmeraba en despertar a todo aquello que había sobrevivido al invierno.

Lo que sucedió entonces hizo que empezara a comprender lo que es estar perdido y estar centrado y cuántas veces una cosa es el umbral que lleva a la otra. De regreso a casa, ese mismo día, recité el siguiente poema en mi grabadora para descubrir en una parada que hice que no había grabado nada. Así que, al tener que recitarlo de nuevo, empecé a sentir el lugar que mi abuela ocupa en mi corazón. Al recitarlo de nuevo, la verdad de la abuela me alcanzó y así, a través de mis lágrimas, me metí en el interior de lo que estaba recitando, garabateándolo esta vez en una servilleta como hubiera hecho un cavernícola que, dibujando próximo al latido de la vida, expresara sus frágiles sentimientos rascándolos en la pared de su cueva.

Éste es ese sentimiento, ese poema:

Vivir a fondo el regalo[28]

Al sol, en el patio
entre las torres de ladrillo
donde los cuidadores comen panecillos
y bostezan; al sol
con el freno de goma puesto
y calentándose los reposapiés;
al sol, por primera vez
en siete meses, ella le sonríe
a la fresca tierra que aún no ha olvidado.
Al sol, en el patio
del centro, dice,
con la cálida brisa en su rostro:
«Quiero irme a casa».
La paseo en su silla.
Dice que los árboles son hermosos,
que las nubes son hermosas.
Dice que las flores de los pensamientos
y los gatos callejeros, hambrientos
y heridos, son hermosos.
Cree que los sucios ladrillos
son hermosos
mientras inhala la luz y suspira:
«¿Por qué no puedo ir a casa?».
Su cabello blanco está peinado en ondas
y ella se cura al sol,
y yo empiezo a sentir
que estamos en casa.
Cierra sus ojos
y las abejas forman encajes con el calor
y la calidez y el zumbido cubren
sus párpados casi centenarios

y sonríe, mira más allá del jardín
y dice, riendo: «¿Dónde estamos?».
Empiezo a rememorar el día,
a situarla en un marco, pero el sol,
como una sentencia de Dios, nos abruma
y yo restriego el viento de su rostro.
Ella toma mi mano, lavándola
en el plato de aire que nos separa,
y dice, serena,
«No sé dónde estamos».
Y yo confieso,
con todos los órganos de la memoria
en mi garganta:
«Yo tampoco lo sé».

He regresado muchas veces a ese momento que pasé con mi abuela. Mi familia me había preparado de tal modo para esperar que ella entrara y saliera de la lucidez que al principio oí su pregunta de «¿Dónde estamos?» como un triste ruido de interferencias en la quebrazón de la mente de un anciano. Pero enseguida se impuso una realidad más profunda.

Allí estaba yo, a mis treinta y seis años, sentado con una mujer de casi tres veces mi edad, una mujer a quien le había costado casi cien años abrirse camino desde Rusia hasta ese jardincillo interior de Brooklyn; casi cien años a lo largo del ciclo completo que había trazado su vida de niña ucraniana perdida que no sabía inglés, de jovencita enamorada en América, de agotada madre durante la Gran Depresión, de hermana madura de aquellos que murieron en Buchenwald, de viuda que nunca se acostumbró a su pérdida y de abuela que nunca se cansó de decirnos que nosotros éramos el motivo de que ella viniera.

Ahora esta mujer anciana parecía un acantilado al que se le hubieran ido erosionando sus muchos lenguajes. Aquí, al sol, después de todo el camino recorrido, mientras observaba a una hormiga comerse una florecilla, preguntó con profundidad y humildad, tras un siglo de vida: «¿Dónde estamos?».

Con frecuencia rememoro las preguntas de su rostro anguloso y mi escuchar apresurado como si se tratara de un diálogo recurrente entre alma y ser, entre el centro de mi ser y el centro de mi hacer. Se ha convertido en una manera de verificar mi rumbo. En esos escasos momentos de bien ganado sosiego mi espíritu pregunta: «¿Dónde estamos?», y mi atareado ser se ve obligado a levantar la mirada, a echar el freno y a reevaluar el progreso de mi peregrinaje.

Y de ese momento sencillo y profundo conservo esas frases como si fuesen los huesos de un oráculo:

¿Por qué no puedo ir a casa?

¿Dónde estamos?

No sé dónde estamos.

Yo tampoco lo sé.

Estas cuatro frases se han convertido en puntos cardinales de una brújula interna que, cuando las retomo y las siento, me ayudan a distinguir si estoy perdido o centrado. Llevarlas siempre conmigo con sinceridad puede hacer que me abra en cualquier momento determinado a lo que me impide sentirme completamente a gusto en mi pellejo y hallar así mi sitio en el universo.

Ahora soy capaz de ver que, sin darme cuenta, aquella experiencia con la abuela empezó a trazar mi rumbo. A partir de las visitas que le hice al final de sus días empecé a dar forma a mi propia práctica interior de la autenticidad. Incluso el esfuerzo que me supuso aquel día expresar mis sentimientos en este poema me brindó una lección de cómo vivir a fondo el regalo. Al principio me pareció que un día difícil se había vuelto más difícil aún por culpa de que la estúpida grabadora no funcionara. Pero abrir mi corazón recitando mientras conducía de vuelta a casa y después tener que parar y, entre lágrimas, volver a hacerlo no fue una cuestión de mala suerte, sino la ocasión de conseguir que el regalo de la abuela emergiera a la profundidad suficiente y con la lentitud suficiente para que me afectara aquella experiencia y que se ampliara por medio de la verdad de lo que ella significaba para mí.

Que la grabadora no funcionara fue en realidad una bendición, ya que obligó a mi espíritu a grabar su sabiduría en el tejido de mi corazón. De ese modo advertí la sabiduría que hay en el habla más allá de la escritura y ahora comprendo por qué Homero, ciego como estaba, recorrió la campiña griega recitando una y otra vez la *Odisea*. Eso es lo que humildemente se nos exige que hagamos si tenemos que saber lo que significa estar vivos: contar la historia de nuestro sufrimiento a través de nuestra ceguera, una vez y otra, hasta que revele su melodía secreta.

Hoy soy capaz de ver que a través de las numerosas pruebas y pérdidas que he soportado desde la muerte de la abuela —a través del cáncer, de la mortal tempestad de un ser que me ha costado el amor de algunos y ha hecho germinar el amor de otros, de las subidas y bajadas de la continua llegada de la vida— he estado perdido y centrado muchas veces. No soy el mismo hombre que empujaba a la abuela en su silla aquel día, aunque soy la misma alma. Y aunque sigo sin saber dónde estamos, es esta simple y profunda clase de no saber lo que nos vuelve a poner en contacto con el latido mismo de la vida.

Una pausa para la reflexión
Una meditación

- Respira de manera pausada hasta que te sientas centrado.
- Inspira a fondo y pregúntate: «¿Dónde estoy?».
- Siente todo lo que tienes alrededor.
- Cierra los ojos, inspira a fondo y pregúntate mientras miras hacia tu interior: «¿Dónde estoy?».
- Siente todo lo que tienes dentro.
- Abre los ojos y respira pausadamente hasta que sientas dónde estás interior y exteriormente.
- Respira hondo, ábrete al tiempo en su integridad y pregúntate: «¿Dónde estoy?».
- Siente tu lugar en la eternidad.

Preguntas para el diario

• Comparte algún momento en el que tuvieras que decir o hacer algo más de una vez y qué te ocasionó hacerlo.
• ¿Qué significa para ti «sentirte a gusto»? ¿Qué parte de «sentirte a gusto» llevas contigo? ¿Cuándo lo utilizas?

Preguntas para la sobremesa

Para plantearlas en la sobremesa con amigos y seres queridos. Trata de escuchar las respuestas de los demás antes de debatir sobre ellas:
• ¿Qué significa para ti «vivir a fondo el regalo»? Cuenta la historia de alguien a quien admires y que sea un ejemplo de ello.
• Siéntate con algún anciano y pregúntale qué es lo que ve después de su prolongada escalada por la vida.
• Espera una semana y ve a sentarte con alguien más joven y cuéntale la historia de tu visita al anciano.

Igual que ocurre con ser y hacer o con dar y recibir, hemos visto que la vocación del alma nos ayuda a descubrir cuál es la labor de nuestra vida, mientras que la llamada del alma es un continuo emplazamiento a nuestra condición de vivos. Ambas son importantes. Y para vivir en el mundo resulta clave nuestra promesa de escuchar a la Presencia Original que lo mantiene todo con vida. Pese a las turbulencias y a los giros inesperados que hemos de afrontar, nuestra amistad con esa Presencia Original nos ayuda a saber dónde nos hallamos. Lo cierto es que no alcanzamos la condición de vivos, sino que mantenemos viva la presencia de nuestra alma al emprender relación con nosotros mismos, con cada uno de los demás y con el todo, hasta que el fulgor haya desaparecido y sólo nos llegue el color de las cosas como son. Ésta es la estación que aguarda bajo todas las estaciones. Y por mucho que nos sonría la fortuna o por numerosos que sean nuestros problemas siempre estamos capeando la tempestad del mundo para oír la música que discurre a través de todo. Por muy estricto maestro que sea la experiencia, nuestra grandeza como seres humanos es el inesperado resurgir de la fuerza vital que nace de la fricción de nuestros dones con aquello que vamos encontrando.

Escuchar profundamente requiere tiempo, y cuanto más aceptemos nuestras propias fragilidades humanas, más necesitaremos mantenernos al habla con todos los agentes de la vida. Esto nos lleva al esfuerzo de la reverencia: a resolver nuestra oscuridad floreciendo y a resolver nuestra soledad amándolo todo.

En la segunda parte de este libro hemos explorado nuestra amistad con la experiencia, que alberga la sabiduría de la vida en este mundo. Cuidar esta amistad es el esfuerzo de ser humanos. También esto es algo personal y universal. Es el momento de preguntarte una vez más: ¿quién eres y qué sientes que debes hacer con quien eres? Es el momento de preguntarte, a un nivel más profundo: ¿estás resistiéndote suficientemente a las voces de los demás para poder oír tu propia voz? Y, al mismo tiempo, ¿eres capaz de superar tu propia terquedad para aprender de los demás? ¿Y a qué te abre ese duro esfuerzo, independientemente de lo que estés construyendo? ¿A qué te enfrentas que logra abrirte? Por duro que sea, ¿hay en tu vida una limitación o represión que intensifique alguno de tus dones? Por dulce que sea, ¿hay en tu vida alguna pequeña feliz coincidencia que te haya dado a conocer a tu verdadero yo? ¿Cómo te ves a ti mismo en tu práctica personal de discernir cuál es la acción correcta? Te enfrentes a lo que te enfrentes, ¿vives con lo que tienes delante, tratas de cambiarlo o tienes intención de irte a vivir a otro lugar? Aunque esto puede variar de un día para otro, ¿vives en consonancia con lo que has determinado que es la verdad?

Esto es lo que yace en el núcleo del esfuerzo de ser humanos: reconciliar nuestra humanidad desenmarañando las relaciones que tenemos con todo, aunque la experiencia siga enredándonos en la red de la vida. Esto sólo podemos hacerlo comprometiéndonos a ser resueltos. Los animo a que acepten que estamos aquí para ser separados y volver a re-componernos repetidas veces. Los animo a celebrar nuestra humanidad y a aceptar adónde nos lleve. Los animo a perma-necer resueltos.

A continuación ahondaremos en nuestra amistad mutua con los demás, que alberga la sabiduría del cuidado y la aten-ción. Éste es el esfuerzo del amor.

El esfuerzo del amor

«La primera tarea del amor es escuchar».

PAUL TILLICH[1]

Sé que no hay sitio alguno al que llevarse la tristeza y que sólo podemos sentirla, montar en ella como si de una balsa se tratara y dejar que los embates del mar nos arrastren hasta alguna playa familiar y desconocida, una orilla que es a la vez nueva y un lugar donde ya hemos estado. Sólo podemos sacar fuerzas de compartir nuestra experiencia, sin tratar de predecir nada a partir de ella, limitándonos a echar aquello por lo que hemos pasado al pequeño fuego que arde entre nosotros y que nos ha mantenido encendidos durante años. Quiero que sigamos juntos ese camino sin camino, pasando por la tristeza y la muerte y la fe y el misterio que residen entre lo justo y lo injusto. Va más allá de la comprensión y más allá de cualquier cartografía. Si lo que queremos es conocer algún tipo de paz, sólo nos queda avanzar cuesta arriba, como aquellos que nos precedieron, hasta llegar a un claro que nos suplique nuestra aceptación. No nos quita la tristeza ni el dolor, pero en cierto modo, como le ocurre a un cuchillo arrojado al mar, sus filos se suavizan. Sólo deben saber que están solos y a la vez no lo están. Aunque no puedo ir con ustedes hasta el acantilado de todo aquello que sienten en su interior, estoy cerca.

El jardín humano

«Y por corto espacio somos puestos en la tierra,
para que aprendamos a sobrellevar
los rayos del amor», William Blake.

Cómo me gusta la gente, esa manera que tenemos de arraigarnos y florecer, de enroscarnos unos en otros y trepar en busca de la luz, el hecho de que nuestra estancia en el mundo dependerá de hasta dónde logremos crecer en la oscuridad de la tierra... el hecho de que, como humanos, siempre pesa sobre nosotros la vitalidad de una presencia mayor; el modo en que la complejidad de nuestra condición humana refleja esta presencia mayor. Lo cierto es que somos reflejo de todo lo viviente mientras ascendemos dando traspiés por la ladera hacia el precipicio del sí. Reconozco a cada una de las personas que me salen al paso porque soy cada una de ellas dependiendo del día. Lo que importa es si rehúyo a aquellos que presentan mis mismos defectos o si los ayudo, si me doy media vuelta cuando esa presencia mayor me parece demasiado potente o si mantengo abiertos los ojos que tengo de nacimiento, si hallo un modo de hacerme con lo que es inabarcable y obtengo fuerzas de ello de alguna manera. Lo que importa es si logramos llegar hasta el precipicio del sí y gritar nuestros secretos hacia las alturas hasta que el cielo sea la canción que escogemos cantar en el mundo.

Esto plantea una pregunta crucial: ¿cuál es el uso correcto de nuestra voluntad? ¿Cuál es la utilidad de insistir en que podemos desear que pasen cosas si somos semillas que se convierten en raíces y brotes que se abren camino entre la tierra? ¿Y si la voluntad es el acto sagrado y descarnado de no reprimir o retener nada?

Tal vez sea este el esfuerzo del amor: no retener nada. El hermano benedictino David Steindl-Rast nos recuerda que «Yo creo» significa «Yo pongo mi corazón en esto»[2]. Tal vez, pese a nuestras listas de cosas por hacer y por no hacer, creer tiene menos que ver con las asunciones o conclusiones que consagramos como principios y más con nuestra entrega a participar de la vida y a escucharla. Desde luego, no nos quedamos arraigados en un mismo sitio y, por eso mismo, todo espíritu nacido en la tierra se enfrenta a la paradoja y al desafío de cómo residir en la complejidad del ser allí donde sea que la vida nos lleve. Esto nos conduce a una vida de compasión, de estar con otras cosas vivientes de modo que las dejemos crecer. Ése es también el esfuerzo del amor.

Hace mucho Zi Gong, discípulo de Confucio, preguntó: «¿Existe alguna palabra que por sí sola pueda guiar a una persona a lo largo de la vida?». El maestro le respondió: «¿Qué te parece *shu* (reciprocidad)? No imponer a los demás lo que no escogerías para ti mismo»[3]. Ésta es otra forma de no retener nada y de poner tu corazón en otro. Ésta es una de las primeras manifestaciones de la regla de oro.

Todos somos raíces y brotes en el jardín humano. Nuestro arraigo en la tierra dependerá de hasta dónde logremos brotar en el mundo... Todos estamos destinados a hallar nuestro camino particular hacia la luz, dependiendo siempre de si nos estrangulamos unos a otros por ese camino.

Una pausa para la reflexión
Preguntas para el diario

- Si eres una planta, una flor o un árbol en el jardín humano, descríbete y describe tus raíces y tus brotes.
- Describe un aspecto de ti que veas en otra persona, ya sea algo positivo o perturbador. ¿Cómo lo ves en esa otra persona? ¿Cómo te sientes al encontrarte de este modo contigo mismo?

Encontrarnos mutuamente

Hace poco estuve dando unas charlas en un centro de reposo a unas ochenta personas. Después de haber nadado en presencia de los demás durante cerca de una hora, una sensación de autenticidad llenaba el ambiente. Una joven me preguntó: «¿Tienes algo para los veinteañeros?». Era una chica muy vivaz y sus ojos me hicieron sentir de nuevo ese lugar abierto y joven que llevo en mi interior. Le ofrecí sin pensarlo demasiado pero con toda mi presencia: «Escucha todo con el corazón —todo— y mantente un rato inmóvil antes de actuar según lo que sientas». De inmediato me pareció que ésa era una instrucción válida también para mí.

Luego una mujer mayor me espetó: «¿Tienes algo para los sesentones?». Todos nos reímos. Me volví hacia ella y, pausadamente, le contesté: «Escucha todo con el corazón —todo— y mantente un rato inmóvil antes de actuar según lo que sientas». Suspiramos juntos. Aquello me sentó bien. Me había limitado a expresar lo que había surgido al encontrarnos mutuamente. Así, la conversación auténtica es como el jazz: encontrarnos de verdad unos con otros sin prefijar o saber lo que uno dirá ni lo que el otro oirá.

Tres pactos

«Nuestro amor tiene que ser mayor que nuestra insensatez», Henk Brandt[4].

Hay tres pactos que nos involucran de manera constante en el esfuerzo del amor. Para empezar, cuando vemos algo verdadero y hermoso en alguien, no es propio del amor cambiar a esa persona u obligarla a que crezca en nuestra dirección. El esfuerzo del amor es propiciar las condiciones para que lo verdadero y hermoso que hay en todo lo que albergamos crezca y brote y aflore así su naturaleza más profunda. Al mismo tiempo, el esfuerzo del amor depende de que demos a los demás, sobre todo a los jóvenes, un sentido de seguridad en el mundo, de que alimentemos su confianza para que se adentren en la vida y en lo desconocido y que no rehúyan estos recursos eternos. Aun así, por el hecho de ser humanos, pasamos constantemente de integrar nuestra experiencia a ser consumidos por ella. Pasamos, casi a diario, de que vivan en nosotros el miedo, el dolor y la preocupación a vivir nosotros sumidos en nuestro miedo, dolor y preocupación. El tercer pacto del amor es, pues, seguir en mutua compañía cuando nos ahogamos en nuestra experiencia y nos arrastran los sentimientos hasta que todas las aguas vuelvan a su cauce, hasta que nuestra experiencia y nuestros sentimientos logren vivir de nuevo en nosotros. Estos pactos ejercitan ese músculo de la compasión que llamamos corazón.

Hallar nuestro rostro

Tengo una amiga que, entre otras cosas, es pintora. Hace años, cuando empezaba, sintió la necesidad de comenzar una pintura de dos mujeres que estaban a punto de abrazarse. Cuando llegó a las cabezas no atinaba a ver los rostros, de modo que tuvo que dejarla inacabada. Fue pasando la vida y la vida la fue pintando a ella. Años más tarde encontró aquella pintura en el desván. Le llenó de asombro volver a ver aquellos ángeles suyos inconclusos. Se sentó ante la pintura y se dio cuenta de que, tras mucho convertirse y despojarse de su ser, aquella pintura en proceso de elaboración era la historia de su propia alma y de su doble en el mundo.

Todos aquellos años pasados fueron necesarios para que descubriera sus rasgos. Ahora, después de muchos sufrimientos y alegrías, puede por fin ver que uno es el rostro que no enseña a nadie y el otro es el rostro que muestra al mundo. Ahora cierra los ojos por la tarde, después del trabajo, y analiza su prolongada vida en busca de las expresiones que la han acompañado. Y, esforzándose en comprender cómo se ha desarrollado su vida, ha empezado a pintar sus rostros y poco a poco las mujeres empiezan a encontrar su abrazo. Se le está haciendo evidente que el misterio de aprender cómo abrazarse a uno mismo es el mismo esfuerzo del amor que hace posible que abracemos a otra persona.

Todos necesitamos un desenlace tranquilo como ése: la pasión de pintar lo que soñamos, la franqueza de pintar sólo aquello que conocemos, el coraje de parar y vivir aquello que desconocemos, la humildad de retomarlo años más tarde y el valor de usar la sangre de nuestra vida como los colores necesarios para terminar el abrazo. Éste es el desarrollo de la flor humana. Hasta que el rostro de nuestra alma y el rostro que mostramos al mundo sean uno, el mismo.

Una pausa para la reflexión
Preguntas para el diario

• Describe el rostro que no enseñas a nadie y el que muestras al mundo. Sin juzgarlos, inicia una conversación entre ambos.

La cercanía abierta por el cariño

La recompensa del amor es la cercanía. Éste es un tesoro que no puede comprarse, robarse o conseguirse. Es una ley de los vivos: el cuidado lleva a la intimidad. Muchas veces descubrimos a nuestros amigos más queridos cuando tratamos de ayudar a alguien o cuando alguien nos trata con cariño cuando hemos dado un tropezón. Lo cierto es que no hay nada que sustituya a pasar cosas juntos. No hay modo de expresar lo que sienten dos ballenas cuando nadan juntas alrededor del mundo o lo que une a dos amigos que ascienden por el bosque de los años siguiendo uno los pasos del otro. El cariño es por sí solo un modo de vida. Siempre habrá quien espere que sea otro el que levante la pesada carga, quien nos confíe a ti o a mí el esfuerzo añadido. No hay que tenerles rencor, pues aunque sufren no han sufrido bastante. Se causan a sí mismos más daño del que creen. Cuando uno echa una mano, abre una vía para que su corazón contacte con el corazón de todo lo demás. Ésa es una riqueza que no hace más que incrementarse. Aunque aquellos a quienes ayudamos puedan marcharse o morir o sencillamente crecer en belleza y ser amados por los demás, la cercanía revelada por el cariño se convierte en una luz en nuestro cuerpo. La cercanía generada por la amabilidad hace del corazón una lámpara.

Venirse abajo

Lyn Hartley, una educadora independiente que vive en los bosques del Yukon, me contó la historia de dos esquiadores que cruzaban un lago helado en mitad de la noche[5] y que, mientras iban deslizándose por la nieve con la ayuda de sus linternas, se toparon con un alce que se había quedado atrapado al romperse el hielo. La enorme criatura estaba metida en el lago hasta la testuz. Estaba claro que el alce no era capaz de salir de ahí y que ellos solos no iban a poder sacarlo. La temperatura empezó a descender, de modo que se quedaron a pasar la noche y, aunque el alce se resistió, lo cubrieron con su tienda y se acomodaron dentro para darle calor en el rostro con sus pequeñas lámparas y para evitar que se formaran bordes cortantes en el hielo que pudieran dañar al animal. Por la mañana, cuando volvió a salir el sol, fueron en busca de ayuda. Juntos ataron al alce con una cuerda y poco a poco tiraron de él hacia el borde del hielo hasta que logró salir por sí solo.

Ésta es una potente metáfora sobre cómo escuchar y cómo estar con aquellos que se han venido abajo: quedarnos cerca y mantenerlos calientes, sin precipitarnos a resolver la situación de manera prematura. Si no hay nada que podamos hacer, sentarnos con ellos y resistir al impulso de abandonar a quienes parecen haber quedado atrapados. Ofrecer nuestra tienda y quedarnos con ellos durante el tiempo que haga falta hasta que se presente una salida, sin forzar ningún rescate. Cómo me gusta escuchar esto, pues la vida es lo bastante larga para que a todos nos llegue el turno de venirnos abajo y quedar atrapados o de toparnos con alguien que está atrapado y no saber qué hacer.

Antes de que nos encontremos en una situación así, ayudenme a aprender esa habilidad del corazón que permite que el amor se encuentre con la verdad como si fueran dos pequeños fuegos sobre el hielo. En la verdad de cada uno de los demás hay una salida.

Una pausa para la reflexión
Una meditación

- El benedictino David Steindl-Rast nos recuerda que «Yo creo» significa «Yo pongo mi corazón en esto».
- Siéntate y respira despacio.
- Concéntrate en algo en lo que creas. Puede ser algo tan sencillo como: «Creo en el fuego».
- Inspira a fondo y di: «Creo en...» (y añade aquello que hayas escogido).
- Exhala todo el aire y vuelve a decirlo.
- Respira a fondo y dilo otra vez, sustituyendo «Creo en...» por «Pongo mi corazón en...» (y añade aquello que hayas escogido).
- Inspira despacio y dilo dos veces más.
- Piensa en cómo tu corazón cambia lo que estás diciendo.
- Piensa en cómo poner tu corazón más plenamente en aquello en lo que crees.
- Siéntate con tranquilidad hasta que tus palabras y tus pensamientos se desvanezcan de forma progresiva en el silencio.

Preguntas para la sobremesa

Para plantearlas en la sobremesa con amigos y seres queridos. Trata de escuchar las respuestas de los demás antes de debatir sobre ellas:
- A modo de conversación jazzística, que alguien empiece terminando la siguiente frase: «No es tan sencillo...».

- En lugar de reaccionar o discutir lo que se ha dicho, que cada persona prosiga la conversación añadiendo una frase o dos.
- Continúen con esta conversación improvisada hasta que todos hayan intervenido tres veces.
- Discutan lo que se ha dicho colectivamente.
- Según la experiencia de cada uno, ¿cuál es el esfuerzo del amor?
- Después de escuchar a los demás, expresen un collage de sentimientos que incluya una frase o una imagen de cada uno.

CÓMO NOS AUTOINFLIGIMOS DAÑO

Si somos afortunados, nos vemos reducidos a lo mejor de aquello que no rompemos.

Qué poco cuesta adquirir malos hábitos y conservarlos, y qué difícil resulta mantenerse fiel a lo auténtico. Somos criaturas de costumbres, pero ¿por qué esa atracción hacia lo autodestructivo? Muchas veces es sólo porque eso es lo primero que aprendemos y la comodidad de lo que nos resulta familiar suele ser más fuerte que nuestro sentido de lo que es bueno para nosotros. Muy a menudo el hábito malsano está relacionado con nuestro sentido del hogar o de la identidad. Cuando eso ocurre, dicha conducta viene con una fuerza añadida, porque perderla nos parece en cierta medida como perder quiénes somos.

Por ejemplo, mientras me hacía mayor y durante mi primer matrimonio siempre se me exigía que cargara con las emociones de todos. Aquello era algo que se hacía de manera tácita y yo aceptaba ese papel. Aunque me esforzaba por cambiar, cuando dejé de hacer aquello por todo el mundo me sentí desorientado y despojado. De parecida manera, si siempre te han tratado como algo inútil, como alguien incapaz de tomar la más simple de las decisiones, lo más probable es que te sientas inseguro y temeroso ante la súbita ausencia de esas voces ajenas que te decían lo que tenías que hacer. Es como apoyarse en una pared que no deja de empujar contra nosotros. Al cabo de cierto tiempo nos parece que es normal sostener esa pared. Cuando la pared desaparece, tenemos que volver a aprender a mantenernos erguidos.

Nuestra comodidad con aquello que hemos aprendido es muy profunda. El miedo al cambio tiene una gravedad propia que viene de muy atrás. Pensemos, por ejemplo, en la historia de Moisés. Pese a que su pueblo estaba esclavizado y oprimido, pese a que imploraban alivio y libertad, en cuanto Moisés los sacó de Egipto muchos se quejaron y desearon la comodidad y la familiaridad de sus ataduras. Lo que nos dice esta vieja historia es que en todos nosotros hay un impulso del alma que nos arrancará de las ataduras y que todos llevamos dentro una voz que se resiste al cambio y que, por mucho que sea el dolor o el abuso, exclamará: «No está tan mal. Estoy en casa. Eso hace que conozca mi camino». De qué manera afrontemos estas voces influirá mucho en lo vitales y auténticas que consigan ser nuestras vidas.

A ese impulso del alma podríamos llamarlo la voz de Moisés, y a nuestra voz reticente al cambio la voz de Hamlet, ya que Hamlet es el arquetipo del «sí, pero» que llevamos dentro y que con terquedad, a través de la indecisión y la racionalización, nos aparta de aquello que debemos afrontar. Hamlet, siempre a punto de hacer lo que sabe que debe hacer, habla y habla para rehuir cualquier acción, disolviendo su resolución entre eternas deliberaciones una vez y otra.

El Hamlet que llevamos dentro se presenta en diversas formas. Por ejemplo, tengo un amigo que se enfrenta a una adicción. Con el paso de los años, después de muchos ciclos de adicción y recuperación, nos dimos cuenta de que cada vez que se enfrentaba con la ocasión de llevar una vida saludable admitía que necesitaba hacerlo pero confesaba ser frágil, débil y sentirse agobiado. Decía: «Sé que eso es cierto, pero no sé si soy capaz de hacerlo. Tienen que ser pacientes conmigo».

Ver aquellas limitaciones suyas nos dejó paralizados de compasión. Pero, al poco tiempo, por fin empecé a percibir que al enfrentarse a las ocasiones que se le presentaban para abandonar la vida sana, se había vuelto increíblemente fuerte y sacaba recursos y obstinación para regresar a la comodidad de sus ataduras. Un día, mientras comíamos juntos un bocadillo al sol, se levantó y se dio cuenta de la realidad de su situación. Se volvió hacia mí y dijo: «Soy fuerte como un toro, sólo soy débil cuando me veo tentado a no afrontar mi vida». Su Hamlet llevaba años manipulando a su Moisés. Naturalmente, eso forma parte de cualquier adicción: la persuasión de la voz malsana para que la sigamos como si fuera la buena. La lucha de mi querido amigo, que es la de todos, consiste en recuperar el impulso del alma y conseguir la fuerza interior para afrontar la verdad. Está claro que todos pasamos repetidamente por esa ocasión.

Una pausa para la reflexión
Preguntas para el diario

- Todos tenemos unas ataduras con las que luchamos por librarnos y todos tenemos un desierto que atravesar. Cuenta la historia de tus ataduras y tu desierto. ¿En qué lugar te hallas actualmente en relación con ambas cosas?
- Como un acto de amor por ti mismo, identifica una forma de autoinfligirte daño. ¿Cómo puedes parar eso?

Nuestra relación con el cambio es eterna y rara vez sencilla. Parece que a cada curva nos enfrentamos al desafío de distinguir entre los caminos falsos y los verdaderos. Esto forma parte del esfuerzo de amarnos a nosotros mismos. Y la cruz de esa elección es la necesidad de reconocer que contamos con un impulso del alma que seguirá a la verdad y una voz reticente al cambio que se ceñirá a lo familiar. Para ser claros, no es lo familiar lo que resulta problemático, sino nuestra adhesión a ello. No supone ningún problema tomar café cada día en la terraza mientras observamos a los pájaros, sino no alterar nuestros horarios si un amigo nos necesita justo en ese momento.

Admitir que obedecemos a esas voces y permitir que dialoguen abiertamente entre ellas en nuestro interior es una práctica trascendental para vivir en este mundo. No debemos tratar de eliminar ninguna de ellas, sino resistir las tensiones de sus energías hasta que somos capaces de aprender a vivir con mayor plenitud y superando los hábitos que hemos adquirido, hasta que la frescura de estar vivos en cualquier momento dado se convierta en algo familiar, hasta que estar vivos y despiertos sea nuestro hogar.

Esto no es fácil pero sí necesario. ¿Cómo relacionarnos con nuestra voz reticente al cambio que dice «sí pero no» a todo? Tiene mucho que ver con optar por adentrarnos en la vida en lugar de retirarnos de ella. El reputado psicoterapeuta Erik Erikson sugiere que podemos responder a la vida de tres maneras básicas: creativamente, avanzando a través de las situaciones que surgen y que nos conectan con la vida que nos circunda; neuróticamente, retirándonos a un aislamiento que nos aparta de la impredecibilidad de la vida que nos rodea o, la manera más peligrosa, reformulando nuestra conducta de retirada y dándole forma de una postura necesaria en un mundo difícil.

Naturalmente, mezclamos esos tres recursos de manera infinita. Pero cuando logramos adentrarnos en la vida en lugar de rehuirla empezamos a tocar los puntos decisivos de la transformación. No obstante, cuando nos retiramos más de lo necesario engrosamos los muros de nuestros hábitos. Y aunque aislarse del caos del mundo o cambiar los esquemas de la violencia del mundo para afianzar nuestras pisadas no tenga nada de malo en sí, cuando el aislamiento nos aparta de la vida y cuando cambiar los esquemas de aquello que encontramos se convierte en una manera de negar la verdad de las cosas, le estamos dando a nuestra alma la llave para acceder al Hamlet que llevamos dentro. Cuando nos retiramos a un lugar demasiado apartado, podemos ennoblecer falsamente ese aislamiento y atribuirle características dignas de admiración. De ese modo nos instalamos allí, estancados junto al umbral del crecimiento.

Si ennoblecemos nuestro aislamiento, podemos pasar a reformular aquellas conductas que quitan la vida y considerarlas virtudes. Podemos pasar a considerar el recelo como un signo de madurez en un mundo difícil. Podemos considerar la culpa como el sacrificio de modestia que hacemos para servir a los demás. Podemos considerar la inseguridad como una humildad a la que nos hemos autorrelegado. Podemos reformular la indecisión como adaptabilidad. Podemos pasar a ver el estancamiento como la disciplina de la quietud. Podemos considerar al propio aislamiento como independencia. Y podemos entender la desesperanza como una estoica aceptación de la realidad. Y, sin embargo, estaremos todo el tiempo perdiendo el contacto con lo que suponen en realidad para nosotros esa madurez, ese servicio, esa humildad, esa adaptabilidad, esa quietud, esa independencia y esa aceptación.

Afrontar la vida de estas voces y trabajar con ellas nunca es fácil. Éste es otro motivo por el que necesitamos la amistad sincera y el consuelo de otros. Por suerte, esa tradición también se ha venido dando desde siempre. Todo esto me recuerda a una tribu de Indonesia cuyos chamanes llevan siglos echando semillas de linaza y de lavanda en una bolsita de satén. La bendicen y la colocan sobre los ojos cansados de la gente. Al parecer, el peso de las semillas sobre los ojos hace que se abra el rostro. En un sentido profundo amar a otros es parecido a eso: poner semillas en los ojos de los demás. Una vez que nuestros rostros se han abierto, lo que imaginó E. E. Cummings parece posible, que más allá del daño que nos autoinflijamos, «El sí es la única cosa viva»[6].

Una pausa para la reflexión
Una meditación

- Siéntate con las palmas de las manos hacia arriba.
- Al inspirar, cierra las manos.
- Al espirar, vuelve a abrir las manos con las palmas hacia arriba.
- Empieza a centrarte en algo a lo que dices «sí pero no».
- Al inspirar, cierra las manos y di: «pero».
- Al espirar, vuelve a abrir las manos con las palmas hacia arriba y di: «sí».
- Repite esto varias veces.
- Siéntate sin moverte y, en tu corazón, desconecta el «sí» y el «pero».
- Empieza a centrarte sólo en el «sí».
- Respira a fondo y abre y cierra las manos diciendo «sí».
- Repite esto varias veces.
- Céntrate en tu problema, diciendo «sí».

Preguntas para la sobremesa

Para plantearlas en la sobremesa con amigos y seres queridos. Trata de escuchar las respuestas de los demás antes de debatir sobre ellas:
- Cuenta la historia de una situación que reformularas y de qué manera te ayudó hacerlo. Cuenta otra situación que hayas reformulado y de qué manera te causó daño.
- Describe un hábito malsano al que se te dé especialmente bien resistirte. Ahora describe un hábito bueno al que te sientas tentado a resistirte. ¿Cómo podrías invertir estos esfuerzos?

UN MAESTRO ESTRICTO

Si queremos ser abrazados, deberemos observar.

A los treinta y tantos me parecía natural ese anhelo de ser visto y oído, un anhelo que con el tiempo se tornó apremiante y agotador. Con los años empecé a darme cuenta de que ser abrazado es más importante que ser comprendido. Cuando me abrazan, no me importa demasiado ser visto u oído, porque ser abrazados es ser vistos y oídos de un modo que reafirma nuestra misma existencia, de manera muy parecida al calor con el que el sol reafirma a una flor para hacerla florecer. Y estar tan presente como la flor que se abre al sol es el modo que tiene el alma de abrazar el propio misterio de la vida que, si lo cuidamos, nos corresponderá y nos acogerá en ese abrazo que llamamos maravilla o asombro. Esto significa que si contemplamos el universo con la suficiente presencia, el misterio nos devolverá el abrazo.

Como ser humano vulnerable, sigo deseando ser visto y oído y comprendido por quien soy y que se me concedan los dones del amor sin plan preestablecido alguno. No creo que nunca lleguemos a perder esa necesidad, pero la ausencia de estas afirmaciones ya no rige mi vida. Sigue doliéndome que me ignoren, sobre todo cuando me he expuesto del todo. Sigue pareciéndome frustrante que no me comprendan, sobre todo cuando me he expresado de corazón con toda la sencillez que he podido. Pero la verdad no necesita ser explicada para ser verdad. Y los elementos no van a reprimir su poder innato porque les demos la espalda. Somos como árboles altos e inclinados. Nos balanceamos para todos los lados en nuestra condición de humanos, mientras que nuestro espíritu se arraiga firmemente en una conexión con la tierra que es cada vez más profunda.

Sin la percepción de esta conexión con la red de la vida la necesidad de ser vistos y oídos puede dominarnos, agobiarnos e incluso destrozarnos. Sin esta conexión enorme y directa uno puede volverse dependiente e incluso adicto a la aprobación ajena. Pero cuando hallo el coraje para estar presente por completo en todo momento puedo perfectamente sentir el tirón de todo aquello con lo que estamos vinculados. Es este tirón de la conexión lo que puede restablecer mi autoridad innata de ser. Cierto es que esta unión vital percibida entre nuestro mismo centro y el universo no nos librará de la soledad, pero sí que logrará limitarla. Esta presencia percibida de todo aquello que es mayor que nosotros no nos librará del dolor, pero sí que lo absorberá.

Saber que me abraza la naturaleza de las cosas cuando siento este dolor en lo más profundo de mi ser. De joven se me presentaba como una tristeza que no era capaz de explicar. Y pensaba que si conseguía librarme de ella sin más podría ser feliz. Pero después del cáncer empecé a darme cuenta de que este hondo dolor es el diapasón de mi alma. Es lo que me hace saber que estoy cerca de lo que importa. En la actualidad este dolor profundo y sin nombre en presencia de la belleza y el sufrimiento se ha convertido en un maestro estricto y en un amigo. Hace que me abra a la verdad cuando estoy demasiado ocupado o adormilado para asimilar la belleza. Y estas rupturas del corazón son acontecimientos de total asombro de los que no me recupero pero a través de los cuales me restablezco.

Todo esto me ha llevado con el tiempo a aceptar que el corazón es un músculo que desea ser ejercitado. Y aunque cada vez que se me parte el corazón me parezca el fin, mi corazón sólo se rompe para dar lugar a una versión mayor de sí mismo. Cuando afronto este proceso con presencia, me veo abierto a todo. Cuando reprimo mi presencia, lo único que logro es romperme. Sólo sé que después de que se me rompa el corazón sigo estando aquí. Y cada vez respiro más hondo. Y me yergo más alto. Cada vez me despierto para descubrir una capacidad y un ansia de dar cariño desconocidas.

Una pausa para la reflexión
Una meditación

• Siéntate en silencio y rememora algún momento en el que te pareciera que no ibas a sobrevivir a tu corazón roto.

- Inspira a fondo y trata de recordar el momento en que la ruptura empezó a transformarse en apertura.
- Espira completamente y trata de recordar qué sentiste.
- Inspira a fondo y pon las manos sobre el corazón; trata de sentir ese lugar lleno de fortaleza que tienes dentro y que es por donde el corazón empezó a curarse.
- Expulsa todo el aire hacia el mundo y acepta el misterio de que un corazón roto con el tiempo se convierte en un corazón más fuerte.

Preguntas para el diario

- Cuenta la historia de algún momento importante en el que no fuiste visto ni oído y qué te supuso de malo aquello. Después cuenta la historia de algún momento importante en el que fuiste claramente visto y oído tal como eres y qué te supuso de bueno aquello.

Preguntas para la sobremesa

Para plantearlas en la sobremesa con amigos y seres queridos. Trata de escuchar las respuestas de los demás antes de debatir sobre ellas:

- ¿Qué o quién es para ti un maestro estricto al que recurres cuando has perdido el rumbo? ¿Cómo te diste cuenta por primera vez de que era tal maestro?

En la cabaña que llamamos el yo

He estado escuchando en lo más hondo de mí, donde el universo me atraviesa como el viento que pasa por un agujero de la vieja puerta de una cabaña construida al borde de un precipicio. He estado yendo allí y escuchando, a ese borde interior de todas las cosas. Allí he oído dos verdades irrefutables:

la verdad de la vida, el mismo hecho de ella, cómo sale de la nada como una fuerte brisa para animar nuestros semblantes y después seguir su camino, y la verdad de cómo la vida puede maltratar a nuestros corazones, cómo no nos queda otra opción que sentir que ese viento nos traspasa y nos envuelve. Es difícil tratar de poner esto en palabras. Pero la primera verdad puede inferirse como «la verdad de las cosas como son» y la segunda como «la experiencia de ser humanos». Éstas se han convertido en mis maestras: tratar de aceptar la naturaleza de lo que hay y tratar de no negar su influencia.

Así que cuando me preguntan: «¿Para qué estamos aquí?», me veo detenido por ese viento que sopla por el agujero de mi corazón. Desde aquí abajo es como preguntar al propio precipicio para qué está aquí. Para sostener el mundo, podríamos decir. Para ser el mundo, podría decir el precipicio. Yo sólo puedo decir que mi corazón, mis ojos y mi mente no cesan de ser abiertos.

Permítanme decir cómo es la vida en esa cabaña estos días. Como muchos de nosotros, siempre he considerado estar centrado como un estado de calma y experimentar emociones difíciles como un estado de agitación. Como muchos de nosotros, me debato entre estos dos extremos: tener que tranquilizarme cuando algo me agita y preguntarme cuánto durará la calma antes de que algo vuelva a agitarme. Como muchos de nosotros, he llegado a asociar la falta de agitación (ausencia de miedo, confusión o ira) con la paz y la presencia de esa agitación como la sensación de verme arrastrado al bullicio del mundo.

No obstante, estoy aprendiendo que la ausencia de agitación no significa necesariamente paz y que la presencia de esos sentimientos difíciles no implica que estemos necesariamente descentrados. Más bien, la labor de vivir plenamente nos desafía a que nos mantengamos en el centro a la vez que sentimos todo el surtido de vida del mundo. Es toda una tarea y no estoy muy seguro de cómo llevarla a cabo. Sin embargo, aquí me encuentro, escuchando en lo más hondo de mí a estos dos maestros: la verdad de las cosas como son y la experiencia de ser humanos.

Todo esto me vino a la mente hace poco, cuando me vi de nuevo arrastrado a una relación con una persona que no decía lo que pensaba. Los detalles no vienen al caso. La cuestión es que aquella persona no era de fiar y no aceptaba que había roto una promesa. Seguro que yo tampoco he cumplido todas las promesas que he hecho, pero aquella vez pude sentir que mi corazón se rompía como un bolsillo secreto por el mismo sitio por donde ya se había desgarrado antes. Y pese a toda la práctica que había acumulado de no tener expectativas, de dejar que las cosas siguieran, de rendirme a la aceptación, aquella decepción me destrozó.

Después de verme zarandeado adelante y atrás, he llegado a sentirme al mismo tiempo centrado y dañado, a aceptar que la situación no va a cambiar y, a la vez, sin ser capaz de hacer caso omiso a lo que se siente cuando te decepcionan. No trato de huir de la agitación en pro de la paz, sino de relajar mi ser hasta encontrar el espacio suficiente para lograr albergar ambas cosas: la paz y la agitación.

Esto es algo nuevo para mí y no es de extrañar que esta carrera entre la paz y la agitación, sea cual sea su causa, haya llegado al límite, ya que la paz y la agitación comparten costuras y, al tirar de ellas, se descose el hilo de la Unicidad. Basta con hacer que eche abajo la vieja puerta de la cabaña del yo para que el viento de la vida pueda soplar con fuerza a través de mí. Pero entonces los susurros que llegan uno tras otro hasta mi interior a través del viejo agujero, esos susurros que conocemos como verdad, se perderían entre la furia desatada del viento.

Una pausa para la reflexión
Una meditación

- Concéntrate y piensa en algún momento reciente de paz.
- Respira despacio y deja que vuelva a ti esa sensación.

- Sin desconcentrarte piensa en algún momento reciente de agitación, de miedo, confusión o dolor.
- Respira despacio y deja que vuelva a ti esa sensación.
- Inspira profundamente hasta que tu corazón se ensanche y deja que se mezclen en él la paz y la agitación.
- Siéntate así durante varios minutos más y practica la ampliación de tu espacio.

Preguntas para el diario

- ¿Adónde vas cuando quieres sentarte en el borde interior de todas las cosas y qué es lo que oyes allí?

Preguntas para la sobremesa

Para plantearlas en la sobremesa con amigos y seres queridos. Trata de escuchar las respuestas de los demás antes de debatir sobre ellas:
- Cuenta la historia de alguna promesa rota, de alguien que no dijera lo que pensaba, y explica cómo te afectó esa experiencia.

HALLAR EL CANTO DEL PÁJARO

Nunca estamos muy alejados de la necesidad de dejar entrar la belleza cuando sufrimos ni de escuchar a la pérdida y a lo que ésta nos brinda. Estas dos tareas perpetuas sirven para ejercitar el corazón y hacernos más resistentes y adaptables, siempre que logremos afrontarlas.

Entramos y salimos constantemente del milagro que tenemos delante. Mientras se nos dilatan y contraen las pupilas para lograr ver nos vemos abiertos por el amor, el asombro y la verdad a la inmediatez de todo aquello que nos resulta incomprensible, sólo para lidiar con el dolor, la pérdida y los obstáculos que hacen que nos coartemos. Y durante esa pugna parece que el milagro de la vida esté fuera de nuestro alcance. Aunque cuando logramos sobrellevar aquello que se nos ha dado, el dolor y la pérdida nos abren aún más. Así es como ve el corazón humano.

La cultura actual nos dice que merecemos una vida perfecta y feliz. Sin embargo, si insistimos en divinizar una vida sin dolor y exenta de pérdidas sólo conseguiremos ser apaleados por el dolor y la pérdida que se nos han dado y no daremos con el objeto de nuestro viaje. Por mucho que lo deseemos, no podemos ser felices todo el tiempo, igual que tampoco podemos estar todo el tiempo dilatándonos o inhalando. Tenemos que dilatarnos y contraernos e inhalar y exhalar para poder vivir. Y así el corazón, la mente y el alma necesitan abrirse y cerrarse a la plena experiencia humana para ir dando sentido a las cosas a medida que avanzan. Por duros que sean, el dolor, la pérdida y los obstáculos son fuerzas dinámicas de la vida que hacen que nos abramos y nos cerremos. De nosotros depende que demos sentido a nuestra conversación vitalicia con esas fuerzas.

Para decirlo con claridad, no hace falta que invitemos al dolor y la pérdida, pues no podemos evitar que nos toque nuestra parte correspondiente de ellos del mismo modo que tampoco podemos evitar que el clima nos afecte en todo su alcance. Es el toma y daca entre el dolor y la maravilla y la manera en que nos azotan los elementos de la experiencia lo que constituye el viaje de la vida. De esas cosas, por mucho que lo neguemos, nunca podemos huir.

Pensemos en esos días en los que nos sumimos en una marea de cantos de pájaros y nos llenamos de la sosegada música del universo. No importa cuánto nos recreemos: el canto del pájaro acaba por debilitarse y hemos de retornar a nuestro momento. Otros días los pájaros parecen salir de la nada, de detrás de los edificios o de debajo de los puentes, y su canto nos envuelve con una niebla invisible que nos recuerda que la vida es mucho más que la mera maquinaria de nuestras labores. Pero acaban por marcharse aleteando, llevándose su dulce medicina con ellos. En cualquiera de los casos, nos dejan revitalizados y entregados al esfuerzo de escuchar, de mantener vivo en todo lo que hacemos ese canto de la verdad, allá donde la vida nos lleve.

La verdad se nos aparece muchas veces como el canto de esos pájaros. Nos sumimos en una marea de ella y, no importa cuánto nos recreemos, acaba por desvanecerse. Hay otros días en los que la verdad parece salir de la nada para recordarnos lo excepcional que es que estemos aquí. Y después desaparece con su revitalizante medicina y nos deja con el esfuerzo de mantener vivo el canto de la verdad durante el tiempo que nos quede. Esta conversación vitalicia con el amor, el asombro y la verdad, en contraposición con el dolor, la pérdida y los obstáculos, es nuestra manera de avanzar dilatándonos y contrayéndonos hacia la esencia de nuestra existencia.

Una pausa para la reflexión
Preguntas para el diario

- Cuenta la historia de algún momento en el que te vieras en la situación de acoger la belleza mientras estabas sufriendo o en el que tuvieras que escuchar una pérdida y aquello a lo que ésta te abrió. ¿De qué modo te sirvió aquello para ejercitar tu corazón? ¿En qué te cambió esa experiencia?

El cuervo que nos habla

Hace poco regresé a casa después de haber pasado una semana grabando conversaciones didácticas para la editorial Sounds True en Boulder, Colorado. Aquélla había sido una experiencia profunda y reveladora con almas gemelas y me sentía lleno de gracia y en paz, como uno de esos troncos redondeados que flotan a la deriva en el gran océano. Pero entonces, en el avión, me di un golpe en la cabeza y salí de allí con un dolor que no había manera de desaparecer. Luego hizo acto de presencia una infección sinusal. Nunca había tenido antes una infección de los senos y por eso aquel dolor de cabeza que me incordiaba detrás de los ojos resultaba nuevo para mí. Lo notaba muy adentro, demasiado cerca del cerebro, extrañamente parecido al tumor que se instaló en mi cráneo veinticuatro años atrás. Empezó a costarme trabajo distinguir aquello de entonces de lo que sentía ahora. Todo el mundo dice que cuesta tiempo curarse de una infección sinusal. Pero la infección y el chichón se agolpaban y me causaban una sensación rara cerca de la cicatriz, una opresión en la cabeza que no había sentido desde los tiempos del cáncer. Mi visión de las cosas empezó a contraerse. Me desperté aquella noche con un latigazo de miedo de que el cáncer hubiese regresado, como un dragón que despierta tras un largo sueño. «¡Ahora no!», exclamé en silencio mientras Susan dormía a mi lado, «¡Ahora no!».

Me debatía entre la visión expansiva de la vida en la que acababa de sumergirme y ese recuerdo alojado en mi memoria corporal que estaba adueñándose de mí. Perdida mi capacidad de mantener el miedo a una distancia prudencial, me incorporé en la cama, diciéndome: «Aquello fue entonces y esto es ahora. No te vayas a tirar por la ventana». Pero la vieja ostra cerrada que era mi instinto de supervivencia me respondía, temblando: «Demasiado tarde, demasiado tarde».

Ya me estaba ahogando en incertidumbres y el miedo empezó a sobrevolarme como un cuervo, a trazar círculos sobre mi corazón a la espera de que se abriese para empezar a picotearme. Así viví durante varios días, dilatándome y contrayéndome, midiendo mi dolor de cabeza, el desgarrón de mi pasado, sin ganas de empezar otro periplo de diagnósticos pero sin ganas de dejarme gobernar por el miedo a no hacer nada.

Al final Susan me acompañó a ver a nuestra especialista en medicina interna, quien me tomó la tensión, que tenía alta. Presionó sus pequeños pulgares por debajo de mis ojos. Un dolor de cabeza fuerte podía subirme la tensión. Me apretó la zona de las sienes. También ella creía que se trataba de una infección de los senos pero aun así, dado mi historial, me hizo un volante para que me hiciesen un TAC cerebral y para que me quedase tranquilo. Más dilatación y contracción.

En lo más profundo de mi interior sabía que estaba sano, pero el miedo mantenía fuera de mi alcance mi confianza en ello. Aquello duró tres semanas. El dolor de cabeza no menguaba. Para entonces estaba ya deshecho. Hacerme pruebas tan pronto alimentaba el miedo (darle a aquello opción de curarse), pero rehuir las pruebas después de haber esperado tres semanas parecía una tontería (si había un tumor, no podía ignorarlo). Saber cuándo hay que enfrentarse a las cosas es una habilidad que hemos de desarrollar continuamente: a la hora de afrontar un conflicto, al encararnos con quienes amamos, al enfrentarnos a quienes nos han hecho daño y al hacer frente a la verdad de nuestro pasado o a la verdad de nuestras limitaciones. Y el único que puede determinar cuáles son los plazos idóneos eres tú.

Me hicieron el TAC. Mientras esperaba los resultados me costó horrores no desfallecer. Cada vez que me parecía que volvía a controlar la situación, algún otro dolor le daba nuevas fuerzas al miedo, que aguardaba como una pitón invisible y me constreñía con más fuerza. Cuando se lo alimenta, el miedo es capaz de hacer eso. Luego la muela del juicio de mi mandíbula superior derecha empezó a morirse y a producirme un dolor persistente que no hizo sino agudizar el perpetuo dolor de cabeza. Estaba seguro de que el tumor se estaba extendiendo.

Al final resultó que era la muela del juicio la causante de todo: la infección de los senos, el insistente y profundo dolor de cabeza y la tensión elevada. Los resultados del escáner llegaron después de la endodoncia. Mi cabeza está bien. Estoy bien… no hay cáncer. Pero aunque todo ha terminado, el dichoso miedo no desaparece. Sigue volando en círculos como un cuervo y me atrapa en su oscuro aleteo. Y yo grito a nadie en particular: «¿Cómo puede ser que algo de hace un cuarto de siglo me siga teniendo completamente atrapado? ¿Por qué no soy capaz de liberarme del constreñimiento de ese miedo y ese dolor aun cuando el problema está ya resuelto?».

Y la respuesta me llega de lo más profundo: «Porque necesitas algo que te descoloque de ese modo para que se te aflojen las vendas que has llevado durante veinticuatro años». Es cierto. Esa muela me ha ofrecido una dosis de dura sabiduría. Así que ahora estoy otra vez levantado en mitad de la noche intentando espantar al pájaro negro del miedo. Pongo las manos sobre el corazón y exhalo despacio mientras intento atraer el miedo hacia ellas, dejar que se evapore fuera de mí sin que caiga sobre nadie más.

Veinte minutos más tarde, o quizá veinte vidas más tarde, el pájaro parece haberse alejado. Me quedo adormilado y sigo soñando con el miedo que me sale del corazón y, a través de la respiración, me llega hasta las manos. Y allí, entre dos mundos, diviso un camino adoquinado cubierto de hojas que se desperdigan con una repentina racha de viento luminoso. Dormito un poco más. Luego me despierto en un lago que refulge a la luz de un sol que no logro ver. Observo a través de una hilera de árboles encorvados que se balancean y allí está el cuervo, posado inofensivamente en una rama muerta. Quiero quedarme allí, en medio, pero sé que debo despertar. Y el cuervo me seguirá porque también él busca la luz. Las cosas que nos asustan también quieren ser abrazadas.

Por la mañana mi corazón ya empieza a desacalambrarse. Oigo crepitar las hojas otoñales entre las volutas de luz. La belleza empieza a ser bella de nuevo. Yo empiezo a brotar. El dolor y el miedo me han tenido agarrado por el pescuezo, del mismo modo que el oleaje nos azota en la base para irnos desgastando. Pero al ser una simple mota bajo el firmamento el miedo no tiene manera de intensificarse. El sol incita a las nubes a que muestren sus blancos vientres. Me estoy expandiendo de nuevo. Gracias a Dios. Gracias al misterio. Gracias al innegable flujo que nadie ve. No se trata de ser desgastado poco a poco o relucir como el sol. Son ambas cosas las que nos mantienen vivos. El campo aún sin segar se mece bajo el azul del cielo. El sol vibra levemente. Yo vibro levemente. La voluta de luz se eleva desde debajo del tronco caído como la verdad pausada que yo andaba buscando.

El filamento

El dentista me dijo: «Échale un vistazo a esto». El nervio de aquella muela agonizante, puesto sobre un algodón, tenía el grosor de un pelo. Me quedé perplejo. ¿Cómo podía algo tan diminuto causar tanto dolor y alterarme de aquel modo la conciencia entera? Esa imagen no me ha abandonado y la veo como una metáfora del filamento que conecta todo aquello que está vivo. Muchas veces el filamento nos pasa inadvertido, pero cuando tiramos de él o lo cortamos tiene el poder de atraer toda la atención del mundo en un solo instante. Cuando tocamos ese nervio, puede ocurrir que nuestra conciencia entera se reorganice. Lo cierto es que cada uno de nosotros somos un canalizador que lo conecta todo, cada ser viviente es un delgado filamento en el tejido de la existencia.

Y, como tales, somos increíblemente frágiles e increíblemente poderosos. Nuestro contacto, nervio con nervio, tiene el poder de cambiar el curso de una vida. Afortunadamente, y con toda humildad, no podemos lograr ese cambio de manera intencionada ni controlar cómo será ese cambio de ser a ser. Cuando nos sentimos tocados nos vemos obligados a escuchar a nuestras vidas, aunque muchas veces nos necesitamos los unos a los otros para dar sentido a aquello que oímos.

Carl Jung veía a los poetas y artistas como filamentos que, en contra de su voluntad, se encontraban usados a modo de pararrayos para el inconsciente colectivo. En ese sentido somos todos poetas y artistas a la espera de una forma más profunda de escuchar que permita que la humanidad de una persona saque a la luz a la humanidad entera, por brevemente que sea. A menudo es mediante una empatía inesperada cuando nos convertimos en conductores del denuedo humano más allá de nuestra conciencia. Como ejemplo de ello, he aquí una historia dentro de otra historia.

Poco después de la masacre del Virginia Tech de 2007, me robó el corazón la historia de una de las víctimas, el profesor Liviu Librescu. Muchas veces, al afrontar una tragedia, nuestro corazón trata de aferrarse a un detalle como símbolo viviente de todo aquello que no logramos comprender. En mi caso ese detalle fue la imagen del profesor Librescu, un superviviente del Holocausto que aquel día impartía una clase de mecánica de sólidos, y cómo mantuvo cerrada la puerta de su aula mientras el pistolero enloquecido Seung-Hui Cho pretendía entrar. Mientras escapaban todos sus alumnos salvo uno, Cho disparó a través de la puerta y mató al profesor Librescu. No podía dejar de imaginármelos a ambos, uno a cada lado de aquella puerta, y de pensar en que todos vivimos a ambos lados de esa puerta. La imagen no me abandonó hasta que abrí mi corazón a la profunda historia de nuestro denuedo humano que latía en aquel preciso momento. Pensar en el profesor Librescu, pese a que nunca llegué a verle, me cambió y me llevó a escribir una crónica de aquel día aciago, titulada «Suffering and Loving in The World» (sufrir y amar en el mundo) e incluida en mi libro de relatos *As Far As the Heart Can See*.

Cuatro años después, a Karen —que trabaja en el Virginia Tech, que vivió aquel espantoso día, que conocía al profesor Librescu y que lloró de modo incontrolado con la señora Librescu después de haberla ayudado a organizar un fondo en memoria de su marido— le llegó mi relato de su historia, la de ella y la de Librescu, que de algún modo había llegado hasta mí y, también de algún modo, aunque nunca hemos llegado a vernos, me escribe que le ha proporcionado cierta paz, que ya no se queda clavada cada vez que oye sonar una sirena. Y que haya acudido a mí también me ha dado cierta paz. No tengo ninguna clave acerca de tan inexplicable tragedia. Lo único que hice fue tratar de mitigar algo el dolor de la esquirla que se me había quedado clavada.

Que esa pizca de consuelo pudiera transferirse entre nosotros no se puede achacar en absoluto a sabiduría alguna por mi parte, sino más bien a la capacidad de ese filamento místico del corazón que, si lo escuchamos, nos conducirá más allá de lo conocido hasta lo más hondo de nuestra común condición humana, a ese lugar donde nadie de nosotros es un desconocido. Que aquello que me sentí compelido a expresar pudiese ser útil para quienes vivieron aquella experiencia es la evidencia espiritual de que nos unen profundas ataduras en lo más hondo de nuestras almas. Eso es a lo único que puede aspirar un escritor o un artista: a ser médico de la conciencia. Todos somos campanas que el tiempo hace sonar —a veces con contundencia, otras con más suavidad— y allí donde nos golpean lo notamos todos.

Muchas veces, cuando nuestra propia experiencia nos abre, encontramos en el fondo la fértil y húmeda tierra de la experiencia de cada uno. De ese modo, nuestro sentir es eso que nos conduce constantemente, más allá de nuestra predisposición, hasta las difíciles y majestuosas maneras que tenemos de estar vivos y de expresarnos unos a otros nuestra condición de vivos.

Programa de clases

> El ave perdida recuerda cómo cantar
> mientras chapotea en un charco
> y olvida cómo volar.

> Ésta fue la respuesta del maestro
> a las quejas de sus alumnos
> sobre la vida en el mundo.

Todo nuestro escuchar nos conduce a casa. Ésa es la respuesta del maestro a las quejas de sus alumnos. Esto es lo que el maestro-alma no deja de decirle al alumno-yo que llevamos dentro: acepta tu sitio en el milagro que tienes delante, escucha a tu experiencia, a tu cuerpo, a tu dolor, a tu asombro y al lugar que ocupas en el misterio hasta que te poses y cantes... a eso es a lo que todo canto de pájaro nos remite.

Por mucho que intentemos salir volando, todo vuelo nos lleva a posarnos en el punto de partida, que será distinto pero siempre el mismo. Por mucho que tratemos de huir del sufrimiento, todo nuestro dolor nos hace aterrizar en el charco de nuestra vida, donde podemos escuchar a nuestro reflejo. Por mucho que tratemos de salir de allí, la vida, simple y llanamente, nos devolverá al corazón del aquí y, si lo escuchamos, nos abrirá al corazón de todas las cosas. Lo que el maestro le dice al alumno que se queja es que para vivir no hay más programa de clases que vivir. Y que todos nuestros sueños, planes y estrategias son rodeos necesarios para llegar a la brillante realidad de la vida que ya vivimos.

Hasta ahora hemos descrito muchas clases de escuchar: a lo que se dice, a lo que no se dice, a nuestras maneras de infligirnos daño, a la música del enredo de nuestras relaciones, al modo en que el tiempo se ralentiza cuando le prestamos atención, al silencio que se abre en la naturaleza, a la llamada del alma y a la Unicidad que aguarda en nuestra experiencia. Todas ellas, más que habilidades, son capacidades que debemos conocer y con las que debemos vivir. Cada una es un maestro silencioso que se replegará si lo asustamos con nuestro ruido y nuestra grandilocuencia.

Cada manera de escuchar nos apremia a invocar un nuevo matiz de coraje. Cada vez que escuchamos a un nuevo nivel nos vemos compelidos a mantener una promesa que va más allá de lo que ya conocemos, una promesa que supera a nuestra conciencia y que nos recuerda que todavía hemos de vivir todo instante[7]. Y así, saber que otros quisieron conmover al mundo y se vieron obligados a aceptar que el mundo los conmovió a ellos, saber que otros han sufrido en exceso y que algunos se han sumido en la oscuridad mientras que otros se han visto reducidos a la dicha elemental, saber que miles han clamado a Dios en su desesperación más privada mucho antes de que nosotros naciésemos, saber que la sabiduría que reside en el silencio y el agua los ha acogido a todos, saber que la chispa que llamamos amor ha ablandado a hombres duros y ha hecho recapacitar a mujeres resueltas, saber que reprimir el amor logra desterrar todas las flores por muy resplandeciente que sea la primavera, saber que la lenta exhalación de una estrella dura cien generaciones, saber lo poco y lo mucho que representa tener un ápice de sueño, saber lo fácil que es dar rienda suelta a las energías materiales, saber que cuando no se nos comprende somos capaces de ignorar el empuje de cualquier cosa que podría ayudarnos, saber lo habitual que es tener que apañárselas, saber cuánto hay en juego... saber todo eso hace que sea imprescindible que cerremos nuestro saber, igual que cierra los ojos el que salta de un precipicio, y que vivamos. Que vivamos como si nadie nunca antes hubiese vivido.

Una pausa para la reflexión
Una meditación

- Cierra los ojos, respira despacio y deja que todos tus saberes discurran por tu mente: tus preocupaciones, tus tareas, tus sueños pendientes de cumplir.
- Inspira y deja que discurra por tu corazón tu historia personal: lo que has deseado, lo que has perdido, lo que te ha herido.
- Espira y siente el punto en que tu respiración se mezcla con el aire que te rodea. Siente el alcance de todo lo que sabes.
- Vuelve a inspirar y a espirar así hasta que te sientas seguro en la frontera que hay entre donde has estado y a donde todavía tienes que ir. Ése es el momento que siempre ocupamos.
- Inspira y abre los ojos. Imagina que estás a punto de saltar de un precipicio.
- Ahora espira y arrójate al día imprevisto que te espera.

Preguntas para la sobremesa

Para plantearlas en la sobremesa con amigos y seres queridos. Trata de escuchar las respuestas de los demás antes de debatir:
- Cuenta la historia de algún momento en el que la contracción causada por el dolor o el miedo mermase tu

sentido de la vida y de lo que es posible. ¿Cómo te afectó esa experiencia? ¿Cómo te abriste camino a través de ella?
• Relata algún momento en el que una empatía inesperada por tu parte te hiciera ser consciente del denuedo humano que a todos nos embarga. Vista esa experiencia, ¿qué aporta la empatía a tu vida? No pasa nada si no la has experimentado, es sólo una historia que ya te tocará vivir. Por lo tanto, ¿cuál crees que es la mejor manera de poner en práctica la empatía a la espera de las historias que te aguardan?

LA BÚSQUEDA INTERMINABLE

El sabio hindú Ramana Maharshi dijo: «No hay misterio mayor que éste, que sigamos buscando la realidad pese al hecho de que nosotros somos realidad». No aceptar esta paradoja es la causa de gran parte de nuestro sufrimiento, pues estamos siempre persiguiendo horizontes, buscando en todo momento algún secreto de la vida en otros sitios. Buscar o indagar con un destino en mente no tiene nada de malo. No hay nada de malo en trabajar hacia un objetivo o estado del ser en el que pueda residir lo mejor de nosotros. Pero somos tan adictos a la intoxicación de nuestro deseo que nos vemos arrastrados a creer que no obtener lo que queremos —no llegar a donde pretendemos, no conseguir aquello que soñamos tener— es un fracaso del cual muchos nunca nos recuperamos.

Lo cierto es que por muchos que sean nuestros dones o nuestras bendiciones nadie consigue todo lo que desea. Así es como se desarrolla la vida. En la naturaleza nada crece en función de un plan, sino según la constancia de los elementos. Como seres humanos, nos van dando forma esos elementos constantes que denominamos tiempo y experiencia. Todos nuestros destinos, objetivos y aspiraciones —por muy nobles y sinceros que puedan ser— no son sino puntos de partida para nuestro incógnito crecimiento, del mismo modo en que las enredaderas y las zarzas del bosque se van trenzando de forma inimaginable a medida que crecen.

No obstante, el afán de búsqueda es algo natural y humano. Nacemos con sed de amor, de verdad y de explicación. Pero las formas más profundas de buscar carecen de destino. En esos niveles profundos buscamos más como lo hace un pez que no deja de nadar porque si el agua deja de pasar por sus branquias morirá. No importa adónde va, sólo importa que vaya. Para las criaturas que habitan las profundidades esta búsqueda interminable es una forma de existir, de ser. Como espíritus alojados en cuerpos que habitan en la tierra, nadamos por los ríos del tiempo y la experiencia y nuestro corazón son esas branquias. Si dejamos de movernos a lo largo de los días, si dejamos de absorber experiencia a través de las branquias de nuestro corazón[8], moriremos.

Conviene que dediquemos un poco más de atención a los peces y al milagro de sus branquias. Aunque esto lo aprendimos todos en el colegio, no deja de resultar un hecho asombroso: los peces respiran oxígeno pese a que no tienen acceso directo al aire. Sorprendentemente, por medio de una misteriosa transformación, extraen el oxígeno del agua que pasa por sus agallas y desechan lo demás.

Para completar la analogía, cada uno de nosotros debe extraer lo que nos mantiene con vida de la experiencia que nos pasa a diario por el corazón. Todos debemos aprender a dejar que el corazón haga su labor de extraer sólo lo esencial de todo aquello por lo que pasamos y de descartar el resto. Éste es el propósito de la búsqueda interminable.

Este nadar incesante sin destino específico a través de los días nos ayuda a vivir la vida a la que hemos nacido. En otro paralelismo con nuestro viaje terrenal veamos cómo es la vida de un pez concreto. Estoy pensando en el poderoso salmón, que llega a cambiar dos veces su fisiología a lo largo de su vida. Nacidos en aguas dulces como peces de río, son arrastrados de manera irresistible hasta el gran océano. Al adentrarse en el mar entran en la edad adulta y lo hacen alterando su biología para poder vivir en aguas saladas. Como si ese milagro no bastara, acaban por llegar a una edad madura en la que se les despierta un ansia creciente de regresar a su lugar de nacimiento. Entonces se encaminan de nuevo a la desembocadura del río que los llevó hasta el mar. Al emprender la última etapa de su viaje modifican su biología una vez más para volver a ser peces de agua dulce.

El camino del salmón se puede traducir en el viaje del espíritu. Para nosotros la búsqueda interminable —por el océano de la vida y de nuevo por el río de nuestros días— transforma la manera que tenemos de asimilar lo que importa a lo largo de nuestras vidas. Cuando somos capaces de seguir nuestra llamada interna hacia el mar de la vida que está más allá de los confines de nuestras preocupaciones personales, maduramos y la propia vida que nos arrastra cambia al penetrar en las aguas profundas. Si tenemos la suerte de llegar a la edad madura, nos vemos compelidos a regresar al lugar de nacimiento, donde el yo y lo demás son lo mismo.

Esto es muy distinto de buscar oro, o de buscar una imagen del amor, o una imagen de Dios. Está la búsqueda que persigue la vida y luego está la búsqueda que nos revela la vida. Muchas veces las confundimos. La narradora Margo McLoughlin dice: «Sé que mi práctica se me está escapando cuando no siento sorpresa o asombro». Ésta es una buena manera de dilucidar si nos hemos apartado de la búsqueda que nos revela la vida allí donde nos hallamos y nos hemos ido más hacia la búsqueda que asume que lo importante se halla siempre en algún otro sitio.

Cuando perdemos nuestro sentido del asombro y la sorpresa, necesitamos una buena dosis de compasión, pues nadie es capaz de estar en todo momento asombrado y sorprendido. Cuando estos profundos maestros se nos ausentan demasiado tiempo, debemos reanudar la práctica intensa de buscar sin buscar, de buscar sin objetivo. Debemos relajarnos y abrir las agallas de nuestro corazón. Pero ¿cómo?

Una pausa para la reflexión
Preguntas para el diario

• Describe tu afán de búsqueda y explica adónde te ha llevado. Después cuenta cómo te han ido dando forma los elementos del tiempo y la experiencia. Sin juzgarlos fíjate en los caminos que han ido abriéndote.

Tres maneras de buscar

Podemos volver a empezar cada día. Lo único que tenemos que hacer es despertarnos a las incontables oportunidades que se nos presentan para abrir nuestro corazón, como si nunca lo hubiéramos abierto antes. El pianista y profesor Michael Jones nos ofrece tres maneras arquetípicas de practicar esa apertura de nuestra mente y nuestro corazón[9]. La primera es la búsqueda de una manera integral de pensar que logre restablecer nuestro sentido de esa Unicidad de la que formamos parte. Eso se suele conseguir a través de la metáfora. Luego está la búsqueda de una pertenencia que logre renovar nuestro vínculo con todo lo que vive. Eso suele hacerse a través de la narrativa. Por último, tenemos la búsqueda de una autenticidad que pueda reavivar nuestra experiencia de la belleza y la verdad. Eso se suele lograr a través de la poesía.

Pensar de manera integral no consiste sólo en ver nuestra experiencia con la más amplia perspectiva posible, sino, lo que es más importante, en recordar cuando no podemos hacerlo cuáles son nuestros límites en todo momento. Pero ¿por qué insistir en ver las cosas desde más allá de nosotros mismos? Porque, como dijo el maestro Prasad Kaipa: «Ver más amplía y ahonda nuestra sabiduría y sentir más amplía y ahonda nuestra compasión»[10]. Las dos cosas juntas tejen una cuerda salvavidas capaz de soportar casi cualquier tempestad.

Esas cuerdas salvavidas son importantes porque al ser humanos vivimos entre lo grande y lo pequeño, entre el todo y los detalles, entre la comprensión subyacente de todo que nos mantiene cuerdos y la astilla diminuta que no logramos encontrar y que nos impide caminar. Y la metáfora es la imagen cambiante que correlaciona ambas cosas. Las metáforas hacen que lo intangible sea brevemente tangible a través de algo análogo que se da en el mundo físico. En ese momento de correlación, ver la relación —entre lo grande y lo pequeño, entre el todo y el detalle, entre la visión general y la maldita astilla— ensancha nuestra perspectiva lo bastante para que nos ayude a hallar el camino.

Cuando el poeta sufí Ghalib dice: «Para la gota de lluvia la dicha es entrar en el lago»[11], se nos abre una conversación acerca de la mismísima relación entre una simple alma y el océano de la vida. Mientras andamos en pos de nuestro propósito en la tierra esta imagen, pequeña pero poderosa, nos abre una perspectiva mayor que puede influir en cómo regresemos a lo que sea que el día nos traiga.

Una pausa para la reflexión
Preguntas para el diario

Ésta es una pregunta para el diario que conduce a una pregunta para la sobremesa. Invita a un amigo fiel o a un ser querido a hacer esto contigo:

- Como un modo de introducirte en el pensamiento integral, te invito a reflexionar y a escribir, cuando te sea posible, sobre algún momento en el que experimentaras ese tejido superior de la vida, sin importar que llegaras a entenderlo o no.

Preguntas para la sobremesa

- Pasado un tiempo, cuéntale esta historia a tu amigo o ser querido e invítalo a que comparta contigo una historia suya relacionada con esta manera integral de pensar.

La búsqueda de pertenencia —en nuestra propia piel, en los demás, en el mundo e incluso en la historia de la vida— probablemente sea nuestro anhelo más persistente y confuso debido a lo embrollado que resulta ese don de la pertenencia. En esencia toda pertenencia depende de la fortaleza y la salud de nuestras conexiones. Y las historias son y han sido siempre el tejido conectivo de la humanidad. Siempre que ansiemos pertenecer estaremos ansiando un relato. Si nos detenemos con franqueza en cualquier momento determinado, se nos revelará una historia.

Hace poco estuve dando clases en Praga y fui a pasear por el viejo cementerio judío[12] que está en el antiguo gueto. Como judío, hijo de emigrantes rusos, retrocedí hasta el pasado en medio de aquellas lápidas torcidas y rotas, cinceladas con caracteres hebreos cubiertos de verdín. Cuanto más tiempo llevaba en medio de aquel aire de noviembre, más parecía brotar del suelo el relato de aquellas vidas. Volví allí varias veces durante mi estancia, atraído por el descubrimiento de una sensación de pertenencia que nunca antes había experimentado.

Siempre acudía a una tumba concreta, desgastada y obstinada. Y siempre ponía la mano en aquella fría y vieja piedra y decía en voz alta para mí mismo: «Yo nací judío». Me he pasado la vida intentando comprender lo que eso significa. ¿Se trata de un accidente de nacimiento? ¿O de una convicción de la aceptación que he descubierto en el extremo más alejado del sufrimiento? Allí había otras personas —checos, franceses, alemanes, rusos—, todos seguros de algo que no puede explicarse. Podía sentirlo en la historia que emergía desde la tierra.

Una pausa para la reflexión
Preguntas para el diario

Ésta es una pregunta para el diario que conduce a una pregunta para la sobremesa. Invita a un amigo fiel o a un ser querido a hacer esto contigo:

- Te invito de nuevo a reflexionar y a escribir, cuando te sea posible, sobre algún momento en el que experimentaras una fuerte sensación de pertenencia y qué fue lo que te hizo sentir esa pertenencia. Si nunca has sentido algo así, describe algún momento en el que no te sintieras aceptado o bienvenido y qué fue lo que te hizo sentir así.

Preguntas para la sobremesa

- Pasado un tiempo, cuéntale esta historia a tu amigo o ser querido e invítale a que comparta contigo una historia suya relacionada con esa sensación de pertenencia o de no ser bienvenido.

La búsqueda de autenticidad es algo tan esencial como el aire que necesitan nuestros pulmones. Para estar vivos necesitamos sentirnos auténticos. Son miles las maneras de sentirnos reales. No hay nadie capaz de nombrarlas todas ni de dominarlas, pero no hace falta. Sólo hemos de encontrar una, respirar profundamente y saltar.

Ese salto de la autenticidad es la poesía. A veces está escrita, a veces está hilvanada en silencio, a veces la encontramos en las manos de un desconocido que trata de reensamblar la única cosa que jamás quisimos que se rompiera. La autenticidad es cómo vivimos con la verdad. Y la poesía de la autenticidad puede conectarnos con la humanidad completa y con el universo en cualquier momento y de cualquier manera.

En el taller que llevamos a cabo en Praga invitamos a los participantes a que contaran la historia de algún pequeño gesto de cariño que los hubiera ayudado a conocer a su verdadero ser. Con la intención de acercar a los asistentes a sus propias autenticidad y pertenencia les pedimos que permanecieran en silencio y sin moverse durante treinta segundos para dejar que ese gesto de cariño los encontrara. Amaranta, una investigadora holandesa, habló con ternura de un momento que vivió hacía cinco años. Estaba sola en casa leyendo, cayó la noche y la habitación se oscureció. Ella siguió leyendo y, de repente y sin hacer ruido, apareció su ahora ex marido con una lámpara para ayudarla a leer mejor. Ese breve instante, ahora que ya no estaban juntos, la afectó en lo más hondo. Lo vio como una metáfora acerca de todo lo que podemos hacer los unos por los otros, sobre cómo la más pequeña lucecita es capaz de iluminar hasta el último resquicio de una habitación oscura. La escuché atentamente y pensé: ese gesto es el grado sumo de la educación. Lo cierto es que esa lámpara que portamos de oscuridad en oscuridad es nuestro corazón.

Una pausa para la reflexión
Preguntas para el diario

Ésta es una pregunta para el diario que conduce a una pregunta para la sobremesa. Invita a un amigo fiel o a un ser querido a hacer esto contigo:
• Esta vez cuenta la historia de algún gesto de cariño que te ayudara a conocer a tu verdadero ser. Para empezar quédate en silencio y sin moverte durante treinta segundos para permitir que ese acto de cariño llegue hasta ti.

Preguntas para la sobremesa

• Pasado un tiempo, cuéntale esta historia a tu amigo o ser querido e invítalo a que comparta contigo una historia suya relacionada con un pequeño gesto de cariño.
• Si la persona que te dedicó ese gesto o acto de cariño vive todavía, plantéate hacerle saber que su acción te dejó una marca imperecedera.

Contra toda probabilidad

Empezamos ansiosos por llegar a alguna parte y es posible que con el tiempo lleguemos. Pero por el camino, con suerte, la búsqueda deja de consistir en un mero viaje y empieza a ser ese nadar a través de la experiencia que ensancha nuestra comprensión de la vida, que enciende nuestro sentido de la pertenencia y que nos descubre una dulce autenticidad que nos impide ignorar la misteriosa abundancia que nunca deja de formarse y reformarse.

A la larga, ser la realidad que buscamos no nos impide seguir buscando. Simplemente nos acerca al sentido elemental de movernos por la vida hasta que aceptamos ese proceso de ser y de convertirnos al que nada vivo puede escapar y nos sometemos voluntariamente a él. Rendirnos a ese proceso innato cuando lo hacemos con autenticidad nos permite vislumbrar y sentir los hilos que lo conectan todo del mismo modo en que la luz del sol que atraviesa las nubes revela las hebras de seda dejadas por las orugas entre hoja y hoja.

Esto nos lleva a la red de Indra, que nos brinda una atractiva imagen con la que entender la red universal que lo conecta todo. Indra es el dios hindú[13] que simboliza las fuerzas de la naturaleza que protegen y nutren a la vida. Y cuentan que sobre el palacio de Indra puede verse una red infinita. Nadie la ha visto entera, pero en cada nudo de la red hay una gema resplandeciente. Cada una de esas gemas refleja la red entera y a todas las demás gemas que mantienen unida la red. Ese sinfín de piedras preciosas son las resplandecientes almas de la tierra y, al ser transparentes, cada alma refleja a las demás y a la vida en su conjunto. Juntas, esas almas como gemas mantienen unida la red infinita de la vida.

Cuando obramos con autenticidad, sentimos el tirón de la red de Indra que conecta todo con la gema de nuestra alma. Creo que el asombro y la sorpresa son el tirón y el dolor de estar vivos, lo que hace que sintamos cuál es nuestro lugar como gemas del alma en la red de Indra. Y cada vez que nuestro corazón avanza por el río de la experiencia, cada vez que extraemos aquello que es esencial, decimos, admitimos, declaramos a los demás: «Mira, soy una gema del alma en la red de todas las cosas». Cada vez que sentimos el tirón de la pertenencia más allá de nuestro saco lleno de nombres estamos diciendo con asombro y sorpresa: «Mira la verdad que llevo en mi interior y verás allí reflejadas todas las cosas».

Y cuando, contra toda probabilidad, alguien obra con autenticidad en respuesta a ello, sentimos que el universo y el tiempo nos remolcan y nos mecen. Y ese mecerse —como el viento que sopla por encima de todas las aves y el fuego que no alcanzamos a ver y que arde en el centro de la tierra— es la sensación de Unicidad que los sabios siempre han tenido por sagrada.

Una pausa para la reflexión
Una meditación

- Siéntate en silencio y deja de buscar.
- Respira a fondo y siente el tirón y el dolor de estar vivo.
- Deja que tus manos reposen abiertas en tu regazo. Siente en ellas tus latidos.
- Inspira a fondo y siente la fortaleza de las branquias de tu corazón.
- Espira despacio y siente tu lugar como una de las gemas del alma en la red de Indra.
- Cierra los ojos y siente el tirón de la red de Indra. Siente el tirón de todo lo que hay en el universo.
- Inspira a fondo y ve reflejado en el espejo nítido de tu alma el conjunto de la vida.
- No te preocupes si no logras ver ese reflejo o sentir el tirón del universo durante mucho rato. Siguen estando ahí.
- Abre los ojos y respira despacio, siente tu lugar como una de las gemas del alma en la red de las cosas.

Preguntas para la sobremesa

Para plantearlas en la sobremesa con amigos y seres queridos. Trata de escuchar las respuestas de los demás antes de debatir sobre ellas:

- Cuenta la historia de una búsqueda de un aspecto de la vida en la que te esforzaras mucho y, sin juzgar nada, compara esa experiencia con la historia de una búsqueda en la que se te revelara que algún aspecto de la vida estaba justo donde te hallabas.
- Habla sobre las últimas dos veces que has sentido sorpresa o asombro. ¿Qué tuvieron en común esas dos situaciones? ¿Cómo podrías buscar esos momentos de sorpresa o asombro?
- Después de que todo el mundo comparta sus historias, debatan sobre la naturaleza del asombro y la experiencia adonde los dirigen sus propias experiencias.

No obtener lo que queremos

Se nos enseña desde muy temprano que tener una ambición y esforzarnos por conseguirla es la manera de aportar algo al mundo y de avanzar. En esencia, eso es cierto. Pero por el camino muchas veces incubamos un egocentrismo que prolifera como las bacterias en los rincones oscuros de nuestra psique y ocurre otra cosa: empezamos a asociar obtener lo que queremos con el éxito y no obtener lo que queremos con el fracaso. Empezamos a vernos como pequeños dioses que lo crean todo a partir de la nada y a tener la expectativa de que podemos hacer que ocurran las cosas, de que tenemos algún derecho a controlar los acontecimientos. Se nos considera hábiles si logramos dirigir a los demás sin que se den cuenta. No tarda en despertarse en nosotros un sentimiento de derecho adquirido: que tenemos derecho a que las cosas funcionen a nuestro modo, derecho a obtener lo que queremos, derecho a manejar a la gente y los acontecimientos a nuestro antojo.

Claro que la vida también tiene algo que decir al respecto. Antes o después todo el mundo se acaba enfrentando al hecho de no conseguir lo que quiere. Cómo reaccionemos ante ese momento inevitable determinará cuánta paz o agitación tengamos en nuestras vidas. Ése es el momento que da inicio a todos los demás, ya que es nuestra aceptación de las cosas como son y no como nosotros queremos que sean lo que nos permite encontrar nuestro sitio en el fluir de la vida. Libres de esa sensación de derechos adquiridos, podemos descubrir que somos pececitos en medio del río y dedicarnos a nuestra labor de buscar la corriente.

Esta profunda ocasión de despojarnos de nuestra obstinación no nos libra de la tristeza y la decepción que nos causa que las cosas no vayan como habíamos imaginado. Pero al mostrar nuestro enfado y nuestro resentimiento cuando la vida se desarrolla sin tener en cuenta nuestra voluntad rechazamos los dones de ser una humilde parte de un todo inescrutable. Cuando nos enfadamos y nos mostramos resentidos porque —y aquí que cada uno ponga lo que le apetezca— en la Bolsa no han subido las acciones en las que habíamos invertido concienzudamente o porque el huracán ha destrozado la caravana que íbamos a heredar o porque el ascenso que nos merecíamos se lo han dado a otro o porque la persona a quien con tanta intensidad amamos no nos corresponde del mismo modo, nos arriesgamos a quedarnos atorados.

Sin importar lo que hagas o quién seas —un estadista a nivel mundial, un mecánico de coches, un diseñador web o un esforzado artista—, la maravilla y la capacidad de adaptación que supone estar en sintonía con el milagro de la vida te espera al otro lado de esta inevitable decepción del ego. No es que necesitemos rompernos para conocer la dicha, sino que necesitamos que se rompa esa obstinación de la voluntad que, como una persiana bajada, impide que la luz y el viento nos den en el rostro.

Cuando logramos dejar de culpar a los demás, a la naturaleza o a Dios por no obtener aquello que deseamos y somos sinceros sobre lo que este reajuste nos supone, entonces se hacen posibles la humildad y la compasión. La cuestión que aguarda detrás de todos nuestros supuestos derechos adquiridos y nuestras frustraciones es: ¿por qué necesitamos de verdad otra cosa que no sea despertar y cómo podemos compartir este tesoro? Ésta no es una cuestión exclusivamente nuestra ni de los tiempos que vivimos. Se trata de un pasaje arquetípico. La vida, de manera extraña, dura y maravillosa, empieza cuando empieza a tambalearse la historia que nos hemos inventado para conectar con lo desconocido.

Al final nos vemos obligados a desmontar la historia que nos han contado acerca de la vida —o la historia que nos hemos contado nosotros mismos— para poder sumergirnos de nuevo en la vida desde cero. Por mucho que intentemos escribir el guion de nuestras vidas, la vida en sí misma no admite guion alguno. Es como tratar de atrapar el mar en una red. La vida sólo logrará que se estropeen nuestras redes: las enredará, las sumergirá, las desenmarañará, las irá desgastando y acabarán hundidas en su fondo. Como ocurre con el mar, la única manera de conocer la vida es meterse en ella. ¿Cómo hacemos para escuchar más allá de la obstinación de nuestra voluntad?

Una pausa para la reflexión
Una meditación

Esta meditación se centra en un poemita:
- Siéntate en silencio y concéntrate.
- Respira despacio y piensa en todo lo que tienes y no tienes.
- Respira hondo y recita este poema:

> Lo que queremos y
> lo que se nos ha dado
> suelen servir a dos dioses distintos.
> Nuestra respuesta

a su coincidencia
determina nuestro
camino[14].

- Respira hondo y deja que se reúnan en tu corazón lo que quieres y lo que tienes.
- Intenta separarte de adónde vas y de adónde crees que vas.
- Respira hondo y mantén abierto el corazón hasta que éste acepte todo lo que tienes y lo que no tienes como si fueran guijarros en el océano.
- Respira despacio y reúne lo que quieres con lo que tienes.
- Quédate sentado en silencio y concéntrate.

Preguntas para el diario

- Describe algo importante para ti que empezó como un sueño y que después convertiste en un objetivo; cuenta después cómo ese sueño convertido en objetivo pasó a ser una expectativa e incluso un derecho adquirido, algo que merecías y que incluso creías que se te debía. Examina la gama de sentimientos que esa génesis despertó en ti. ¿Qué conclusión sacas de ese devenir de los acontecimientos?

Preguntas para la sobremesa

Para plantearlas en la sobremesa con amigos y seres queridos. Trata de escuchar las respuestas de los demás antes de debatir sobre ellas:

- Repasa tu vida y empieza contando la historia de lo que has querido o sigues queriendo y la historia de lo que se te ha concedido. ¿Hasta qué punto difieren o coinciden ambas cosas? ¿Qué te ha enseñado cada una de ellas?
- Cuando todo el mundo haya compartido su historia, debatid en qué difieren lo que queremos y lo que hemos obtenido.

Hemos visto que el cuidado y la atención son un camino no trazado que yace bajo la justicia y la injusticia. Y el esfuerzo del amor implica no retener nada y permanecer junto a las demás cosas vivientes de manera que puedan crecer, de modo que se reafirme su sensación de seguridad en este mundo. Constantemente nos reconocemos en todo aquel con quien nos encontramos, en sus luces y en sus sombras. Constantemente necesitamos el amor de los demás para que refleje aquello que tenemos y nos muestre aquello que necesitamos. Cuando algo nos conmueve en lo más hondo nos vemos forzados a escuchar a nuestras vidas, aunque muchas veces nos necesitamos los unos a los otros para dar sentido a aquello que hemos oído. el esfuerzo del amor nos permite dejar entrar a la belleza mientras estamos sufriendo. La biología del amor hace que el corazón, la mente y el alma se abran a la plena experiencia humana con el fin de dar sentido a las cosas a medida que progresan. Poco a poco, nuestra amabilidad hace que descubramos que la recompensa es nuestra afinidad con otras cosas vivientes. Y la cerrazón que revela esta amabilidad se convierte en una luz en nuestro cuerpo, hasta que la cerrazón generada por la amabilidad convierte al corazón en una lámpara. Se nos devuelve al hecho místico de que no existe nada que sustituya a atravesar juntos las cosas de la vida. Y muchas veces es por medio de una empatía inesperada cuando nos convertimos en un canalizador del denuedo humano, hasta que la humanidad de una sola persona nos revela la humanidad en su conjunto. De ese modo, la propia amabilidad es un modo de vida.

Todo eso compone el esfuerzo del amor, el maestro más personal y decisivo que jamás tendremos. Dedica un rato a describir cómo es tu amistad con el amor y el cuidado. ¿Cómo te hablan el cuidado y la atención? ¿Qué es lo que oyes? ¿Cómo te pide el amor que progreses?

Las siguientes preguntas tienen que ver con tu amor por los demás. ¿Te adelantas a prestar tus cuidados o te quedas calculando quién los merece? Hoy que estás leyendo esto, ¿te parece el esfuerzo de cuidar una carga o un alivio? Si es una mezcla de ambos, ¿qué hace que la carga sea llevadera? ¿Cómo abordas a alguien que está atorado? ¿Cómo quisieras que te abordaran los demás cuando estás atorado? ¿Contribuyes a reafirmar la vida que te rodea del mismo modo que deseas que te den seguridad a ti?

Las siguientes preguntas se refieren a tu amor por ti mismo. ¿Cuánto difiere el rostro que muestras al mundo del rostro que no muestras a nadie? ¿Es más potente tu sensación de aquello que te resulta familiar que la de aquello que es bueno para ti? ¿Qué sentimiento asocias con sentirte vivo? ¿Qué sentimiento asocias con el hecho de estar desconectado? ¿Qué tratan de decirte esos dos sentimientos? ¿Qué te dice el viento del amor a través del agujero de tu corazón? ¿En qué parte de ti reside todo el amor que has dado? ¿Puedes aprovechar su fuerza?

A partir de aquí exploraremos de qué manera el esfuerzo de estar presentes nos deposita en el misterio del momento. Veremos cómo el cuidado y la atención logran que todas las cosas encajen y cómo nos ayuda el amor a soportar las numerosas maneras de estar aquí que experimentamos.

Mitigar nuestro dolor

En los intensos momentos que suceden a un dolor me quedo atorado en todas esas cosas concretas que deseo y ansío y en las muchas cosas que temo y a las que doy la espalda. En esos momentos soy brevemente consciente de que todos huimos de la muerte. Puede variar la manera en que nos preocupan las cosas que perseguimos o rehuimos, pero nuestro dominio de aquello con lo que nos topamos nunca logra acercarnos más al Origen. Debido a todo esto, parece que el amor y el sufrimiento, si no nos resistimos a ellos, nos van despojando de las diferencias que curten nuestra piel hasta que nos damos cuenta, con ternura y una vez tras otra, de que en esencia somos todos lo mismo.

Como humanos que somos, no dejamos de perdernos en nuestra carrera hasta que algún gran afecto o dolor nos abre como una flor que para crecer no necesita más que luz y lluvia. Incluso después de que esos momentos nos transformen nos vemos arrastrados de nuevo a la complejidad que conlleva vivir con otros en este mundo. En nuestro moderno bullicio a veces parece que somos una colonia de guardianes de la luz que pasan zumbando a tal velocidad que las llamas que llevamos con nosotros no dejan de extinguirse.

Cuando nuestra luz empieza a titilar tratamos de controlar la vida y nos estancamos. Al estancarnos dejamos de comprender y de sentir el todo. Y entonces empezamos a separarnos y a aislarnos. Cuando vivimos en solitario nuestros sentimientos —temor, tristeza, ira, alegría, preocupación, confusión o duda—, sufrimos su intensidad. Sin embargo, este separarse y aislarse no es un defecto, sino una parte más de vivir. El peligro reside en que cuando nos quedamos atrapados en un momento de separación nuestro aislamiento puede convertirse en una forma de vivir. Y entonces sufrimos todavía más.

Cuando logramos mitigar nuestro dolor hasta poder experimentar nuestros sentimientos de manera plenamente conectada, su profundidad y su Unicidad nos hacen resistentes y adaptables y nos cimentan. Juntos, nuestros sentimientos constituyen un poderoso recurso. Cuando bajamos el ritmo, la luz que llevamos se propaga. Cuando logro honrar esto, recupero mi comprensión y mi sentido del todo, lo que me da fuerzas para dejar de correr. Cuando consigo la suficiente tranquilidad para escuchar mi dolor, logro recordar y experimentar que está todo unido y extraigo una agradable resistencia de cada uno de los puntos de unión.

Seremos aquietados

Pese al énfasis que con razón ponemos en nuestra quietud eso no significa que el movimiento tenga nada de malo. Sólo supone que tenemos que vivir en equilibrio entre los dones de la naturaleza. Al vivir en un mundo en movimiento constante hemos de sosegarnos para vislumbrar y sentir la verdad de las cosas, del mismo modo en que esperamos a que se calmen las aguas para poder ver el fondo. Esto es difícil de lograr sobre todo cuando sufrimos algún dolor.

Si nos resistimos, algo se encargará de aquietarnos. Conocí a un hombre que de pequeño se echó encima una olla de agua hirviendo. Le produjo quemaduras de tercer grado en el vientre. Para curarse tuvo que guardar reposo, inmóvil, durante cuatro meses, algo que resulta muy duro para un niño. Pero pese a la quietud de su dolor, su mundo interior fue adquiriendo cada día más presencia. Poco a poco fue hablándole y le condujo a dedicar su vida a la pintura. Habría preferido no haberse quemado de aquel modo, pero reconoce que haberse visto obligado a permanecer inmóvil le sirvió para abrirse a su ser más profundo.

La quietud también nos lleva a la dicha. Hacia el final de su vida el gran poeta Stanley Kunitz recordaba los veranos que había pasado de niño en Quinnapoxet, Massachusetts[15]. Uno de los quehaceres que más le deleitaba era salir a los campos al atardecer con los perros pastores para traer de vuelta a las vacas. Esa quietud del atardecer permaneció con él durante toda su vida. Ésta me parece una hermosa imagen sobre cómo, cuando estamos suficientemente sosegados y atentos, podemos caminar con los pastores de nuestra intuición por esa tierra atemporal que se extiende entre el día y la noche, y persuadimos, cercamos y guiamos a las encarnaciones de la belleza y la verdad para que nos acompañen un trecho. No se trata de inventar o crear lo que nunca ha existido, sino de vivir una vida de acogida y cuidados hasta que aquello que es esencial se relaja en nuestra compañía.

Una pausa para la reflexión
Preguntas para el diario

- Cuenta algún momento en el que la intensidad de un sentimiento —temor, tristeza, ira, alegría, preocupación,

confusión o duda— se apoderara de tu ser. ¿Cómo te sentiste? ¿Qué te supuso aquello?
- Ahora describe algún momento en el que fueras capaz de abrirte a más de un sentimiento a la vez. ¿Cómo te sentiste? ¿Qué te supuso aquello?
- ¿Has huido alguna vez de la muerte? ¿Qué impresión te dejó aquello? ¿Qué te enseñó esa experiencia?
- Expón una circunstancia o una experiencia que te haya detenido contra tu voluntad y cuenta qué te hizo sentir esa pausa repentina y a qué cosas te abrió.

Ser arrastrados

Como todos, me he pasado la vida entera debatiéndome entre permanecer quieto y aquietarme yo mismo. Sin embargo, después de todo lo que he pasado, me siento como una hoja que de algún modo ha caído en medio de un río para verse arrastrada.

Una vez y otra me desmonta —me rompe y me abre al mismo tiempo— el misterioso hecho de que la vida es todas las cosas y todos los momentos. Por cada muerte se produce un nacimiento en alguna parte. Por cada lucidez hay una confusión en alguna parte. Por cada dolor hay una alegría en alguna parte. Y, como simples seres humanos, no tenemos manera alguna de abarcarlo todo. Pero cuando estamos quietos podemos sentirlo durante un breve lapso. Como una concha marina que el mar va vaciando por dentro, nos vamos limpiando. Por duro que sea, vale de verdad la pena.

Hoy la luz me obliga a parar. Es a la vez inmisericorde y misericordiosa en su belleza: mitiga mi dolor, suaviza la ruptura e ilumina aquello que ha abierto. Podemos resistirnos a esta feroz bendición, pero rara vez escapamos a la lección que suponen la ruptura y las enseñanzas de la luz.

En esos momentos inesperados que suceden a un dolor me doy cuenta de que cuando las cosas se desmoronan hacen un montón de ruido. Cuando las cosas se unen lo hacen con suma quietud y parsimonia. Por ello muchas veces se nos escapan. Nuestra cultura está obsesionada con el desbaratamiento de las cosas. Los noticiarios sólo informan del ruido de las cosas que se quiebran. Incluso hay programas de previsión del tiempo llamados «Vigilancia de tormentas». Sin embargo, las cosas no dejan de unirse, aunque hayamos olvidado cómo oírlas.

Así pues, gran parte de nuestro trabajo es ayudarnos unos a otros a estar despiertos y atentos a nuestro mundo común, tanto de manera individual como comunitaria. Lo que hace de éste un viaje compasivo es el hecho ineludible de que todos huimos de la somnolencia del mundo de cada uno hacia el desvelo del mundo común, hasta que el peso abrumador de la sociedad nos hace ansiar el silencio de nuestro refugio interior para la eternidad. Así vamos, adelante y atrás. En cada caso, nos hace bajar a la tierra el hecho de pensar que lo que importa es algo esquivo, cuando es ese mitigar nuestro dolor y apaciguar nuestra ansia de huir del dolor lo que hace que el invierno humano dé paso a la primavera.

Una pausa para la reflexión
Una meditación

- Siéntate en silencio y deja que un dolor que sientes se manifieste.
- Inspira a fondo y deja que tu respiración atenúe la intensidad de ese dolor.
- Espira completamente y sé consciente de que tú eres algo más grande que ese dolor concreto.
- Cierra los ojos e inspira despacio, dejando que tu respiración lenta calme las aguas del lago de tus sentimientos.
- Una vez calmadas las aguas, deja que tus ojos interiores miren a través de tu dolor hasta el fondo de todos tus sentimientos.

- Inspira completamente desde ese fondo. Ésa es la corriente del mundo común único.

Preguntas para la sobremesa

Para plantearlas en la sobremesa con amigos y seres queridos. Trata de escuchar las respuestas de los demás antes de debatir sobre ellas:
- Relata una ocasión en la que oyeras el estruendo de algo que se desmoronó.
- Relata una ocasión en la que oyeras la sutileza de algo que se unió.
- Si mitigar nuestro dolor es una feroz bendición a la que nos resistimos, comparte qué significa esto para ti.

EL MISTERIO DEL MOMENTO

El misterio del momento consiste en que abre todos los momentos. Esto lo sé de primera mano debido a las breves y totales sensaciones de la Unicidad que he experimentado a lo largo de mi vida. Es una cosa que puede afirmarse pero no verificarse. Es algo que hay que experimentar, no demostrar. La vida se manifiesta constantemente a través del milagro de que la más pequeña de las partes contiene el todo mientras que el todo infinito es siempre algo mayor que la suma de sus partes. Somos nosotros quienes entramos y salimos de nuestra conciencia y experiencia de la Unicidad. Igual que el ojo se dilata y se contrae, nuestro sentido del ser se abre y se cierra. Así es como respira el alma en la tierra. No debemos juzgar ni censurar estos actos de abrirnos y cerrarnos, como tampoco censuraríamos el hecho de exhalar respecto de inhalar. Necesitamos de ambos para vivir.

La mayoría de las prácticas que predican las tradiciones espirituales tienen como fin restablecer la apertura de nuestro ser, para que logremos así sumirnos en el misterio del momento. Son muchas las veces en las que tenemos la ocasión de experimentar la perspectiva eterna con el estímulo añadido que supone penetrar en cualquier momento con tal profundidad que se nos revela el vibrante latir de todo lo vivo. Aun cuando tenemos la suerte de experimentar eso muchas veces no sabemos qué hacer con esa bendición. ¿Dejamos el trabajo? A veces. ¿Dejamos de negar el amor que sentimos? Con suerte. ¿Rechazamos esa impredecible fragilidad de la vida que nunca está muy lejos de nosotros? A menudo. Sin embargo, básicamente lo que hemos de hacer es estar despiertos, permanecer despiertos, vivir la vida de manera más compasiva, ser más conscientes.

Una vez expuestos al poder de vivir el momento nos resulta más fácil desear vivir en él. Pero ¿qué significa de verdad esto? Sólo puedo hablar por mi propia experiencia. La fuerza vital que aguarda en el momento me ayudó a sobrevivir al cáncer. Fue sólo cuando me libré del miedo, porque el miedo habita en el futuro y nos llama hacia él. Entre el miedo de tratar de prever hacia dónde me llevaba el cáncer y la paz extenuada de caer desplomado en el momento, llegué a comprender que no podía salir del cáncer sólo pensando, pero desde la perspectiva eterna que se abría ante mí en cada momento podía instalarme en los recursos interiores para enfrentarme al viaje a medida que éste se fuera desarrollando. Lo que me ha quedado después de todos estos años es que experimento el momento con el corazón y el futuro con la mente.

Es habitual que el esfuerzo de vivir el momento por encima de todo nos distraiga, pero sin duda se producirá momentos de esta bendición de inmersión total. No nos hará falta buscarlos. Empiezo a darme cuenta de que vivir en el presente hace que vea la vida con mayor profundidad, que la afronte con mayor sensibilidad y que tome decisiones con mayor tranquilidad. Desde la experiencia de la Unicidad a la que ese momento me abre interacciono con mi corazón y estudio distintas posturas ante la vida a partir de esa perspectiva eterna que siento. Mientras voy patinando por la gravilla de las circunstancias, incapaz de adentrarme en ningún momento, lo que hago es interactuar con mi mente, trato de estar alerta y de salvar los obstáculos de la vida a gran velocidad.

Desde la presión de la experiencia aislada, la mente que cree haber perdido el control trata de controlarlo todo. Desde el conocimiento experimentado de la red de la vida, el corazón trata de participar en el ajetreo diario del que forma parte. Como todos, me debato entre ambos. Hoy tengo la lucidez suficiente para compartir estas reflexiones. Pero si esto tiene sentido para ustedes, les ruego que me lo recuerden cuando me encuentren la semana que viene removiendo nervioso mi café, con la mirada perdida en el futuro y mordiéndome el labio.

Una pausa para la reflexión
Una meditación

- Concéntrate y siente el momento en el que sosegadamente estás entrando.
- Ralentiza la respiración y permítete sentir el tirón del futuro que te llama.
- Respira hondo y regresa al momento en el que estás.
- Siéntate en silencio y permítete sentir el balanceo que alterna del presente al futuro y de vuelta al presente.
- Respira despacio y siente cómo este momento genera desde ti ondas que se dispersan en todas direcciones, como las del agua.
- Respira a fondo y, lo mismo que toda el agua está conectada independientemente de por dónde entres en ella, siente que este momento te abre a todos los momentos.

Preguntas para el diario

- Cuenta alguna situación reciente en la que te hayas debatido entre el presente y el futuro. ¿Qué te dice el corazón sobre el presente en el que estás? ¿Qué te dice la mente sobre el futuro que estás previendo? Deja que ambos entablen un diálogo.

Preguntas para la sobremesa

Para plantearlas en la sobremesa con amigos y seres queridos. Trata de escuchar las respuestas de los demás antes de debatir sobre ellas:

• Relata un momento que te suscitara una sensación de todos los momentos.
• Describe cuál es tu ritmo de entrar y salir de la conciencia de la Unicidad de las cosas. ¿Qué crees que te saca de esta conciencia y qué crees que te devuelve a ella?

Una geografía más cercana

«En la vida el truco está en saber cuándo es suficiente... Con la felicidad que cabe en un corazón de un centímetro cuadrado se puede llenar el espacio entero que separa al cielo de la tierra», Gensei[16].

«Aunque tuviéramos poder sobre los confines de la tierra, ni siquiera eso nos daría la satisfacción de la existencia plena que logramos cuando mantenemos una relación devota y sosegada con la vida que nos rodea», Martin Buber[17].

Imaginemos el primer chasquido del trueno y cómo el cielo lo escuchó y le dejó atravesar su manto azul para que alcanzara la tierra. Imaginemos la primera lluvia que cayó y de qué manera tan diferente la oyeron las montañas con su roca y las playas a través de su arena. Imaginemos a los primeros pájaros incitados a cantar al oír las primeras luces. Imaginemos el primer aullido del primer lobo y cómo la luna lo oyó desde tan lejos. Imaginemos el primer sueño que tuvo el primer viajero exhausto mientras dormía en una cueva y cómo esa cueva absorbió aquel sueño.

Desde nuestro primer despertar la vida de la experiencia parece inducirnos, lo queramos o no, a un aprendizaje del aprender a escuchar a través de recibir lo que nos sale al paso, de dejar que las cosas transcurran. Desde nuestras primeras experiencias cantar y llorar nos vacían y nos abren para que el mundo esencial y único pueda llenarnos y refinarnos.

Una cosa que nos enseña la física cuántica es que si penetramos en el interior de las cosas, nada es sólido o separado, sino fluido y unificado, no son partículas sino ondas. Esto puede aplicarse a la unidad psicoespiritual que llamamos el yo. Si penetramos en su interior y escuchamos con la suficiente atención, la identidad de eso que llamamos yo no se desmorona, sino que nos descubre las ondas de vida que hacen que todo se mantenga unido. Todos estamos unificados por estas ondas de espíritu y naturaleza que son la savia y la sangre de todas las cosas. Saber esto nos brinda una cosmovisión de la unidad, pero sentirlo nos permite establecer un parentesco con la vida capaz de mantenernos a flote en nuestra existencia diaria.

Tener sentido

Somos seres lógicos. Así como las plantas convierten la luz en azúcar, los humanos convertimos la experiencia en significado. Ésta es una sensibilidad interna con la que no está bendecida ni lastrada ninguna otra criatura de la tierra, que sepamos. Puesto que todo lo que nos encontramos está vivo y es dinámico, hemos de dejar constantemente que la vida nos hable, que nos penetre, que nos dé forma. Y eso lo hacemos buscando el sentido de las cosas. Cuando nuestra mente nos fortalece, nos apoyamos en la comprensión que logramos tejer a partir de la experiencia. Cuando nos fortalece el corazón, nos apoyamos en sentir la propia experiencia. Naturalmente, ambas cosas son valiosas. Buscar sentido con la mente presupone que la experiencia nos lleva a alguna parte, mientras que sentir con el corazón presupone que vivir plenamente es la recompensa que no nos lleva a ninguna parte, que sencillamente nos descubre dónde estamos.

En última instancia, que las cosas cobren sentido depende de que nos quedemos con la idea de sentido como verbo, sentir, no como nombre, como el proceso de sentir que nos acerca a una mayor armonía con el cambiante conjunto de la vida. Cuando cobra sentido para nosotros un producto o una cosa grande y pesada sobre la que podemos montarnos, suele resultar falsamente cómoda y, a la larga, restrictiva. Cuando logramos entregar nuestro ser del todo a aquello que está vivo, por pequeño o esquivo que pueda ser, entonces ese cobrar sentido se convierte en una relación a la que tendemos, una danza entre nuestro corazón y el mundo que nos mantiene animados.

Estas prácticas profundas son difíciles de aprender y de mantener. Cuando nos adelantamos a nuestro ser, tendemos a forzar esquemas y conclusiones prematuras sobre aquello que percibimos. Cuando conseguimos poner simple y profundamente nuestra atención en lo que tenemos delante, no tardamos en escuchar como lo hizo el cielo con el primer trueno y algunos detalles nos llegarán, nos abrirán y nos invitarán a implicarnos. Luego, ese sentir empieza a abrirse paso hacia nuestro interior y el significado nos parece más un sentimiento que una conclusión. En cierto modo, todo aquello que está lejos o es pequeño, cuando se nos acerca, se convierte en otro mundo, en todo un mundo. Sin embargo, cuando nos adentramos en él descubrimos que es en esencia el mismo mundo al que pertenecemos.

Una pausa para la reflexión
Preguntas para el diario

- Si crees que todas las cosas están conectadas, ¿qué parte de ti es la que está conectada así y qué te hace sentir ese parentesco?

Clases de natación

Antes salía a correr: nada demasiado radical, tres o cuatro veces por semana y no más de cinco kilómetros cada carrera. Me encantaba, me lo tomaba más como una meditación en movimiento que como un ejercicio aunque ejercitarme me sentaba bien. Pero un día la rodilla derecha se dobló bajo mi peso, como si se me hubiera pinchado una rueda, y me desplomé. Me había roto el menisco. Me hicieron una cirugía artroscópica: dos agujeritos limpios, cuyas cicatrices apenas se ven. Aunque se curó bien, me duele al correr como si tuviera un engranaje sin lubricante.

Así que opté por nadar, algo que también me encanta. También en la natación, aunque el ejercicio siente bien, es estar en el agua lo que puede resultar místico si no se hace de manera forzada. En algunos momentos siento como si una nota estuviera a punto de hallar su sitio en una sinfonía. Esos momentos hacen que me sumerja del todo en el agua. Después de algunas brazadas, de manera repentina, empecé a usar todo mi cuerpo, empecé a recordar que, en algún nivel atávico, los brazos y las piernas no estaban separados del resto de mí. De repente cada vez que daba una brazada levantaba todo el costado de mi cuerpo.

Cuando llegué al final de la piscina me eché a reír y el nadador de verdad que estaba en el carril adyacente me miró como un pez sin perder el ritmo de sus brazadas. Pero es que me había acordado, una vez más, de usar todo mi ser. Era como cuando bailaba sólo con los brazos, olvidando usar las piernas. Ésta es la puerta secreta a todas las cosas: dejar que todo lo que somos participe de cada acto y de cada pensamiento. De nuevo había llegado hasta ella. Y, mientras me reía en el borde de la piscina, me di cuenta de que, cuando a los veinte años jugaba al baloncesto, lo que me había parecido místico era perseguir la pelota por el aire. Pero un ligamento roto en el tobillo izquierdo me impidió continuar. A los treinta jugaba a ráquetbol y me encantaba aquella danza de esfuerzos contra las paredes. Pero el cáncer me arrojó a otra orilla. Luego, a los cuarenta, me dediqué a correr, sin que la ligereza de mis pisadas me llevara a ningún sitio en particular, sino simplemente siguiendo la luz. Ahora es la natación.

Visto hoy, aquel pasar de una inmersión en un ejercicio a la siguiente no tuvo nada que ver con el aguante o la resistencia. Desde dentro lo sentí como derivar de una conexión a otra, una vez agotada mi capacidad de conectar en ese sitio. O una vez la conexión me hubiera agotado a mí. Comparto esto como testimonio de la necesidad de hacer ejercicio, no sólo en el plano físico, sino de hacer ejercicio empezando de nuevo. La necesidad de sentir y descubrir aquello a lo que nos abre esa inmersión hasta que alguna limitación nos obliga, no a empezar de nuevo como harían el miedo o el fracaso, sino a añadirla a nuestras experiencias de esa fuerza vital numinosa que se oculta en las relaciones cinéticas que sólo la inmersión y la dedicación pueden liberar.

Y por eso me reí al llegar al final de la piscina: de la sencillez de la verdad y de lo mucho que cuesta recordarla, de cómo su toque de atención nos hace ser más humildes. Allí, metido en el agua, se me recordó que la humildad nos acerca, del modo en que alargar una mano abierta con un terrón de azúcar hace que un caballo se incline y lo mordisquee.

Mientras despertamos

«No fue hasta que caí de espaldas cuando paré y vi el cielo».

Fui a New Hampshire a visitar a un buen amigo. Estábamos en una galería de Dover y me topé en un tríptico, un atractivo grabado de J. Ann Eldridge titulado *Mi religión tiene algo que ver con el abono*. La obra me habló de inmediato. Pues ¿no somos todos un suelo donde con el tiempo crece lo que importa, irreconocibles y enriquecidos por ello? Parece ser que apenas ocurre nada al principio, no hasta que nos vemos reducidos a la más pequeña partícula de belleza, a la más diminuta parte de verdad.

¿Acaso no es así como funciona? Con el tiempo la montaña que trata de alcanzar el cielo se va desmenuzando lentamente en dirección al mar. Con el tiempo superamos nuestras ambiciones, felices de llegar al fondo como el grano de arena que un pececito ha escupido. Al final, cuando consigo la quietud en lo más hondo de mí, me abro en cierto modo como un iris que nadie ve y una lágrima se derrama por dentro, donde nadie puede encontrarla, aunque se transporta a mi ser a través de la sangre hasta los brazos, las manos y los mismos dedos. Entonces me veo compelido a apenas rozar cualquier cosa que cobre vida: el ojo cerrado del perro que duerme o el huevo de mirlo que espera eclosionar. Entonces me siento refrescado por la nieve que recubre la herida de la tierra y por el silencio que, como la nieve, venda la herida de mi corazón.

Cuando despertamos, se hace patente que la tierra se inclina hacia el sol y que da comienzo el día. De la misma manera, escuchar es una humildad que empieza cada vez que caemos hacia la luz. Y al caer creo que la experiencia nos dirige de nuevo hacia lo que importa. Cuando me siento agobiado trato de acordarme de esto y de que el don y la seguridad que supone nuestro corazón aparecen cuando nos ocupamos de algo pequeño: dar de comer a un gorrión, observar a un ciervo o cepillar a un perro. Trato de recordar que nuestro don innato aparece cuando nos hallamos presentes del todo en el momento en el que estamos. Cuando logro permanecer en esos momentos, el resto, lo que no puede imaginarse, parece arreglárselas por su cuenta. Hago lo que puedo cuando puedo. Trato de abrir mi corazón y aquietar mi mente. Entonces, de algún modo, me veo capaz de sentir el don de los demás. Entonces me revisita una sensación de que las cosas irán bien. Soy sólo una persona. Tú eres sólo una persona. Si tratamos de sentir lo que sentimos, sin acarrear nada, saldremos adelante.

Una pausa para la reflexión
Una meditación

Ésta es una meditación silenciosa para hacer mientras caminas. Lleva contigo un diario:

- En hindi un *upaguru* es el maestro que uno tiene cerca en cualquier momento. No se limita a una persona, puede ser cualquier cosa.
- Resérvate de treinta minutos a una hora para ir a caminar en silencio. Puedes hacerlo por un entorno urbano o rural.
- Mientras caminas, aminora el paso y ralentiza la respiración.
- Respira hondo y déjate llevar por aquello que te atraiga. Puede ser una rama, un árbol, un olor, una extensión de agua, el canto de un pájaro, una ventana rota o un ladrillo sucio.
- Acoge cualquier cosa que reclame tu atención como tu *upaguru*.
- Acércate a ello y escucha, escucha con atención.
- Siéntate junto a ese pequeño maestro del momento y empieza a escribir sus detalles: cómo es, cómo huele, cómo se mueve.
- Quédate sentado en silencio e imagina y redacta su historia.
- Inspira a fondo y, en silencio, sin palabras ni pensamientos, pídele su sabiduría.
- Respira ante ello en silencio durante unos minutos.
- Luego empieza a escribir tu diálogo con ese pequeño maestro. Anota qué sientes que tiene que decirte.
- Pasado un rato, cierra el diario e inclínate mientras te marchas.
- Espera tres días y lee lo que escribiste.

Preguntas para la sobremesa

Para plantearlas en la sobremesa con amigos y seres queridos. Trata de escuchar las respuestas de los demás antes de debatir sobre ellas:

> - El universo nos revela su significado sentido a través de detalles que nos llegan de forma inesperada. Explica alguna ocasión en la que te haya llegado un detalle así y qué sentido despertó en ti.
> - Cuenta una historia sobre tu inmersión en algún tema, proceso o relación.
> - ¿Cómo abordas la necesidad de ejercitar el acto de empezar de nuevo?

Soportar y hacerse querer

Llevo mucho tiempo reflexionando sobre esto, tratando de entender de qué manera, por el mero hecho de estar despiertos, hemos de soportar las penurias de la vida y cómo, en medio de ese esfuerzo y muchas veces a través de aquello a lo que el esfuerzo nos abre, hemos de hacernos querer en el tejido de la vida.

Recientemente me he visto metido en otro periplo médico que hace que todo esto sea muy real. Necesito saber cómo soportar y hacerme querer en un nuevo nivel. El invierno pasado se propagó por ahí una horrible gripe estomacal y estuve muy enfermo. Estas cosas son para mí especialmente graves, debido al daño que causó la quimio a mi esófago hace veinte años. La gripe pasó y yo seguí adelante.

Durante los meses que siguieron mi estómago no llegó nunca a estar del todo bien. No dejaba de tener ataques que me golpeaban y me quemaban justo debajo del esternón. Estos ataques duraban de dos a tres horas y me dejaban exhausto. No podía comer con normalidad y no lograba dar con un patrón que explicara su aparición. Comencé a perder peso. Por supuesto, temía que algún tipo de cáncer estuviera creciendo dentro de mí.

Así que ahora, a finales de junio, acabo de pasar por un puñado de pruebas y procedimientos que me han revelado que no hay ningún cáncer. Pueden imaginarse mi alivio. Pero mi estómago sigue sin vaciarse como debería y nadie sabe por qué. Es lo que se llama gastroparesia idiopática. Acabo de empezar un tratamiento médico de un mes y veremos qué pasa. Cada caso es único, algunos se recuperan pero para otros el estómago nunca recobra la capacidad de vaciarse como es debido y la dolencia se convierte en crónica. He empezado a sentir miedo a comer, por si me da un ataque.

Hoy me he despertado y me he dado cuenta de que tengo que descubrir qué es lo que necesito digerir y dejar pasar. Hoy me pregunto qué tipo de práctica es ésta y qué tiene que ver con nuestra necesidad de soportar y hacernos querer. Me veo forzado a aprender esto de manera física, pero ya sé que no voy a poder hacerlo a menos que lo aprenda de un modo más profundo. Por ejemplo, me agobia y me asusta verme abocado a sufrir otra fase debilitadora de la vida. ¿Qué pasa si esto no se soluciona? ¿Cómo puedo vivir así, comiendo requesón por la mañana y uvas a mediodía y sintiéndome lleno con eso? ¿Cómo voy a hacer las paces con el hecho implacable e imprevisto de que algún oscuro microbio no fuera arrastrado del tejido de mi estómago el pasado invierno y que ahora se haya atrincherado en mis entrañas para alterar mi vida quizá de modo permanente? Tengo que digerir estas cosas y dejar que pasen. En eso consiste la biología de la aceptación.

Y éste es el contexto humano de nuestra conversación. No mi viaje particular, sino el viaje humano. Nada es abstracto a menos que nosotros lo convirtamos en abstracto. Es imposible separar de su contexto real y cotidiano cada uno de los aspectos de preguntar y de aprender, cada aspecto inexplicable de vivir. La gravedad no es un concepto, es erosión y avalancha. El dolor no es una incomodidad, sino mis tripas que hacen que me arrastre por la casa en medio de la noche. Y el amor no es una luz etérea que flota sobre el horizonte, sino mi mujer que me sostiene la cabeza hasta que pasa el dolor. Así que cuando nos preguntamos qué significa soportar y hacerse querer, los invito a descubrir dónde reside eso en ustedes y en vuestra vida misma.

Una pausa para la reflexión
Preguntas para el diario

• Cuenta tu historia acerca de cómo has aprendido a soportar y a hacerte querer.

La biología de la aceptación

Aunque en ocasiones el dolor y el miedo se cernirán sobre
nosotros como una nube para cegarnos e impedirnos ver aquello
que nos puede ayudar, aunque habrá veces en que trataremos
de abandonar nuestros cuerpos, nuestras circunstancias e incluso nuestra vida, es la aceptación subyacente de lo que se
nos ha dado lo que nos permite superar todos esos obstáculos.
No podremos superar el miedo hasta que aceptemos tener
miedo. No podremos desmantelar la confusión hasta que aceptemos estar confundidos. No podremos vivir plenamente hasta
que aceptamos que hemos de morir.

El hecho de aceptar las cosas y dejar que pasen es el
punto inicial a partir del cual se desarrolla nuestra vida. Como
inspirar y espirar, soportar y hacerse querer son dos cosas que
nunca están muy distantes entre sí. Dependen la una de la
otra. Juntas nos mantienen vivos. Podría decirse que éste es
el esfuerzo del amor: sumergirnos en estas habilidades que,
combinadas, nos permiten sobrevivir y nos llevan a los momentos álgidos de la vida. Juntas entretejen la mente y el
corazón y nos arrastran cada vez más adentro de la naturaleza de vivir. Hacia fuera, nuestra tarea es soportar. Hacia dentro, querer y hacernos querer. Y si vivimos lo suficiente, la
línea que las separa se difumina y amar todo lo que encontramos por el camino hace que crezca en nosotros cierta belleza.

Las propias palabras resultan reveladoras. «Soportar»
significa avanzar, seguir existiendo, sufrir pacientemente sin
ceder. «Hacer querer» supone conseguir que algo sea amado.

Y en ambas cosas está implicado un sentido de penetrar en algo, de lograr que algo sea. Así pues, ese penetrar en nuestra existencia, en nuestro sufrimiento, ¿cómo nos hace lo que somos y en qué nos hace amados? ¿Cómo asumir y aceptar aquello que encontramos y cómo convertirlo en algo amado?

Dar un paso adelante en vida

Soportar y hacerse querer tienen algo que ver con no dejar que nuestro sufrimiento se convierta en todo aunque sea esa la naturaleza del dolor. Cada vez que saltamos de la cama o salimos por la puerta o abrimos la boca o nos acercamos a alguien o a algo, nos enfrentamos a una elección entre amor y miedo. Ése es un punto de decisión recurrente. Qué camino tomemos constituye la historia eterna del libre albedrío. Optando por el amor o el miedo, nos convertimos en Abel y Caín. Desde este precipicio, sociedades enteras se abocan, como dijo Charles Dickens, a vivir sus mejores tiempos o sus peores tiempos. Aunque, a decir verdad, cada época es ambas cosas. Y en cada vida se dan ambas cosas.

Existe un linaje del amor, así como un linaje del miedo. Cada uno tiene sus tradiciones y sus ancestros, y el paso que demos en la vida en función de esta elección corresponde al ámbito de la educación coherente. Pero no importa cuánto estudiemos, analicemos o perfeccionemos nuestras habilidades, los mayores maestros han sido siempre el amor y el sufrimiento. Nos guste o no, no hay manera de escapar a las enseñanzas de ambos. Podría decirse que la historia es el relato interminable de nuestro denuedo, a través del amor y el sufrimiento, por seguir dando pasos adelante en la vida.

Es un misterio por qué a veces amamos y a veces tememos. La diferencia entre ambas cosas puede ser tan decisiva para nuestra vida que prepararnos para esos momentos implica en sí una auténtica dedicación. Una vez sumidos en el hermoso torbellino de nuestra vida debemos hallar de algún modo el coraje para elegir entre ruptura y apertura. No obstante, da lo mismo hacia qué lado tropecemos, pues siempre nos aguarda otra oportunidad y siempre aparece nuestro siguiente maestro cuando nos levantamos y volvemos a dar un paso hacia el amor en lugar de hacia el miedo, hacia la unidad en lugar de hacia la singularidad. Y al caer, como a todos nos acontece, se nos presenta una oportunidad aún mayor cuando osamos dar el paso y cruzamos el miedo hacia el amor, y cuando atravesamos nuestra ruptura hacia la Plenitud. Del mismo modo en que el calor permite que el hielo se derrita y riegue la tierra, nuestra capacidad de soportar y hacernos querer es un acto de integridad que permite al amor fundir las diferencias que se congelan entre nosotros.

Una pausa para la reflexión
Preguntas para el diario

- ¿Qué tiene más fuerza actualmente en ti, el amor o el miedo? *E daí?* ¿Cuál es el siguiente paso que vas a dar en la vida?

Tomar la medicina

Esta mañana me he tomado la primera dosis de medicamento. He cargado 3125 centilitros de un compuesto líquido de eritromicina en una jeringa sin aguja y lo he administrado por vía oral. Tenía la consistencia de una miel transparente. Tuve que esperar una hora para poder comer algo. Sólo había desayunado un *muffin* inglés. Hasta ahí, todo bien. ¿Qué dosis de miel transparente necesitamos para seguir dando pasos adelante en la vida?

Los budistas hablan de *upekkha* y *mudita*, dos elementos del ser que nos ayudan a soportar y hacernos querer. *Upekkha* es la práctica de la ecuanimidad capaz de proporcionarnos un lugar en calma desde el que afrontar la tormenta. Muchas tradiciones hablan de la ecuanimidad y la paz como metas de unos largos viajes que nos evitarán tener que afrontar la tormenta. Desde mi experiencia, dudo que eso sea posible. La vida es tanto tormenta como calma, y el desafío de vivir supone saber usar la calma para soportar la tormenta, no para esquivarla. Es importante señalar que el único lugar en calma dentro de una tormenta está en su mismo centro. Así que lo único que se puede hacer cuando estamos en la tormenta es avanzar hasta su centro, por duro que nos parezca.

El monje budista estadounidense Bhikkhu Bodhi dice que «*Upekkha* es la libertad desde todos los puntos de autorreferencia»[18]. Y el término griego para tranquilidad es *ataraxia*, un estado de lucidez caracterizado por sentirnos libres de toda preocupación de cualquier clase. Con el fin de poner estas palabras en el contexto humano, permítanme que les cuente mi último momento de belleza y dolor.

Corría un día de junio, agradable y lento, cuando la oropéndola llegó al comedero de nuestro jardín. Sólo acude una vez al año. Y justo en ese momento, cuando mi corazón se ensanchaba al contemplar aquella hermosa ave, se me contrajo el estómago con un latigazo de dolor. Y allí estaba yo, dilatándome y contrayéndome a la vez, en aquel instante en el que tenía que escoger entre todo o nada. Fue la siguiente vez en la que se me apareció ese riesgo exquisito: el riesgo de estar presente, de permanecer aquí, de no cerrarme. El dolor era real y también lo era la oropéndola que comía al sol. Suponía un dolor añadido pensar que tenía que escoger entre ambas cosas. La oropéndola siguió siendo hermosa mientras comía al sol, igual que yo lo era mientras me retorcía de dolor. Y así soporté y amé el hecho de seguir sintiendo ambas cosas. Aquel momento me enseñó que, por muy real que sea mi dolor, si logro aceptar que la vida es algo más grande que el dolor, entonces soy capaz de sentir cómo fluye la vida más allá de mis propias circunstancias... más allá de mi propia autorreferencia. Entonces, sin negar mis circunstancias, puedo dejar vía libre a ese campo superior de fuerza vital que me ayudará a soportar.

Esto nos lleva a la práctica de *mudita*, o alegría empática. Cuando soy capaz de apreciarlo, ese flujo superior de la vida atenúa mis circunstancias y absorbe parte de mi dolor. De ese modo, hacernos querer expande nuestro espíritu. Al soportar nuestro tránsito hasta la calma que hay en el centro y hacernos querer hasta esa expansión de nuestro espíritu, logramos regresar a este efímero estado de sosiego interior. Y por muy breve que sea esa paz, la calma subyacente de la vida nos librará de nuestras preocupaciones así como del peso de nuestra autorreferencia. Pero también en este caso, no para sacarnos de nuestras vidas, sino para meternos más adentro de ellas.

Curiosamente, sólo si nos permitimos tener una perspectiva externa a nuestra preocupación lograremos acomodarla y negociar con ella. Sólo viendo las cosas desde más allá de nuestra autorreferencia podremos encontrar una vía para esta cosa que despierta y duerme y que denominamos el yo. Sólo desde la respiración sosegada en medio del esfuerzo lograremos avanzar a través de él. Esto es difícil e imposible de enseñar. Sólo puede vivirse.

En cierto modo, ante la adversidad y el sufrimiento, no podemos sino apreciar la vida y dedicar nuestro afecto a ella. No sustituyendo la adversidad por dicha ni dando la espalda a las dificultades e injusticias de la vida, sino afrontándolas con la verdad y con gratitud por estar aquí sea como sea. Incluso después de un cáncer, y sumido ahora en este otro periplo médico, no sé cómo hacer esto, pero sí sé que debo hacerlo. Que debemos hacerlo.

Fue el año pasado, mientras estaba en Praga, cuando descubrí el concepto que tenía Václav Havel sobre la esperanza: «La esperanza no es en absoluto lo mismo que el optimismo. No es la convicción de que algo saldrá bien, sino la certeza de que algo tiene sentido, independientemente de cómo acabe saliendo»[19].

Ésta es la orientación del espíritu que nos permite mezclar sufrimiento y dicha en un compuesto que con el tiempo podría llegar a parecerse a la miel. Mientras recorría este camino, pensé a menudo que la sabiduría era el fin del conocimiento. Pero después de tropezar tantas veces he acabado por darme cuenta de que mientras que conocer la verdad conduce a la sabiduría, experimentar la verdad nos lleva a la alegría. Y aun cuando la sabiduría es útil, la alegría es esencial. Aunque lo cierto es que puedo vivir mejor con sabiduría, hasta eso se convierte en una carga si me falta la alegría. Ha llegado la hora de tomarme la siguiente dosis de mi medicina.

Una pausa para la reflexión
Preguntas para la sobremesa

Para plantearlas en la sobremesa con amigos y seres queridos. Trata de escuchar las respuestas de los demás antes de debatir sobre ellas:
- Cuenta una historia de algún momento en el que un dolor y una belleza determinados hayan competido por tu atención.
- Según tu propia biología de la aceptación, ¿qué es lo que necesitas digerir y dejar pasar?
- Describe cómo es la siguiente dosis de medicina que la vida está pidiéndote que tomes.
- Cuando todos hayan compartido su historia, discutan qué tienen en común estas medicinas.

VAGAR DE MANERA AUTÉNTICA

«Puede que cuando ya no sabemos qué hacer
hayamos llegado a nuestra verdadera tarea;
y que cuando ya no sabemos qué camino tomar
haya empezado nuestro verdadero viaje.
La mente que no se frustra no se utiliza.
El río obstaculizado es el que canta», Wendell Berry[20].

Cuando nos estremecemos al sentir cuán preciosa es la vida y con qué celeridad nos rebasa el tiempo, nos sobreviene una urgencia de no desperdiciar ni un segundo más. Sentimos entonces la necesidad de acelerar y apresurarnos, de agarrar lo que podamos por temor a que el fuego de estar vivos eche la casa abajo. Lo que hacemos justo entonces constituye un punto crucial en nuestra vida. Aunque esa urgencia es comprensible, el tiempo sólo baja de ritmo cuando aminoramos la marcha. Sólo cuando lo abrimos todo —nuestra urgencia, nuestra preocupación, nuestro arrepentimiento— nos recibe con los brazos abiertos el estanque intemporal del ser.

Después de todo lo que pasamos nos vemos obligados a llevar una vida de expresión sincera que siempre empieza escuchando, como manera de recordar lo que importa, de dar nombre a lo que importa y de expresar lo que importa. Éstas son las prácticas que nos hacen seguir siendo auténticos.

Una pausa para la reflexión
Preguntas para el diario

• Ábrete a este momento y escucha. Trata de recordar una cosa de estar vivo que importe, trata de darle nombre y de darle voz. Escribe después qué te hace sentir esta experiencia.

Querer y soñar

Son muchas las cosas que he deseado y pocas las que he conseguido. A partir de ahí está claro que he tenido la fortuna de no conseguir todo lo que quería, ya que mi deseo no siempre ha sido bueno para mí ni para cualquiera que estuviera cerca. Muchas veces las cosas que quiero son una compensación por algo que no estoy preparado para afrontar. Así que mi deseo muchas veces tergiversa el sueño, que a su vez me tergiversa a mí. Eso me ha hecho ver los sueños de manera diferente: no como aspiraciones individuales, sino más bien como canalizadores transpersonales de gracia, como filamentos del alma que nos ayudan a encontrarnos unos a otros y que iluminan el mundo. Ahora veo el sueño como un estado del ser y no como un lugar al que llegar. Ahora veo que los sueños saltan de un corazón a otro como neuronas fulgurantes que emiten sinapsis en el cuerpo del universo. Es habitual que nos quedemos atrapados en si el sueño se hace realidad o se desvanece, cuando su verdadero propósito es recargar el circuito de la vida que nos conecta. Cuando logramos sentir que un sueño pasa a otro —y dejamos que pase su nombre y, lo que es más, dejamos que pase su juego— experimentamos la expansión de un momento de vitalidad que nos ilumina y que nos alivia desde dentro, así que, en realidad, cualquier sueño nos vale. Lo esencial es soñar, no el sitio imaginario que ocupa el sueño, sino los lugares que va iluminando por el camino.

La primera y la segunda sendas

«Como si todos los cielos fueran campanas
y existir, sólo una oreja...», Emily Dickinson[21].

Al final de su vida el gran escritor argentino Jorge Luis Borges dijo: «[...] he tenido la incómoda sensación de estar leyendo obras de astrónomos que jamás hubieran mirado a las estrellas»[22]. No considero que esto sea la confesión de una vida mal vivida, sino un agudo recordatorio de lo que supone el ciclo ineludible de ser fiel a uno mismo en un mundo cambiante. El perpetuo desafío consiste en levantar la mirada del conocimiento que tanto atesoramos y reajustar nuestro ser con lo verdadero, con lo convincente. No una vez o dos, sino de manera incesante. Igual que el sol hace que el bosque vaya invadiendo cualquier sendero por mucho que volvamos a abrirlo, aquello que es inmediato y verdadero sigue creciendo e invadiendo lo que hemos aprendido. Nuestra obsesión por llegar a alguna parte hace que olvidemos que la primera senda de la vida sigue al sol, mientras que la segunda senda del conocimiento forma una línea recta. Y nuestra obsesión por seguir podando hace que olvidemos que la senda que debemos seguir es la primera.

Igual que es necesario limpiar las gafas, debemos despertar de esa caída repentina que sufrimos cuando nos apartamos de lo inmediato y verdadero. Hasta el mapa que llevamos escrito en la sangre y que tanto nos ha costado obtener puede convertirse en una segunda senda. Sin embargo, apartarse de lo que es real no es una flaqueza de carácter, sino un desgaste natural que los elementos ocasionan con el tiempo. La esencia de vagar de manera auténtica radica en volver a poner los pies en la tierra, seguir al sol y volver a mirar con asombro las estrellas.

Una pausa para la reflexión
Preguntas para el diario

- Expón algún momento en el que te apartaras de lo que para ti es real. ¿Cómo te diste cuenta de ello? ¿Cómo hiciste para regresar al río de lo auténtico? ¿Qué le dirías a un amigo que se ha apartado del sentido de lo verdadero?

Absorber cien ríos

«Cesa y desiste (hasta que) seas como un océano que absorbe cien ríos. Una vez allí no habrá atracción ni rechazo», Dogen[23].

Suelo escuchar dos respuestas al misterio de la vida. Una es una declaración sobre lo horrible que es el mundo y lo agobiante que resulta la carga de lo que hay que enderezar. La otra es una declaración sobre que la iluminación y la perfección son posibles con sólo esforzarnos por lograrlas. El talante de estas dos respuestas es de desesperanza y apatía —¿qué importa lo que haga?— o bien de moverse por un ideal romántico —imaginen un mundo en el que los niños no lloren—. Estas reacciones llevan a una vida de aislamiento y oscuro sufrimiento o bien a una de entusiasmo misionero por dar al mundo la forma de alguna clase de paraíso.

Aunque yo mismo he desperdiciado tiempo en ambas respuestas, las encuentro insuficientes. Al declarar lo horrible que es este mundo no hacemos sino evitar nuestro viaje por la tierra y dar la espalda a la vida a través de la resignación —«Esto es más de lo que se puede soportar» (aunque a veces sí lo sea)—. Cuando declaramos que lo que buscamos es la perfección, evitamos nuestro viaje por la tierra y nos ocultamos en el futuro —«Mi esperanza es el mañana» (aunque a veces sí lo sea)—. Si optamos por cualquiera de los dos extremos, nos veremos tentados de abandonar y de eludir el esfuerzo de estar presentes aquí.

Históricamente, la visión occidental consiste en que la vida puede mejorarse y, por consiguiente, es responsabilidad nuestra controlar y moldear nuestra conducta y las conductas de los demás con el fin de hacer del mundo un lugar mejor. La visión oriental, más antigua, es que la vida no puede mejorarse, sólo experimentarse. La vida estaba ya completa antes de que ustedes o yo llegáramos y seguirá completa cuando ya no estemos.

Aquí reside una paradoja fundamental de nuestra condición humana. Aunque no podemos eliminar el hambre, podemos alimentarnos unos a otros. Aunque no podemos eliminar el dolor, podemos sostenernos unos a otros[24]. Aunque no podemos mejorar la naturaleza de la realidad, podemos hacer que las cosas sean mejores para los demás mientras estemos aquí.

A la luz de todo esto, optar por el lado pesimista o romántico de esta paradoja nos distrae de nuestra presencia aquí y de ayudarnos mutuamente mientras podamos. La verdad es que me suscitan más simpatía aquellos que están sumidos en la desesperanza, ya que este romanticismo de lo ideal frente al verdadero sufrimiento puede resultar peligroso y poner a otros en peligro cuando se niega el estado de las cosas tal como son.

Una de las facetas de nuestro desafío es sentir el dolor de ser humanos y no caer en el agujero de la desesperanza, sino permanecer aquí y sostenernos unos a otros en el misterio. La otra faceta de nuestro desafío es no salir corriendo en dirección opuesta, usar las dificultades de estar aquí como trampolín para ir en pos de un mundo perfecto que nunca alcanzamos a ver. En este sentido, soñar se convierte en un sedante adictivo.

Esto hace que me conmueva el coraje y el amor de un *bodhisattva*. En el budismo Mahayana, un *bodhisattva* es una persona que está en el camino de la iluminación y que opta por emplear su sabiduría para ayudar a otros seres humanos a liberarse. A las puertas de una vida iluminada, ese ser de sabiduría se niega a atravesar el umbral y se compromete a esperar hasta que todos los seres puedan unírsele. Pese a que también esto es un sueño del paraíso, lo que me conmueve es la verdad implícita de que un *bodhisattva* sabe que nunca se le unirán todos. Y así, en esencia, adopta una vida despierta en este mundo: no dando forma o purificando a los demás, sino vagando de manera auténtica entre los vivos.

Con el tiempo cantaremos

Con el tiempo y después de los experimentos agradables y los duros fracasos de muchas vidas dentro de mi vida, estoy llegando. Y cuando por fin agote a mi yo menor, me sentaré allí donde éste se desplome y sonreiré por haber llegado a desgastarme hasta el yo más profundo y simple que aguarda debajo. Después seré tan congruente como ese tigre que está tan lejos del hogar que cualquier paso que dé se convierte en su hogar. Me quedaré sentado donde se desvanezca la vieja ansia y escucharé a la voz ancestral del viento cantar sus verdades a través de las grietas del único muro que quede en pie entre nosotros. Mi sueño es que con el tiempo cantemos en voz alta aquello que sufrimos y disfrutamos en privado.

Cuando nos tocamos de ese modo, resplandece un profundo saber que podemos transmitir pero que no es fácil de entender. Tocar de esa forma nos exige escucharnos unos a otros, sobre todo más allá de aquello con lo que estamos directamente de acuerdo o comprendemos.

Hace cuarenta años, cuando cursaba primero en la universidad, visité a mis tíos Irvin y Hellaine en Brookline, Massachusetts. Fui hasta allí bamboleándome en un autobús Greyhound desde el norte del estado de Nueva York. Por aquel entonces me abrumaban sentimientos místicos, me estaba despertando a los elementos superiores de la vida y justo empezaba a percibir el mar espiritual en el que todos nadamos. Aquello era por sí mismo un umbral al hecho de escuchar que iba a abrirme a mi vida. Sin estar seguro de lo que ocurría, me costaba enormemente explicar estos sentimientos a los demás. En aquellos tiempos no tenía ninguna compañía y me sentía un poco alocado, salvo por mi creciente sensación de soledad.

La acogida que me dieron en Boston supuso un momento muy importante para mí, un joven inundado por lo que iba a convertirse en la labor de su vida. Como joven poeta envuelto en una espiral de sensibilidad agudizada, percibía todos los colores de la vida y me tiraban de espaldas, como si estuviese cayendo en un caleidoscopio sin salida. Me sentía muy solo. No sé muy bien hasta qué punto comprendieron o asimilaron mis tíos aquel errar intuitivo mío. Pero me escucharon, no sólo las palabras que dije durante la cena, sino que escucharon abiertamente durante el tiempo suficiente para que me mostrase por entero, del mismo modo que tras una tormenta el sol escucha a la tierra hasta que salen a la superficie todas las pequeñas criaturas que habían permanecido enterradas. La acogida que me dieron me ayudó a aceptar lo que estaba sintiendo, aunque no tuviese un lenguaje para explicarlo. Su cariñoso escuchar me permitió oírme a mí mismo. Me dio confianza para mantenerme firme ante lo desconocido, algo que iba a convertirse en una habilidad para toda la vida.

Aquella primera noche en Boston salí con mi tío. Paramos un rato en un bar y nos sentamos en la larga barra de madera. Me puse a hablar sin parar y él no miró el reloj ni una sola vez. Me dedicó toda su atención. No tengo ni idea de lo que le pasaba por la cabeza, pero sin duda debía de considerar que me estaba sosteniendo en brazos como a un recién nacido. Sin duda se estaba maravillando, como nos pasa a todos, de cómo unas criaturas tan pequeñas como nosotros nos convertimos en estas preguntas andantes que sienten, piensan, cuestionan y divagan. Me encantó estar sentado con él aquella noche en Boston. Me sentí seguro y escuchado en un momento en el que no estaba yo mismo muy seguro de lo que escuchaba. Mi tío me enseñó aquella noche que escuchar aunque no entendamos, sobre todo cuando no entendemos, es un don. Creo que es así como regamos lo que hay en el corazón de los demás, con una acogida cálida y escuchándoles. Así es como practicamos la vulnerabilidad.

Tal vez todo lo que hemos explorado aquí, en estas páginas, se reduzca a esta necesaria invocación a que reguemos lo que los demás tienen en el corazón. Tal vez la esencia de la sabiduría esté en la recepción profunda de los demás y en el espacio que se abre al escucharlos así. Soy consciente de que los he conducido a través de una conversación de más de doscientas páginas acerca de escuchar. Habrá quien diga que habríamos hecho mejor sentándonos en silencio en alguna parte. Pero siempre hemos tenido la necesidad de hablar acerca de aquello que no se puede explicar, de sacar a la luz aquello que no puede verse, de beber juntos del propio aire el significado. En un sentido profundo, habiendo leído hasta aquí, nos hemos mantenido con firmeza ante lo desconocido y hemos dado un sorbo del pozo del que surgen todos los libros. Espero que, como buscadores perdidos cuyo encuentro hace visible el oasis, se sientan refrescados.

Una pausa para la reflexión
Preguntas para la sobremesa

Para plantearlas en la sobremesa con amigos y seres queridos. Trata de escuchar las respuestas de los demás antes de debatir sobre ellas:

- Expón algún momento en el que no obtener lo que deseabas resultó ser mejor para ti.
- Cuenta la historia de algún sueño que no se hizo realidad pero que te brindó un momento de vitalidad inesperada por el camino. ¿Qué acabó siendo aquel sueño, lo que habías ansiado o lo que se te presentó por el camino?
- Tras haber llegado hasta aquí, ¿cómo entiendes el esfuerzo de estar presente? ¿Qué significa para ti adoptar una vida despierta?

Una meditación

Esta última pausa para la reflexión debe emprenderse junto con un amigo o alguien a quien quieras:
- Siéntense frente a frente con dos piedras en un cuenco y dos vasos de agua entre ambos.
- Respiren despacio y piense sobre el esfuerzo de estar aquí.
- Respiren hondo y den gracias por la presencia de la persona que tienen delante.
- Inspiren lentamente y absorban el amor de la otra persona.
- Espiren lentamente y dejen que su amor fluya hacia la otra persona.
- Quédense sentados y reciban el uno al otro en silencio.
- Ahora representen esta invocación a regar lo que hay en el corazón del otro.
- Toma una piedra y sostenla en la palma de la mano encima del cuenco, mientras el otro vierte un vaso de agua sobre la piedra, diciendo: «Riego lo que hay en tu corazón».
- Cambien los papeles y repite ahora tú la invocación, diciendo: «Riego lo que hay en tu corazón».
- Juren escucharse el uno al otro de todas las maneras posibles.

Sin extraños en el corazón

«Les lo digo: cuanto más pienso, más me parece que no hay nada más artístico que amar a la gente», Van Gogh[25].

Llevo cuarenta y cinco años escribiendo —poemas, relatos, diarios, sueños, ensayos— y todo ello puede reducirse a esta frase: sin extraños en el corazón. Como un ave que se despierta cada mañana en un sitio nuevo sólo para cantar la misma canción al clarear el día, todo lo que he escrito, independientemente de dónde me halle, acaba por ensalzar el misterioso hecho de que no hay extraños en el corazón. Cada vez que nos atrevemos, o que nos vemos forzados, a animarnos mutuamente o a aliviarnos unos a otros se nos brinda la gloriosa posibilidad de encontrar en los demás aquello que hemos perdido.

Cuando logro superar aquello que me obliga a abrirme, sea lo que fuere, siempre acabo encontrando ese sitio seguro e iluminado del que todos procedemos. A veces se me abre sin forzarlo, con la repentina aparición de la verdad o la belleza. Otras veces se abre relajadamente por medio del asombro o la sorpresa. Otras se funde hasta abrirse por la acción de la constancia o el amor, como el hielo bajo el sol de marzo. Ese pedazo común de eternidad que todos llevamos dentro a causa de todo aquello por lo que pasamos es lo que podrá restablecernos en un segundo, ya que esa eternidad que en cualquier momento dado llevamos dentro resulta sanadora con sólo que bebamos de ella.

El otro día tuve un sueño en el que mi trabajo era barrer el suelo del templo al amanecer. No conseguía encontrar el templo y tampoco estaba seguro de por dónde empezar a buscarlo, cuando se me acercó un anciano. Parecía uno de esos monos viejísimos de mirada ancestral. Cogió mi escoba y examinó el palo. Me la devolvió y dijo: «La estás agarrando con demasiada fuerza». Luego saltó como un mono y prosiguió: «El secreto es que el templo está allí donde despiertes». Se marchó, así que empecé a barrer allí mismo y apareció un camino que me sentí empujado a seguir. Entonces desperté.

Ahora me pregunto si esos despertar, amar y barrer se prolongan para siempre. Ahora me pregunto si escuchar con el corazón no será una manera de barrer todo el ruido y la distracción que la vida no deja de amontonar. He llegado a la convicción de que cuando logramos escuchar profundamente —más allá de nuestra necesidad de ser oídos, más allá del susurro de nuestras cuitas— no hay extraños en el corazón. Cuando escuchamos de verdad, gracias al barrido del amor, poco a poco nos convertimos los unos en los otros.

Después de todas las búsquedas y los sufrimientos ¿estamos aquí para amar la lluvia de cada nube y para escuchar a cada semilla de cada árbol? ¿Nos corresponde la labor de sacudir al ángel que duerme dentro hasta que éste use nuestras manos como un alma que trabaja en el mundo? A veces parece que la vida puede armarse y desarmarse sin que nos demos cuenta, como una corriente profunda que de vez en cuando asoma a la superficie en forma de ola. Así que estar presentes implica más que limitarnos a reaccionar ante las cosas que se nos presentan. Exige que iniciemos una aventura amorosa con todo aquello que nos reclama, lo que vemos y lo que no, que nos lancemos con los brazos abiertos hacia las preguntas y los momentos de la vida con la misma urgencia con que lo hacemos cuando un edificio en llamas nos arroja a aquellos y aquello que amamos.

Tras toda una vida de estudio y conversación, después de tantos conceptos y principios tan elaborados, me va quedando claro que el final de cualquier vuelo no es sino aterrizar. Y cuando aterrizamos no perdemos el acceso al cielo, sino que nos ganamos la entrada en él. Cuando los muros se desmoronan penetra aquello que estaba aguardando. Y así, en los días que nos quedan, nuestro sufrimiento nos hace buscar maneras de aceptar el flujo de la vida en lugar de controlarlo.

Me he pasado la vida entera buscando la verdad, acercándome centímetro a centímetro, maravillándome con cada revelación, poquito a poquito, rodeándola, reflexionando sobre ella, hablando de ella con los demás, feliz de nadar en ella.

Pero quién me iba a decir que ser en el sentido más profundo es desaparecer en ella, como el azúcar que se disuelve en agua. Y, aun así, milagro de milagros, sigo estando aquí, sigo siendo yo. Y más que mirar las cosas, más que escucharlas, más que relacionarnos con ellas, más que solidarizarnos con todo, por muy sagrada que sea esta progresión, ¿puede ser que, en último término, la recompensa por afrontar las cosas sea convertirnos en ellas? No a costa de ser lo que somos, sino como consecuencia espiritual de vivir en el centro. Desde dentro cada vez hay menos por decir. Desde dentro cada vez hay menos por saber.

No supe hasta haberlo preguntado mil veces que el esfuerzo del ser implica no perder de vista la verdad, y el don de recibir es que, al aceptar las cosas de todo corazón, nos despertamos a una realidad que no deja de desarrollarse. Pero al no saber cómo escuchar todo lo que no se dice me encontré perdido en presencia de los sabios sin modo alguno de comprender su sabiduría. No fue hasta que por fin logré adentrarme de verdad en el silencio cuando sentí por primera vez la intermitencia de Dios. Eso hizo que me despojara de todo, hasta de mi ansia por comprender, y entonces me abrí al sentido viviente único. Ésta es la recompensa de escuchar profundamente, una conversación con los elementos que nos hace levantar la triste cabeza cuando el mundo nos parece demasiado.

No supe hasta haber roto mil cosas que el esfuerzo de ser humanos consiste en regresar al fuego, porque así es como aprendemos a recuperar la confianza. Cuando consigo desenmarañar la red y esperar a que pasen las nubes, soy capaz de oír la llamada de mi alma y de saber dónde nos hallamos. Cuando ustedes y yo logramos escuchar desde ese punto, los sentimientos de toda una vida, los dulces y los amargos, empiezan a formar un panal de miel. El néctar que contiene puede mantenernos con vida.

No supe hasta haber renunciado a mil cosas que el esfuerzo del amor es un maestro estricto. Y que cuando no obtenemos lo que queremos, podemos dejar atrás las maneras de autoinfligirnos daño y adentrarnos en una geografía más cercana en la que los días se suceden y hacen que las cosas encajen. Entonces, en lo más profundo del jardín humano, emprendemos una búsqueda interminable para mitigar nuestro dolor hasta que el misterio del momento nos abre a la reverencia. Para soportar y hacernos querer deberemos vagar de manera auténtica hasta quedarnos sin extraños en el corazón.

Me noto latir el corazón mientras llego al final de esta larga conversación. A lo largo de ella creí que estaríamos juntos para siempre. Siempre me da esa impresión. Ésa es la verdad que está trenzada en nuestro camino. Nos reunimos en el claro y ascendemos la montaña codo con codo y en algún punto del camino hemos de separarnos y tomar sendas distintas, prometiéndonos que nos encontraremos en la cima pero sin saber nunca a ciencia cierta si lo haremos. Se acerca ahora ese punto en el que debemos emprender caminos distintos durante un rato. Así que déjenme decirles que no hay alegría mayor que encontrarnos así y preguntar: «¿Cómo es ser tú, estar vivo, comerte el viento, ser comido por el día?». Les deseo la compañía de un cielo despejado y de un andar seguro. Cada vez que damos algo de nosotros mismos añadimos una preciosa hora a nuestros días en este mundo.

Notas

[1] *Man is Not Alone*, Abraham Joshua Heschel. Nueva York: Farrar, Straus & Giroux, 1951, pág. 26.

A MIS LECTORES

[1] El doctor Oyelaran fue director del College of Arts and Science de la School of International Studies, en la Western Michigan University. El trabajo del doctor Oyelaran, nacido en Nigeria y educado en Estados Unidos, ha sido decisivo durante muchos años para la educación superior en Nigeria.

EL ESFUERZO DE SER

[1] *The Wild Braid: A Poet Reflects on a Century in the Garden*, Stanley Kunitz con Genine Lentine. Nueva York: Norton, 2005, pág. 3. Estamos en deuda con Genine Lentine por brindarnos el privilegio de ser testigos de estos últimos retazos de conversación entre un gran poeta y el misterio objeto de su dedicación. Es como sentarse detrás de un santuario y escuchar al viento milenario pronunciar sus plegarias a través de los muros del altar.

[2] *Markings*, libro de reflexiones diarias de Dag Hammarskjöld.

[3] *The Earth is the Lord's: The Inner World of the Jew in Eastern Europe*, Abraham Joshua Heschel. Woodstock, Vermont: Jewish Lights Publishing, 2001.

[4] Durante su primer mandato como secretario general de Naciones Unidas, se atribuyó a U Thant un papel decisivo en la desactivación de la crisis de los misiles cubanos y en el final de la guerra civil del Congo. Fue también un firme detractor del *apartheid* sudafricano. Sus buenas relaciones con Estados Unidos se deterioraron rápidamente cuando criticó en público la actuación estadounidense en la guerra de Vietnam. Sus intentos secretos de organizar conversaciones de paz entre Washington y Hanoi fueron rechazados por la administración del presidente Johnson.

U Thant murió de cáncer de pulmón en Nueva York en 1974. Por entonces Birmania estaba gobernada por una junta militar que se negó a concederle honores de ningún tipo. El día del funeral por U Thant en Birmania cientos de miles de personas abarrotaron las calles de Rangún. El féretro de U Thant fue secuestrado por un grupo de estudiantes antes de su entierro programado en un cementerio civil de Rangún. Los manifestantes enterraron a U Thant en los antiguos terrenos del sindicato estudiantil Rangoon University Student Union (RUSU).

Durante una semana los estudiantes construyeron un mausoleo provisional para U Thant en los terrenos del RUSU y pronunciaron discursos antigubernamentales. A primeras horas de la mañana del 11 de diciembre de 1974 las tropas del ejército birmano asaltaron el campus, mataron a unos cuantos estudiantes, se llevaron el ataúd de U Thant y volvieron a enterrarlo al pie de la pagoda Shwedagon, donde sigue reposando. En respuesta al asalto del campus de la Universidad de Rangún y de la apropiación por la fuerza de los restos de U Thant se produjeron tumultos en las calles de Rangún. Se proclamó la ley marcial.

[5] *The Earth is the Lord's: The Inner World of the Jew in Eastern Europe*, Abraham Joshua Heschel. Woodstock, Vermont: Jewish Lights Publishing, 2001, pág. 108 (publicado originalmente en 1949).

[6] Citado en *Albert Einstein: Creator and Rebel*, Banesh Hoffman. Nueva York: Penguin, 1972, pág. 257.

[7] *Tao The Ching*, Lao Tzu, traducción de Witter Bynner, Nueva York: Columbia University Press, número 10, 1944.

[8] Para más información sobre este sentido de dar y recibir véase «The Boy and the Drum» en mi libro *Finding Inner Courage*, San Francisco, California: Conari Press, 2011, págs. 32-35 (publicado originalmente con el título *Facing the Lion, Being the Lion*, 2007), y *Living the Generous Life: Reflections on Giving and Receiving*, editado por Wayne Muller y Megan Scribner, Fetzer Institute, 2005, disponible como recurso docente en www.LearningtoGive.org/materials/folktales.

[9] Yoka Daishi (*c.* 713 d.C.) fue un maestro zen chino, discípulo de Hui Neng. Esta cita está extraída de «Cheng-tao Ke» («Canto de la iluminación») del *Manual of Zen Buddhism*, D.T. Suzuki. Londres: Rider, 1950, pág. 97.

[10] El poema apareció en el primer poemario de Wallace Stevens, *Harmonium*, publicado en 1923. Stevens, en sus cartas, dijo sobre este poema: «Esto [...] no está pensado como una recopilación de epigramas o ideas, sino de sensaciones».

[11] *Prayer of the Cosmos: Meditations on the Aramaic Words of Jesus*, traducción de Neil Douglas-Klotz. California: Harper SanFrancisco, 1990.

[12] Extraído de un diálogo del Fetzer Institute sobre la práctica de la historia con el rabino Lew, Angeles Arrien, Allan Chinen, Jack Kornfield y Frances Vaughan en Sausalito, California (30 de noviembre de 2004). El rabino Lew es uno de los líderes del movimiento de meditación judío. Véase su libro *One God Clapping: The Spiritual Path of a Zen Rabbi*, Woodstock, Vermont: Jewish Lights Publishing, 2001.

[13] La historia de los judíos que oraban procede de la misma conversación con el rabino Lew.

[14] De una exposición sobre retratos de afroamericanos, *Let Your Motto Be Resistance*, en el International Center for Photography, Nueva York, 28 de agosto de 2007.

[15] Ramana Maharshi, del *The 2008 Shift Report*, Petaluma, California: Institute of Noetic Sciences, 2008, pág. 71.

[16] De «The Introduction», *Dark Wood to White Rose: The Journey of Transformation in Dante's Divine Comedy*, Helen Luke. Nueva York: Parabola Books, 1989.

[17] Maimónides (1135-1204) fue un rabino judío, médico y filósofo que vivió en la actual España y en Egipto en la Edad Media. Fue con diferencia la figura más influyente en la filosofía judaica medieval y el alma del pensamiento sefardí. Sus obras fueron escritas en árabe y en hebreo. Entre las más importantes destacan el *Comentario de la Mishná* y la *Guía de perplejos*, que fue escrita en el siglo XII en forma de carta a su alumno el rabino Joseph. El propósito principal de la *Guía* es explorar el corazón del misticismo judaico.

[18] El *Pirkei Avot* incluye varias de las enseñanzas rabínicas más citadas, incluida esta famosa serie de preguntas de Hillel: «Si yo no me ocupo de mí, ¿quién se ocupará de mí? Y si sólo me ocupo de mí, ¿qué soy? Y si no es ahora, ¿cuándo?» (*Pirkei Avot*, 1:14). En hebreo común, la preguntas de Hillel son: *Im ein ani li, mi li? U'ch'she'ani l'atzmi moh ani? V'im lo achshav eimatai?* Hillel el Viejo vivió desde finales del siglo I a.C. hasta principios del I d.C. Está considerado el mayor sabio de la época del segundo templo.

[19] *Protágoras*, traducción de R. E. Allen, págs. 342e-343b.

[20] Diogenes Laertius 1.27ff.; R. Martin, «Seven Sages», *Encyclopedia of Classical Philosophy* (ed. D. Zeyl, 1997), pág. 487; Parke & Wormell, págs. 387-388.

[21] Aparece con el título «Living Through Things» en mi libro *Surviving Has Made Me Crazy*, CavanKerry Press, 2007, pág. 16.

[22] Véase la obra del erudito en temas sufíes William Chittick, quien nos abre con enorme claridad la mente del maestro sufí Ibn al Arabi.

[23] Leonard Cohen, del diario *The Sun*. Chapel Hill, Carolina del Norte, número 376, abril de 2007, pág. 48.

[24] Fragmento del poema «The Call of the Wild», en *The Spell of the Yukon and Other Verses*, Robert Service. Nueva York: Barse & Co., 1916.

[25] Candace Pert es la neurocientífica que descubrió el receptor opioide, el punto de unión celular de las endorfinas en el cerebro. Su obra más rompedora es *Molecules of Emotion: Why You Feel the Way You Feel*. Nueva York: Simon & Schuster, 1999.

[26] William Wordsworth, del diario *The Sun*, número 370, octubre de 2006, pág. 48.

[27] Michael Jones, de un diálogo sobre liderazgo transformacional en el Fetzer Institute, 28 de septiembre de 2007. Véase el emotivo álbum de Michael, *Seascapes*.

[28] *Walla Walla* y *koos* son vocablos de la lengua sahaptiana que hablan las tribus de la meseta de Columbia, en la región del Pacífico Noroeste de Estados Unidos. *Walla Walla*, escrito *Wolla Wollah* por Lewis y Clark, deriva del término *nez-percé* y cayuse *walatsa*, que significa correr, y probablemente haga referencia a las aguas que discurren. Otro ejemplo de palabra repetida es Peu-Peu-Mox-Mox, nombre de un venerado jefe de la tribu walla walla que fue asesinado en 1855 cuando los milicianos blancos lo tenían cautivo. Mis agradecimientos para Megan y Kevin Scribner, nativos walla walla que me hicieron saber esta historia.

[29] Más información sobre el concepto de cerebro-corazón como sede de la contemplación en el capítulo «The Eyes of the Deep» de mi libro *The Exquisite Risk*, Harmony, 2005, págs. 172-178.

[30] Estas citas proceden de un ensayo sobre el oído, escrito para Evelyn Glennie por un amigo anónimo, que puede encontrarse en su web www.evelyn.co.uk/hearing.htm.

[31] Pasaje de *The Music of Life*, Hazrat Inayat Khan. New Lebanon, Nueva York: Omega Publications, 1983, págs. 83, 88, 95, 323. Hazrat Inayat Khan (1882-1927) fue fundador del movimiento Sufismo Universal y de la «Orden Sufí en Occidente», en Londres en 1914. Su mensaje universal de unidad divina (Tawhid) se centraba en los temas del amor, la armonía y la belleza. Enseñó que la adhesión ciega a cualquier libro genera una religión vacía de espíritu.

[32] *The Phenomenon of Man*, Teilhard de Chardin, introducción de sir Julian Huxley. Nueva York: HarperCollins, 1975. Esta obra clásica se publicó de forma póstuma en 1955.

[33] Cita de *Martha: The Life and Work of Martha Graham*, Agnes de Mille. Nueva York: Random House, pág. 264. De Mille cuenta la siguiente anécdota: «Lo mejor que [Martha] me dijo nunca fue en 1943, después del estreno de *Oklahoma!*, cuando de repente tuve un éxito tremendo por una obra que yo sólo consideraba relativamente buena, después de años de olvido por trabajos que había tenido por mejores. Estaba perpleja y preocupada de que mi completa escala de valores fuese poco digna de confianza. Estuve hablando con Martha. Recuerdo bien la conversación. Fue en un restaurante Schraff's, tomando un refresco. Le confesé que tenía un deseo ferviente de ser excelente pero poca fe en conseguirlo.

»Martha me dijo, en voz baja: "Hay una vitalidad, una fuerza vital, una energía, un dinamismo que a través de ti se traduce en acción, y dado que como tú sólo existes tú en toda la historia, esa expresión es única. Y si la bloqueas nunca surgirá a través de nadie más y se perderá. El mundo se quedará sin ella. No te corresponde la tarea de determinar cuán buena o cuán valiosa es ni cómo es en comparación con otras expresiones. Tu tarea es hacer que siga siendo tuya de manera clara y directa, mantener abierto el canal. No tienes siquiera que creer en ti misma o en tu trabajo. Tienes que mantenerte abierta y consciente de los anhelos que te motivan. Mantén abierto el canal. [...] No existe ningún artista satisfecho. [No hay] satisfacción en momento alguno. Sólo existe una curiosa y divina insatisfacción, un bendito desasosiego que nos mantiene en marcha y que nos hace estar más vivos que los demás"».

[34] Del libro *Bartlett's Book of Anecdotes*, citado en el diario *The Sun*. Chapel Hill, Carolina del Norte, número 385, enero de 2008, pág. 48.

[35] Puanani Burgess es poeta, traductora cultural y desarrolladora de organizaciones comunitarias. Cuenta con una dilatada experiencia en desarrollo económico comunitario, familiar y de valores, en meditación y en transformación del conflicto a través de la narración de historias. Sus relatos y comentarios proceden de un diálogo sobre liderazgo transformacional celebrado en el Fetzer Institute del 1 al 4 de mayo de 2008.

[36] Nancy Evans Bush, de una reunión en el Fetzer Institute sobre investigación exploratoria en experiencias cercanas a la muerte, 24-26 de junio de 2007. Nancy Evans Bush fue presidenta de la International Association of Near-Death Studies, es educadora y consejera pastoral y ha publicado numerosos escritos sobre los efectos transformadores de las experiencias cercanas a la muerte.

[37] Michael Jones, de un diálogo en el Fetzer Institute, 28 de septiembre de 2007.

EL ESFUERZO DE SER HUMANOS

[1] Del capítulo «Groundlessness» de *The Places That Scare You*, Pema Chödrön. Boston: Shambhala Publications, 2007, págs. 133-139.

[2] Prajñã-pã-ramitã es también conocida como la Diosa de la Sabiduría Trascendental.

[3] Antonio Machado, de *The Enlightened Heart*, traducción de Robert Bly, editado por Stephen Mitchell. Nueva York: Harper & Row, 1989, pág. 129.

[4] Tras despertar de mi viaje a través del cáncer analicé la paradoja del sufrimiento en un ensayo titulado «A Terrible Knowledge» [Un conocimiento terrible], que puede encontrarse en mi recopilación de ensayos, *Unlearning Back to God*.

[5] De «Sun Man and Grandfather Mantis», adaptado para *Sun Stories, Tales from Around the World to Illuminate the Days and Nights of Our Lives*, editado por Carolyn McVickar Edwards. Nueva York: HarperCollins, 1995.

[6] Mi agradecimiento para estos dos excepcionales seres humanos, Lesia Cartelli y Don, a quienes conocí en el Congreso Mundial de Quemados de 2006 en Sacramento, California, donde contaron sus experiencias. No conozco el apellido de Don ni dónde puede estar ahora, pero espero que llegue a leer esta crónica de su viaje. Lesia es fundadora y directora de Angel Faces, un innovador centro de recuperación para chicas adolescentes con desfiguraciones faciales, www.angelfacesretreat.org. La Phoenix Society, www.phoenix-society.org, es una asociación benéfica que brinda recursos y apoyo a supervivientes de quemaduras y a sus familias por todo el país. Según su directora, Amy Acton, «[Desde su fundación en 1977] esta asociación no ha dejado de crecer y de evolucionar para convertirse en una comunidad de individuos comprometidos con la visión de su fundador, Alan Breslau, de que todos los supervivientes de quemaduras, sus familiares y sus cuidadores gocen de la asistencia necesaria en su camino hacia la recuperación». Alan Breslau sufrió graves quemaduras en el accidente de un avión comercial en 1963. Si tú o un familiar tuyo habéis sido tocados por el trauma del fuego, el Congreso Mundial de Quemados (unos 900 miembros) es un sitio fantástico en el que encontrar consuelo y compañía (www.phoenix-society.org/programs/worldburncongress/).

[7] Erich Fromm (1900-1980) fue un eminente psicoanalista y filósofo humanista entre cuyas obras están las indispensables *El miedo a la libertad* (1941) y *El arte de amar* (1956).

[8] William Blake, de «Auguries of Innocence». *The Portable William Blake*, editado por Alfred Kazin, Nueva York: Penguin, 1977:

> *To see a world in a grain of sand,*
> *and a heaven in a wild flower,*
> *hold infinity in the palm of your hand,*
> *and eternity in an hour.*
> «Ver un mundo en un grano de arena.
> Y un paraíso en una flor silvestre.
> Sostener el infinito en la palma de la mano.
> Y la eternidad en una hora» (traducción de Darío Giménez).

[9] *What Happens When You Really Listen*, un cuento del sur de la India recogido en Hyderabad en lengua telugu en 1988. De *Folktales from India: A Selection of Oral*

Tales from Twenty-two Languages, editado y prologado por A. K. Ramanujan, Nueva York: The Pantheon Fairy Tale and Folklore Library, 1991, pág. 55.

[10] El *Ramayana* es una de las dos grandes epopeyas hindúes, junto con el *Mahabharata.* El *Ramayana* (El viaje de Rama, en sánscrito) cuenta la vida en la India alrededor del año 1000 a.C. y ofrece enseñanzas del *dharma.* El héroe, Rama, vivió toda la vida siguiendo las directrices del *dharma.* Sita es la mujer de Rama, secuestrada por Ravana, el rey de diez cabezas de Lanka. Hanuman es el dios-líder de una tribu de monos que se aliaron con Rama contra Ravana. Hanuman tiene muchos poderes mágicos porque su padre era el dios del viento.

El *Ramayana* original es un poema de veinticuatro mil pareados atribuido al poeta sánscrito Valmiki. Durante siglos circularon varias versiones orales de la historia de Rama, y la epopeya fue escrita probablemente alrededor del inicio de la era cristiana. Desde entonces el *Ramayana* se ha contado y vuelto a contar, se ha traducido y transcreado por todo el sur y el sureste de Asia, y sigue siendo representado en versión de danza, teatro, marionetas, canciones y películas por toda Asia (extraído de la completísima web de referencia *MythHome,* www.mythome.org/RamaSummary.html).

[11] Esto apareció anteriormente referenciado en el poema «On One Corner», de mi libro *Surviving Has Made Me Crazy,* CavanKerry, 2007, pág. 54.

[12] Poema que da título a mi libro *Inhabiting Wonder,* Bread for the Journey, 2004, pág. 60.

[13] Russell Means, de *Words of Power: Voices from Indian America,* editado por Norbert S. Hill, Jr. (Oneida). Golden, Colorado: Fulcrum Publishing, 1994, pág. 51.

[14] De «The Gateless Gate», de Wumen, extraído de *Sen Flesh, Zen Bones,* recopilado y traducido por Paul Reps y Nyogen Senzaki, Boston, Massachusetts, Shambhala, 1994. Wumen Huikai (1183-1260) fue un maestro zen del periodo Song conocido por ser el recopilador de la colección de 48 *koan* titulada *La valla sin puertas.* Sus comentarios de cada uno de los *koan* son legendarios. Wumen, también conocido en Japón como Mumon, nació en Hangzhou, China. Deambuló durante muchos años de templo en templo, usaba ropa vieja, se dejó crecer el pelo y la barba y trabajaba en los campos de los templos. Lo apodaron «Huikai» (el monje lego). A la edad de 64 años fundó el templo Gogokū-ninno cerca del lago de Hangzhou, donde confiaba en retirarse tranquilamente, aunque se corrió la voz sobre su sabiduría y no dejaron de llegar gentes en busca de iluminación.

[15] Versión en prosa de un poema mío, «The Heavenly Pivot», que se publicó a modo de prólogo de un poemario titulado *The Fifth Season.*

[16] Beethoven actuó en público por primera vez en la ciudad alemana de Colonia el 26 de marzo de 1778, a la edad de 7 años.

[17] Antes de cumplir los 12, Beethoven publicó su primera obra musical: *Nueve variaciones sobre una marcha de Ernst Christoph Dressler* (WoO 63).

[18] En 1792, en Viena, el joven Beethoven tuvo como profesores a Haydn, Abrechtsberger y Salieri. Conmovió a toda Viena con su virtuosismo y sus improvisaciones al piano. En 1794 compuso su *Opus 1, tres tríos para piano, violín y violonchelo.* Al año siguiente dio su primer recital en público en Viena, en el que cada músico debía interpretar obra propia. Después de eso hizo una gira que le llevó a Praga, Dresde, Leipzig y Berlín y terminó con un concierto en Budapest.

[19] Véase la excelente biografía *Beethoven*, de Maynard Solomon, Nueva York: Schirmer Books, 1977. Sobre la heroica década que siguió al testamento de Heiligenstadt (1802-1813) Solomon escribe: «Al término de la crisis de finales de 1802 se produjo un largo periodo de relativo equilibrio y la mayor de las creatividades... Beethoven alcanzó un increíble nivel de productividad durante esos años. Entre sus obras se incluyen una ópera, un oratorio, una misa, seis sinfonías, cuatro conciertos, cinco cuartetos para cuerda, tres tríos, seis sonatas para cuerda y seis sonatas para piano, además de otras piezas para obras teatrales, cuatro series de variaciones para piano y diversas oberturas sinfónicas. Cada año que pasaba traía consigo un buen puñado de obras maestras, cada una de ellas de carácter sumamente distinto» (pág. 126).

[20] Sonata para piano de Beethoven *La Tempestad* (Sonata n.º 17 en Re menor, Opus 31/2), Vladimir Ashkenazy, del disco *Beethoven: The Piano sonatas*, Londres: Decca Records, 1995, disco 6. Gracias a Anders por acercarme con tal profundidad a la obra de Beethoven.

[21] Información de la *Novena Sinfonía* extraída de Wikipedia, http://es.wikipedia.org/wiki/Sinfon%C3%ADa_n.º_9_(Beethoven), y datos sobre la vida de Beethoven de http://www.lvbeethoven.com/Bio/BiographyLudwig.html.

[22] De «Who Hears This Sound?», una entrevista con Adyashanti publicada por Luc Saunders y Sy Safransky en el diario *The Sun*. Chapel Hill, Carolina del Norte, número 384, diciembre de 2007.

[23] De una conversación con John Paul sobre conceptos que no se acaban de traducir bien al inglés, en el Fetzer Institute, 22 de marzo de 2006. Véase *The Moral Imagination* y *The Journey Toward Reconciliation*, ambas obras de John Paul Lederach.

[24] De *The Poetic Unfolding of the Human Spirit*, de John Paul Lederach, ensayo de la colección *Exploring the Global Dream Series*, del Fetzer Institute, 2010, págs. 14-15.

[25] Samuel Beckett, de *The Traveler's Journal*, editado por Lim y Sam Shapiro. Bali: Half Angel Press, 2007, pág. 63.

[26] Véase *How Then Shall We Live: Four Simple Questions That Reveal the Beauty and Meaning of Our Lives*, Wayne Muller. Nueva York: Bantam Books, 1997.

[27] De *Answer to Job*, Carl Jung. Nueva Jersey: Princeton University Press, 2002, págs. 97-98.

[28] Poema aparecido en mi primer poemario, *God, the Maker of the Bed, and the Painter*, 1988, pág. 17.

EL ESFUERZO DEL AMOR

[1] De *Dynamics of Faith*, Paul Tillich. Nueva York: Harper and Brothers, 1957, pág. 14.

[2] Hermano David Steindl-Rast, de un diálogo sobre ciencia y espiritualidad en el Fetzer Institute, 22 de noviembre de 2007.

[3] De *The Analects of Confucius*, traducción de David Hinton. Washington, DC: Counterpoint, XV, 1998, pág. 24.

[4] Henk Brandt es un buen amigo que es poeta, filósofo y terapeuta. Véase su libro de poemas *Songs of Sophia*.

[5] Lyn Hartley, de un diálogo en el Fetzer Institute, 28 de septiembre de 2007.

[6] E. E. Cummings, *100 Selected Poems*. Nueva York: Grove Press, 1959, pág. 114.

[7] Este párrafo apareció inicialmente en forma de poema, con el título «A Vow Beyond Awareness», en mi libro *Surviving Has Made Me Crazy*, CavanKerry Press, 2007, pág. 70.

[8] Esta analogía se abordó anteriormente en «The Necessary Art», poema de mi libro *Inhabiting Wonder*, 2004, pág. 8.

[9] Michael Jones desarrolló estos conceptos en el marco de un taller de inmersión que dirigió conjuntamente con Judy Brown en la XII Conferencia Anual de la Asociación de Liderazgo Internacional celebrada en Praga del 11 al 14 de noviembre de 2009.

[10] Uno de los más talentosos maestros en activo sobre sabiduría y compasión es Prasad Kaipa. Prasad, formado como médico y oriundo de la India, ha dedicado veinte años a llevar las tradiciones de la sabiduría al arte de los negocios. Es director ejecutivo del Center for Leadership, Innovation and Change (CLIC) en la Indian School of Business (ISB) de Hyderabad, India.

[11] Ghalib, de *Nine Gates: Entering the Mind of Poetry*, Jane Hirshfield. Nueva York: HarperCollins, 1997, pág. 5. Ghalib (1797-1869) fue un famoso poeta sufí que vivió en la India durante el régimen colonial británico. Su edificante poesía es sumamente notable, dado que presenció de primera mano la brutalidad de los británicos al aplastar la revuelta de 1857 en la India.

[12] El cementerio judío de Praga, *Starý zidovský hrbitov*, se fundó en 1478. Alberga más de doce mil lápidas apiñadas en un solar en el que hay enterradas cien mil personas.

[13] Este párrafo está extraído de un pasaje más extenso al respecto que aparece en mi libro *Finding Inner Courage* (2011), publicado inicialmente con el título *Facing the Lion, Being the Lion*. San Francisco, California: Red Wheel/Conari, 2007, pág. 81.

[14] Poema «Chant», de *The Way Under the Way*, un libro de poesía en el que estoy trabajando.

[15] De *The Wild Braid*, Stanley Kunitz con Genine Lentine. Nueva York: Norton & Co., 2005, pág. 19.

[16] De «Poem Without a Category», en *Grass Hill: Poems and Prose by the Japanese Monk Gensei*, traducción de Burton Watson. Nueva York: Columbia University Press, 1983. Gensei (1623-1668) fue un monje budista japonés de la secta Nichiren conocido por su amor por los animales.

[17] De *I and Thou*, Martin Buber. Nueva York: Touchstone Editions, 1996. Martin Buber (1878-1965) fue un eminente filósofo judío del siglo xx, conocido por su filosofía del diálogo, que se centra en la relación Yo-Tú por la cual la presencia de Dios y de lo Divino sólo se da en el espacio animado entre dos centros vivientes y auténticos. Su clásico *Yo y tú* se publicó por primera vez en 1923.

[18] El monje budista norteamericano Bhikkhu Bodhi, de *Toward a Threshold of Understanding*, citado en www.accesstoinsight.org, ©1998-2010.

[19] Václav Havel, *Disturbing the Peace: A Conversation with Karel Huizdala*. Nueva York: Vintage, 1991, cap. 5 (original, 1986; traducción, 1990).

[20] Éste es el poema «The Real Work», de *The Collected Poems of Wendell Berry, 1957-1982*. San Francisco, California: North Point Press, 1987.

[21] Del poema «I felt a Funeral in my Brain», de *The Poems of Emily Dickinson: Variorum Edition*. Boston, Massachusetts: Harvard University Press, 1983.

[22] Jorge Luis Borges, de «Conferencia 1: El enigma de la poesía», en *This Craft of Verse: The Norton Lectures*, editado por Calin-Andrei Mihailescu. Boston, Massachusetts: Harvard University Press, 1967, Audio-CD 1.

[23] De *Rational Zen: The Mind of Dogen Zenji*, edición y traducción de Thomas Cleary. Boston: Shambhala, 1993, pág. 60. El monje budista zen Dogen (1200-1253) fue el maestro nacido en Kyoto que fundó la secta zen Sōtō en Japón.

[24] Véase el poema «Accepting This» en mi poemario *Suite for the Living*, 2004, pág. 24.

[25] Van Gogh, del diario *The Sun*. Chapel Hill, Carolina del Norte, número 337, enero de 2004, pág. 48.

Agradecimientos

En mi vida he encontrado a muchos «escuchadores profundos», empezando por mi abuela, que pasó escuchando de un continente a otro y de un siglo a otro. Y, en mis inicios, los árboles del norte del estado de Nueva York escucharon el viento en mis ramas. Luego el océano siguió aconsejándome que regresara a lo más hondo. Y mis perras *Saba* y *Mira* escucharon a un muchacho de ciudad que iba más allá de su zona de confort para adentrarse en las maravillas de la naturaleza.

Por este libro y por mucho más mi agradecimiento a mi agente Brooke Warner por su desinteresada compañía. Y a mi editora, Leslie Meredith, por su claridad y su apertura y por haber fertilizado el terreno de esta obra. Y a mi agente para el extranjero, Loretta Barrett, por haber diseminado mi obra por todo el mundo.

Gratitud también para mis queridos amigos por haberse turnado conmigo para escucharnos mutuamente. En especial a Eileen, Bob, Jill, Dave, Pat, Karen, Paul, Pam, George, Paula, Skip, Don, TC, David, Ellen, Eleanor, Linda y Sally y Joel. Y para Parker, que escucha el corazón que todos compartimos. Y para Wayne, que escucha el lugar de sosiego que hay en todas las cosas. Y para mi padre, por el largo camino a casa.

Y mi agradecimiento para Paul Bowler, que escucha como el sol. Y para Robert Mason, que escucha como un pájaro que planea. Y para mi mujer, Susan, por oír siempre mis fortalezas cuando me encuentro perdido y débil.

Este libro se terminó de imprimir en junio de 2013
en Quad/Graphics Querétaro, S. A. de C. V.,
Fracc. Agro Industrial La Cruz El Marqués
Querétaro, México.